영어 음운론

오미라 지음

ENGLISH PHONOLOGY

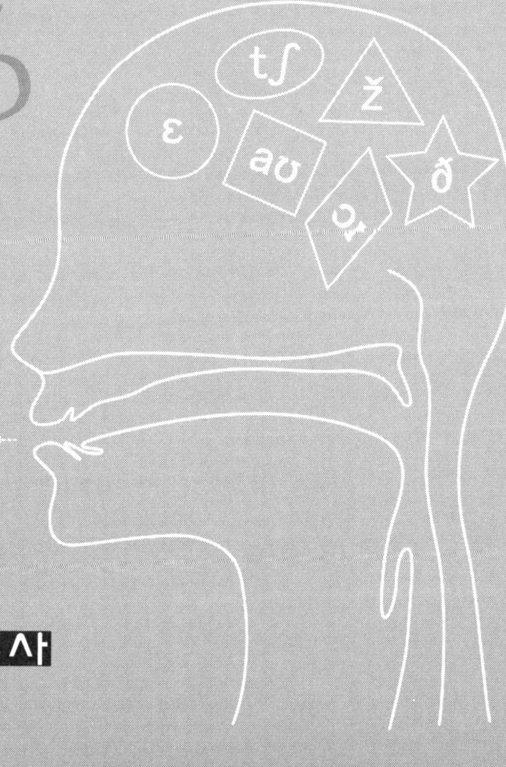

신아사

이 책은 2017년도 한국연구재단 대학 인문역량 강화사업(CORE) 지원에 의해 출판
되었음

지은이의 말

이 책은 영어를 모국어로 사용하는 공동체가 화자와 청자 간의 의사소통을 위해서 공유하고 있는 음성언어 체계를 밝히는 데 목적을 두고 있다. 교육 대상에 따라서 교재 내용이 정해지기 마련이다. 그동안 영어음운론 교재로 여러 영어 원서 교재를 사용하면서 해당 교재가 한국인 학생을 대상으로 사용하기에 과연 효과적인가라는 의문을 갖곤 하였다. 이에 이 책은 한국인 학습자가 영어음운론을 스스로 익힐 수 있도록 안내하는 데 역점을 두고 구성되었다. 음운론에서 규명하고자 하는 음성·음운 체계에는 보편성과 개별성이 있다. 한국인 학습자에게 보다 익숙한 한국어 음성·음운 체계에 견주어 영어의 음성·음운 체계를 제시함으로써 많은 언어에 공통적으로 작용하는 보편적인 음운 체계를 이해하고, 나아가 각 언어가 갖고 있는 고유한 음운 체계를 밝히려고 하였다.

이 책에서는 자음과 모음 같은 말소리가 비록 음성적으로는 다양한 형태로 구현되지만 동일한 언어 사용자끼리 어떻게 같은 방식으로 이해되는지에 대해서 설명한다. 미국 영어를 중심으로 자음과 모음이 실현되는 방식을 소개하고 영어 모국어 화자가 공유하고 있는 음운 제약을 알아본다. 자음과 모음과 같은 분절음뿐만 아니라 음절과 강세, 그리고 억양과 같은 운율적 요소들이 음성언어에서 중요한 역할을 한다는 것을 밝힌다. 이 책은 기존의 많은 영어음운론 교재와 구별되게 한국인 학습자를 대상으로 한다는 점을 염두에 두고 10장에서는 영어와 한국어의 음운체계를 체계적으로 비교하였다. 11장에서는 차용어 음운론을 다루었는데 영어 외래어 차용을 통해 영어와 한국어의 음운 체계 차이를 보다 깊게 이해하도록 구성하였다. 10장과 11장은 대학원 언어학 전공 학생들에게 유용한 내용이 될 것이다. 한국인 학습자는 영어 발음 기호와 로마자 표기법을 자주 혼동한다. 이 점을 감안하여 12장에서는 로마자 표기법과 영어 발음 간의 차이를 분명하게 제시하였다.

오랫동안 여러 영어음운론 교재를 가르치면서 막연하게 품었던 이런 저런 불만을 해소하는 상큼한(?) 교재를 쓰고 싶었다. 그리고 본 저자는 이 책에서 영어음운론에서 다루어야 할 내용을 학부생과 대학원의 언어학 전공 학생에게 적절한 수준으로 이해하기 쉽게 전달하려고 노력하였다. 그럼에도 불구하고 저자의 능력 부족과 시간상의 제약으로 인해 충분히 설명되지 못한 채 마무리되었다는 것을 인정할 수밖에 없다. 차후에 개정할 기회가 주어진다면 보다 충실한 내용을 담을 수 있을 것으로 기대한다.

이 책이 완성되도록 여러 가지 도움을 주신 분들께 감사드린다. 우선 영어음운론 교재를 쓰도록 적극적으로 권고한 인문대학 김양현 학장님께 감사드린다. 그리고 2017년 연구년 동안 제주대에서 집필에 집중할 수 있도록 연구실과 숙소 마련에 도움을 주신 전남대 지병문 전 총장님과 제주대 허향진 전 총장님, 그리고 제주대 강영순 교무처장님께 감사드린다. 어쩌다 연구실을 벗어나 제주 숲길이나 바다와 함께 할 때면 어김없이 교재는 언제 쓰겠냐며 재촉 전화 주시던 제주대 김두경 교수님, 교재 내용에 대해서 논의해 주시던 제주대 이기석 교수님, 제주 곳곳을 열심히 구경시켜 주며 제주 생활의 맛과 멋을 알려 주신 제주대 호병환 교수님께 감사드린다. 초고를 꼼꼼히 읽고 논평해 주신 한경대의 안미연 교수님의 도움으로 분명치 않았던 부분을 수정할 수 있었다. 음운론의 본질을 몸 철학 이론과 연결하여 논의해 주신 노양진 교수님의 도움으로 서론을 마무리할 수 있었다. 집필 과정 동안 그림과 교정을 도와 준 신유섭 군과 박재희 선생 그리고 찾아보기 작업을 도와 준 정다운 선생에게 고마운 마음을 전한다. 무엇보다도 25년간 영어음운론 강의를 들으면서 질문을 던져준 우리 학생들에게 고맙다는 말을 하고 싶다. 학생들을 통해 영어음운론에서 알고 싶어 하는 내용과 이해하기 힘든 부분을 파악할 수 있었다. 끝으로 이 책을 기꺼이 출판하도록 허락해 주신 신아사 정현걸 사장님과 편집진들에게 감사한다.

2018년 8월

지은이 오미라

목차

제 1장 음성학(Phonetics) ······ 15

1.1 서론 / 15
1.2 말소리 생성(Speech Production) / 17
1.3 소리와 철자(Sounds and Spellings) / 21
1.4 자음과 모음의 음성전사(Phonetic Transcription of Consonants and Vowels) / 24
1.5 음절과 초분절음(Syllables and Suprasegmentals) / 26
 1.5.1 음절(Syllable) / 26
 1.5.2 초분절음(Suprasegmentals) / 27
요약 ······ 29

제 2장 음운론(Phonology) ······ 31

2.1 음소와 이음(Phonemes and Allophones) / 32
2.2 대립적 분포와 상보적 분포(Contrastive Distribution and Complementary Distribution) / 33
2.3 음소 분석(Phonemic Analysis) / 39
요약 ······ 44

제 3장 영어의 자음(English Consonants) ······ 47

3.1 조음기관(Articulatory Organs) / 47

3.2 자음(Consonants) / 49
3.2.1 유성성(Voicing) / 50
3.2.2 조음 위치에 의한 구분(Place of Articulation) / 51
3.2.3 조음 방식에 의한 구분(Manner of Articulation) / 53
요약 ·· 57

제 4장 영어 자음의 음성 실현 (Phonetic Realizations of English Consonants) ··· 59

4.1 폐쇄음(Stops) / 59
4.1.1 폐쇄음의 음성 실현(Phonetic Realizations of Stops) / 59
4.1.2 폐쇄음의 음향단서(Acoustic Cues of Stops) / 63
4.1.3 폐쇄음의 음운현상(Phonological Processes of Stops) / 66
4.2 마찰음(Fricatives) / 72
4.3 파찰음(Affricates) / 77
4.4 비음(Nasals) / 79
4.5 접근음(Approximants) / 82
4.6 영어 자음의 이음(English Consonant Allophones) / 87
요약 ·· 90

제 5장 영어의 모음(English Vowels) ································ 91

5.1 기본 모음(Cardinal Vowels) / 91

5.2 영어 단모음(English Monophthongs) / 93
5.3 영어 이중모음(English Diphthongs) / 96
5.4 영어 모음 표기(Transcription of English Vowels) / 98
5.5 긴장 모음과 이완 모음(Tense Vowels and Lax Vowels) / 100
5.6 모음의 길이(Vowel Length) / 104
5.7 온전 모음과 약화 모음(Full Vowels and Reduced Vowels) / 105
요약 ··109

제 6장 음운 분석(Phonological Analysis) ···················· 111

6.1 음운 자질(Phonological Features) / 111
6.2 형태 음운론(Morphophonology) / 116
6.3 음운 기저형과 음운 규칙 순서 (Underlying Representation and Phonological Rule Ordering) / 120
요약 ··127

제 7장 미국 영어와 영국 영어
(American English and British English)··············129

제 8장 영어 음절 구조(Syllable Structure of English)······135

8.1 음절 구조의 구성 요소(Constituents of the Syllable) / 135
8.2 음절화와 최대 초성 원칙(Syllabification and Maximal Onset Principle) / 140

8.3 영어 음절의 음소배열 제약(Phonotactic Constraints) / 143
8.3.1 초성 제약(Onset Constraints) / 144
8.3.2 중성 제약(Nucleus Constraints) / 145
8.3.3 종성 제약(Coda Constraints) / 146
8.3.4 음절 접촉 제약(Syllable Contact Constraints) / 148
8.4 음절 기반 음운 규칙(Syllable-based Phonological Rules) / 149
요약 ······ 153

제 9장 강세와 억양(Stress and Intonation) ······ 155

9.1 영어 단어 강세(English Word Stress) / 156
9.2 명사와 형용사의 강세(Stress of Nouns and Adjectives) / 158
9.3 동사의 강세(Stress of Verbs) / 160
9.4 접사가 있는 단어의 강세(Stress of Affixed Words) / 162
9.5 제 1강세와 제 2강세(Primary and Secondary Stress) / 165
9.6 합성어의 강세(Stress of Compounds) / 170
9.7 억양(Intonation) / 171
요약 ······ 175

제 10장 제 2 언어 음운론(Second Language Phonology) ·· 177

10.1 영어 자음과 한국어 자음(English Consonants and Korean Consonants) / 178

10.1.1 폐쇄음의 음운 표기(Phonological Representation of Stops) / 180
10.1.2 폐쇄음의 음성적 실현(Phonetic Realizations of Stops) / 185
10.1.2.1 성대진동 개시 시간(Voice Onset Time) / 185
10.1.2.2 자음 폐쇄 구간 길이(Consonant Closure Duration) / 188
10.1.2.3 후행 모음(Following Vowels) / 190
10.1.2.4 선행 모음(Preceding Vowels) / 191
10.1.3 마찰음(Fricatives) / 192
10.1.4 활음(Glides) / 193
10.1.5 유음과 비음(Liquids and Nasals) / 194
10.2 영어 모음의 특성(Characteristics of English Vowels) / 195
10.2.1 단모음(Monophthongs) / 196
10.2.2 이중 모음(Diphthongs) / 197
10.2.3 강세와 모음(Stress and Vowels) / 198
10.3 음소와 이음(Phonemes and Allophones) / 200
10.4 음절 구조(Syllable Structure) / 202
10.5 음운현상(Phonological Processes) / 203
10.5.1 기식음화(Aspiration) / 204
10.5.2 구개음화(Palatalization) / 205
10.5.3 조음 위치 동화(Place of Articulation Assimilation) / 206
10.5.4 비음 동화(Nasal Assimilation) / 208
10.5.5 /nl/과 /ln/- 연속음 실현(Phonetic Realizations of /nl/and/ln/) / 209
요약 209

제 11장 차용어 음운론(Loanword Phonology) ················211

11.1 외래어 차용(Loanword Adaptation) / 212

11.1.1 음운적 접근 방식(The Phonological Approach) / 212

11.1.2 음성적 접근 방식(The Phonetic Approach) / 213

11.1.3 통합적 접근 방식(The Integrated Approach) / 214

11.2. 외래어 차용 원리(Principles for Loanword Adaptation) / 217

11.2.1 음절구조 제약(Syllable Structure Constraints) / 217

11.2.2 모음 삽입(Vowel Epenthesis) / 218

11.2.3 근원음 최대보존 원리(Maximal Preservation of Source Sounds) / 219

11.3 영어 폐쇄음 차용(Adaptation of English Stops) / 221

요약 ··· 228

제 12장 로마자 표기법과 영어 발음 (Romanization and English Pronunciation) ·········229

참고 문헌(References) ···234

찾아보기(Index) ···238

영어음운론

English Phonology

제 1장

음성학(Phonetics)

1.1 서 론

인간은 의사소통을 위해 언어적 기표(signifier)를 사용한다. 의사소통을 원활하게 하기 위해서는 언어 공동체 안에서 언어적 기표에 대한 합의가 이루어져야 한다. 따라서 언어적 기표를 사용하여 언어 사용자가 뜻을 정확하게 전달하고 이해하려면 언어적 기표에 대한 규약(convention)을 지킬 필요가 있다. 인간의 언어적 기표는 크게 두 가지가 있는데 말과 글이 그것이다. 우선, 말로 의사소통을 할 때 음성 기표를 사용하는데, 이때 발화의 의미를 제대로 전달하기 위해서는 발음을 정확하게 하여야 한다는 규약을 지켜야 한다. 인간이 사용하는 말소리(speech sounds) 형태의 기표는 혀와 입술과 같은 조음 기관을 시공간적으로 정교하고 복잡하게 움직여 이루어진다. 이러한 조음 행위는 인간의 언어활동에 있어 가장 활발하고 중요한 운동인데 목소리를 사용하여 만들어지므로 신체적 제약 속에서 이루어진다. 한편, 글로 의사 전달하기 위해서는 문자 형태로 기표를 사용한다. 음성 기표에 반해 문자는 비신체적 기표라고 할 수 있다.

본 교재는 음성 언어를 이해하는 데 집중하고자 한다. 음성은 의사소통을 위해 인간이 사용하는 언어 표현 중에서 말소리로 드러나는 부분이다. 우리는 말하고 이해하는 능력을 당연하게 여기면서도 그 본질과 기능에 대해서 별로 생각하지 않는다. 그러나 인간 사회에서는 정교한 음성 체계를 사용하여 말을 함으로써 동물과 구분되며 추상적으로 생각하는 우리의 능력을 구체적으로 표현하게 된다. 인간의 소통 양식 가운데 다른 무엇보다도 효율적이고 편리한 기제(mechanism)가 바로 말소리인 것이다.

이러한 말소리는 일상생활에서 필수적으로 사용되면서 아주 복잡한 사고를 주고받는 고도의 효율적인 체계를 갖추고 있다. 그런데 남녀노소에 따라서 말소리는 다르기 마련이다. 사람마다 신체적 조건이 다르기 때문에 같은 단어라 하더라도 물리적으로 입에서 나오는 음성 기표는 제각기 다르다. 표현된 말소리가 비록 다양하더라도 언어 사용자는 상대방의 말소리를 듣고 이해하는 데 아무런 불편을 느끼지 않는다. 이것은 말소리가 결국 의사소통을 위해 언어 공동체가 합의한 음성 기표에 대한 규약을 지킨 결과물이기 때문이다. 음운론은 의사소통을 위해서 사용하는 음성 기표에 대한 규약을 체계적이고 구체적으로 설명해 준다. 음운론을 공부함으로써 화자와 청자가 약속하고 공유하는 음운 체계를 이해하고 말소리의 원리를 파악할 수 있다.

본 교재는 영어의 소리 체계를 집중적으로 소개하여 한국인 학습자가 보다 깊게 영어 소리를 이해할 수 있도록 하는 데 목적을 두고 있다. 화자는 소리 언어를 사용하고 청자는 이러한 음성을 듣고 뜻을 이해함으로써 의사소통이 이루어진다. 이 때문에 화자와 청자 간의 관계 속에서 소리 언어를 이해하는 것이 중요하다. 소리 언어의 내면을 다루는 음운론을 체계적으로 파악하려면 우선 음성학에 대한 이해가 필요하다.

인간의 음성 언어를 과학적으로 연구하는 분야를 음성학(phonetics)이라고 한다. 음성학은 크게 세 가지 측면에서 이해할 수 있다. 조음 음성학(articulatory phonetics)은 말소리를 생성하는 데 필요한 생리학적 기제를 중심으로 연구한다. 음향 음성학(acoustic phonetics)은 말소리가 화자로부터 청자로 전달될 때 만들어진 음성 파형의 물리적 특성을 연구한다. 청각 음성학(auditory phonetics)은 청자 귀에 전달된 신경 맥박을 분석하여 그 의미를 해석하는 심리적 단계를 연구한다. 소리 언어가 음성 기표가 되어 화자와 청자 간의 의사소통이 이루어진다고 할 때 화자가 만들어 내는 소리 언어와 발성되어 나온 음성 신호가 청자에게 전달되어 이해되는 방식을 연구하는 연구 분야가 음성학이다. 본 교재에서는 조음 음성학과 음향 음성학을 중심으로 음성학에 대한 소개를 하고자 한다.

1.2 말소리 생성(Speech Production)

의사소통을 위해서 사용하는 소리 형태로 된 기표는 조음 활동을 통해 나온다. 조음 활동은 인간의 신체 조건의 제약을 받게 마련이다. 따라서 인간이 말소리를 어떻게 만들어내는지를 알아보기 위해서는 발성과 관련된 공기의 흐름을 알아보고 발성할 때 신체 기관들이 어떻게 기능하는지를 설명할 필요가 있다.

공기의 흐름이 시작되는 위치에 따라서 허파 기류(pulmonic airstream)와 성문 기류(glottalic airstream) 그리고 연구개 기류(velaric airstream)가 있다. 허파 기류는 허파로부터 나오는 공기를 내보내면서 말소리를 만들어 내는 경우이다. 성문 기류인 경우에는 닫힌 성문을 위 아래로 움직여 말소리를 만든다. 연구개 기류는 연구개와 혀에 갇힌 공기를 입 안으로 빨아들여 말소리를 만든다. 이러한 발동 위치와는 독립적으로 공기의 방향에 따라서도 말소리를 구분할 수 있다. 공기를 내보면서 내는 소리를 배기음(egressive sound)이라고 하고 공기를 흡입하면서 내는 소리를 흡기음(ingressive sound)이라고 한다. 허파기류로 공기를 내보내면서 만들어내는 폐쇄음을 파열음(plosives)이라고 한다. 성문 기류로 소리를 만들어 내는 경우 닫힌 성문을 위로 움직여 공기를 입 밖으로 내보내며 만들어 내는 폐쇄음은 분출음(ejectives)이다. 닫힌 성문을 아래로 움직여 공기를 입 안으로 빨아들이며 만들어 내는 폐쇄음은 내파음(implosives)이다. 연구개 기류로 순전히 입안에서 공기를 빨아들이면서 내는 소리를 흡착음(clicks)이라고 한다.

앞으로 영어와 기타 언어에 대하여 기술하게 될 소리는 모두 허파로부터 나오는 날숨에 의한 배기음이다. 이에 허파 기류로 말소리를 만들어 내는 과정에 초점을 두고자 한다. 말소리를 만들어내기 위해서는 우선 호흡(respiration) 과정이 필요하고 발성(phonation) 과정과 조음(articulation) 과정이 필요하다. 말소리 생성 기관은 허파에서 입술까지의 여러 기관을 포함한다. 그림 1.1은 세 가지 과정이 일어나는 영역과 말소리 기관(organs of speech)을 보여준다.

말소리 생성의 제 1단계는 호흡 과정이다. 허파(lungs)와 기관(trachea)이 호흡 기관(respiratory organs)에 속한다. 허파에서 나오는 허파 기류를 사용하여 말소리를 만들어낸다.

말소리를 생성하는데 두 번째로 역할을 하는 것은 발성 기관(phonatory organs)으로 후두(larynx)가 중요한 기관이다. 허파에서 나온 공기는 후두를 통과하게 된다. 후두는 여러 개의 연골(cartilage) 덩어리이다. 후두는 목의 앞부분이 돌출하여 나온 부위로 나타나기 때문에

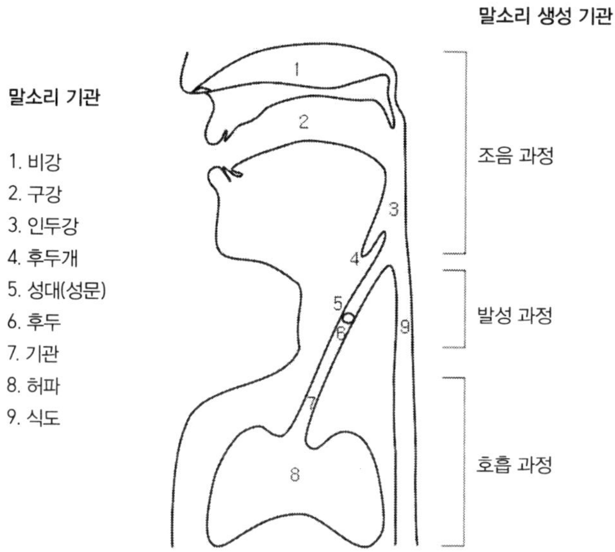

그림 1.1 말소리 생성 과정과 기관 단면도

쉽게 찾을 수 있다. 그 돌출 부위는 아담의 사과(Adam's apple)라고 하며 여성보다는 남성에게서 더 돌출해 있다. 후두는 고정되어 있지 않고 말하는 동안에 상하로 움직일 수 있다. 후두의 꼭대기에는 후두개(epiglottis)가 있다. 후두개는 후두로부터 뒷쪽으로 붙어있는 나뭇잎 모양이 연골로 삼키는 동안에 기관에 음식물이 들어가지 않도록 작용한다. 후두개의 하부는 갑상 연골(thyroid cartilage)에 부착되어있고 다른 쪽 끝은 자유롭게 움직일 수 있다. 성대(vocal folds, vocal cords)는 후두 안쪽의 양면에 있으며 앞쪽 아담의 사과로부터 뒷쪽 피열 연골(arytenoid cartilages)까지 뻗쳐 있다. 성대는 앞쪽에서는 나란히 붙어 있고 뒷쪽으로는 두 개의 움직이는 피열 연골에 연결되어 있다. 성대 사이의 공간을 성문(glottis)이라고 부른다. 성문은 약 2cm이고 피열 연골에 의해 약 1cm 정도 열릴 수 있다. 그림 1.2는 위에서 본 후두를 보여 준다.

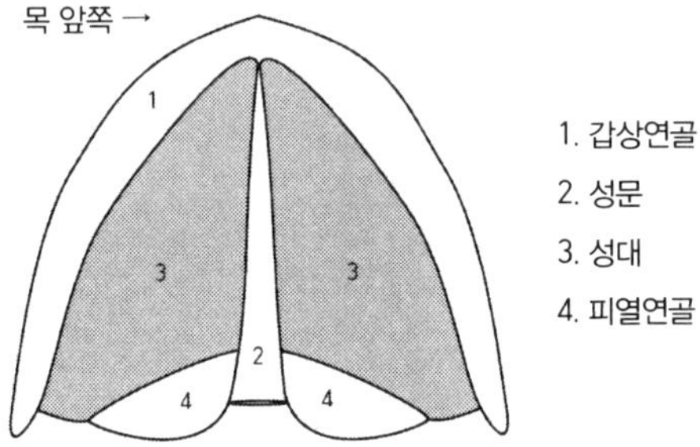

그림 1.2 후두의 절단면(Yavaş 2006: 5 참조)

허파에서 나온 공기가 후두에 있는 성대 사이에 있는 성문을 통과할 때 성문의 모양에 따라서 여러 가지 음이 발성(phonation)된다. 성문이 열린 상태에서 공기가 저항을 받지 않고 통과하면 무성음(voiceless sound)이 발성되고 성문이 거의 닫힌 상태에서 성대를 진동시키면서 공기가 통과하면 유성음(voiced sound)이 발성된다. 성문을 꽉 닫은 상태에서 갑자기 성문을 터주며 공기가 통과하면 성문 파열음(glottal plosive)이 발성된다. 이러한 소리는 'No'라는 뜻으로 사용하는 표현인 'uh-oh'[ʔʌʔoʊ]에서 나타나며 [ʔ]로 표시한다.

세 번째 발성 기관은 조음 기관(articulatory organs)이다. 허파에서 내보낸 공기가 성문을 통과한 후 인두강(pharyngeal cavity)을 거쳐 입이나 코로 나가게 된다. 허파에서 입술까지 복잡한 모양의 '관'을 이루는데 이때 후두 위에 위치한 관을 성도라고 한다. 성도는 후두에서 입술까지 이르는 구강(oral cavity)과 코까지 이르는 비강(nasal cavity)

을 포함한다.

윗입술, 윗니, 경구개(hard palate)와 연구개(soft palate)와 같이 구강의 윗부분에 있는 조음자(articulator)를 상부 조음자(higher articulator)라고 하고 혀(tongue)와 같이 구강의 아랫부분에 있는 조음자를 하부 조음자(lower articulator)라고 한다. 하부 조음자를 상부 조음자로 향해 움직이면 성도의 모양이 변한다. 성도의 모양에 따라 각기 다른 음이 만들어 지는데 이와 같이 소리를 만들어내기 위해 성도의 모양을 조정하는 과정을 조음(articulation)이라고 한다.

1.3 소리와 철자(Sounds and Spellings)

소리와 철자가 일치하여 한 철자가 항상 일정한 음을 나타내고 또 거꾸로 하나의 음이 항상 하나의 철자만을 나타낸다면 바람직하고 편리할 것이다. 그러나 현대 영어에서 소리는 글말을 이루는 철자와 다르다. 우선, 소리와 철자는 일대일 대응을 이루지 않는다. ‘pin, desk’처럼 철자와 소리의 개수가 일치하는 경우도 있으나 ‘sign, date, high’에서는 철자 <g>, <e>, <gh>에 해당하는 소리가 없고 ‘king, small, book, thin, photograph’에서 보듯이 철자 <ng>, <ll>, <oo>, <th>, <ph>처럼 철자는 두 개이지만 소리로는 단일 음이다.

같은 소리라 하더라도 철자가 다를 수 있다. ‘beat, feet, receive, scene’ 등과 같이 밑줄로 표시한 철자는 모두 다르지만 모음의 소리는 모두 [i]로 같은 음이다. ‘rule, cool, lose, knew, blue’에서도 밑줄로 표시한 철자는 모두 다르지만 모음의 소리는 모두 [u]이다. 자음에서도 마찬가지로 철자가 다르지만 같은 음으로 소리 나는 경우가 있다.

'foam'과 'phone'은 첫 음이 같지만 다른 철자로 시작한다. 'car, key, hierarchy, quater'에서 밑줄 친 자음은 철자가 다르지만 모두 [k]로 같은 음이다.

철자는 같지만 소리가 다른 경우도 있다. 'through, though, tough'에서 <ough>의 발음은 단어마다 제각기 다르다. 'car, receive, each'에서 철자 <c>는 서로 다른 소리를 나타낸다. 'machine, school, church'에서 <ch> 또한 단어마다 다르게 발음된다. 그리고 글자 <th>는 두 가지 소리를 나타낸다. 'ether'[iθɚ]에서는 <th>가 무성음 [θ]를 나타내고 'either'[iðɚ]에서는 <th>가 유성음 [ð]를 나타낸다.

또한 철자가 있다고 반드시 소리로 실현되지는 않는다. 'knife, knee'에서 철자 <k>는 발음되지 않고 'island'에서 <s>는 발음되지 않으며 'sword'에서 <w>가 발음되지 않는 것이 그 예이다.

이와 같이 영어 철자와 소리간의 대응이 규칙적으로 보이지 않지만 어느 정도 일반성을 보이는 경우도 있다. 고대 영어까지 단어말의 <e>는 [ə]로 발음되다가 중세 영어로 넘어 가면서 단어말의 [ə]가 탈락하게 되어 'nose, name' 등에서 소위 묵음 e(silent e)가 생기게 된다. 단음절 단어에서 모음 다음에 자음이 오고 그 다음에 <e> 철자로 끝나는 경우에 모음의 음가는 철자 이름으로 발음된다. (1)은 그 예를 보여준다.

(1)

철자	소리	예
<a>	(i) [eɪ]	mate
	(ii) [æ]	mat
<e>	(i) [i]	mete
	(ii) [ɛ]	met

<i>	(i) [aɪ]	mile
	(ii) [ɪ]	mill
<o>	(i) [oʊ]	pose
	(ii) [ɑ]	pot
<u>	(i) [ju]	cute
	(ii) [ʌ]	cut

(1)에서 보듯이 단음절 단어 끝에 <e>가 없는 경우와는 달리 단음절 단어가 <e>로 끝나는 경우에는 다섯 개의 모음이 그 철자 이름으로 발음된다. 그러나 이러한 일반성에 대해서도 예외가 있다. 'live, love, come'은 자음 다음에 <e>가 단어 끝에 오지만 철자 이름으로 모음이 발음되지 않기 때문이다.

영어 알파벳은 26개 글자로 40개 이상의 소리를 표시해야 하므로 영어의 철자와 소리가 일대일 대응을 이루지 않는 것은 당연하다. 중세 시대 이후 인쇄술의 발달로 철자는 점차 고정되어 표준화가 이루어졌다. 그런데 이러한 보수적인 철자와 달리 영어의 말소리는 중세 이후에도 지속적으로 변했다. 특히 중세 영어에서 시작해 18세기까지 진행한 모음 대변이(Great Vowel Shift)와 같은 소리 변화를 겪으면서 철자를 보고 소리를 예측할 수 없게 되었다. 이에 현대 영어 소리를 이해하는데 있어서 철자는 믿을만한 기준을 제공하지 않는다. 따라서 영어 말소리를 익힐 때 철자는 무시하고 소리에 집중하여야 한다.

1.4 자음과 모음의 음성전사(Phonetic Transcription of Consonants and Vowels)

구강을 통과하는 공기가 상부 조음자와 하부 조음자간에 마찰을 일으키거나 막히는 방해(obstruction)를 받으면서 만들어지는 소리를 자음(consonants)이라고 한다. 그러한 방해 없이 공기가 구강에서 자유롭게 빠져 나가면서 생성되는 소리를 모음(vowels)이라고 한다.

자음과 모음 소리를 표시하기 위해서 음성 알파벳(phonetic alphabet)을 사용한다. 철자는 소리와 일대일 대응이 이루어지지 않는다. 반면에 음성 기호와 그 기호로 표시된 음은 일대일 대응을 이룬다고 가정한다. 가장 널리 사용되는 음성 알파벳은 국제음성알파벳(International Phonetic Alphabet: IPA)인데 1888년 개발되었고 계속 개정되고 있다. 본 교재에서는 IPA의 사용법을 따를 것이다. 미국 영어의 자음과 모음에 대한 음성 기호는 표 1.1과 같으며 각 음성은 [ ] 안에 표시한다.

표 1.1 단어와 함께 제시한 영어 자음과 모음 음성 기호

음성기호	단어 내의 위치		
	어두	어중	어말
자음			
[p]	pat	rapper	nap
[b]	bat	rubber	nab
[t]	tear	mutter	mat
[d]	dear	mudder	mad
[k]	cap	joking	sack
[g]	gap	jogging	sag
[f]	few	define	motif

[v]	view	divine	motive
[θ]	thigh	ether	loath
[ð]	thy	either	loathe
[s]	sip	decease	bus
[z]	zip	disease	buzz
[ʃ](š)	she	dilution	hash
[ʒ](ž)	----	delusion	sabotage
[h]	harp	ahead	----
[ʧ](č)	chest	teacher	rich
[ʤ](ǰ)	jest	region	ridge
[m]	may	demount	term
[n]	nay	denounce	tern
[ŋ]	----	hanger	sing
[j](y)	yeast	mayor	toy
[w]	wonder	reward	tow
[ɹ] (r)	read	berry	war
[l]	lead	belly	wall
단모음과 이중모음			
[i](ij, iy, i:)	eat	feet	flee
[ɪ]	it	fit	----
[eɪ](e, ej, ey)	ate	hate	hey
[ɛ]	edit	head	----
[æ]	apple	had	----
[ʌ]	under	rubber	----
[ə]	affair	other	era
[u](uw, u:)	oozy	choose	flue
[ʊ]	----	cook	----
[oʊ](ow)	open	boat	hello
[ɔ]	all	fall	paw
[ɑ]	article	harp	spa
[aɪ](aj, ay)	icon	price	buy
[aʊ](au, aw)	out	mouse	now
[ɔɪ]	oil	voice	boy

표 1.1에서 괄호 안에 표시된 발음 기호는 다른 문헌에서 사용되기도 하는 기호이다. 표 1.1에서 빈칸은 해당 위치에서 그 소리가 나오는 영어 단어가 없다는 것을 의미한다. 비록 'high'는 철자에서 <h>로 끝나지만, 발음으로 [h]가 나오는 것은 아니어서 [h]가 어말에 오는 단어는 존재하지 않는다. [ŋ]로 시작하는 단어가 없고 [ɪ, ɛ, æ, ʌ, ʊ]로 끝나는 영어 단어는 없다.

1.5 음절과 초분절음(Syllables and Suprasegmentals)

1.5.1 음절(Syllable)

모음이 자음과 결합하여 음절을 이룬다. 'speak'는 1음절이고 'speaker'는 2음절이라는 것은 쉽게 알 수 있지만 음절을 정의하기란 쉽지 않다. 그럼에도 불구하고 음절이 음운 현상을 설명하는데 매우 중요한 역할을 한다. 자음과 모음이 음절 내 위치에 따라 음성적으로 다르게 실현되기 때문이다. 또한 음절 형태에 따라서 영어 강세 위치가 변할 수 있다. 이러한 음운 현상을 이해하기 위해서는 음절 구조를 파악해야 한다. 모음은 음절에서 반드시 필요한 성분이어서 중성(nucleus)을 이루고 그 앞에 자음이 올 수 있는데 이것은 초성(onset)이다. 중성 다음에 오는 자음을 종성(coda)이라고 한다. 언어마다 허용하는 음절 구조가 다르며 각 성분에 올 수 있는 분절음에 대한 제약이 다르다. 영어 "MacDonald's"는 3음절이다. 그러나 한국어에서는 [mek.t'o.nal.dɨ]처럼 4음절로 차용하고 일본어에서는 [ma.gɯ.do.na.ɹɯ.do]로 6음절로 차용한다. 이처럼 영어 근원 단어(English source word)를 한국어와 일본어에서 다른 형태로 차용하게 되는 것은 영어, 한국어, 일본어의 음절 구조가 서로 다르기 때문이다.

1.5.2 초분절음(Suprasegmentals)

말소리에서 자음과 모음은 쪼개어 발음되는 분절음(segment)인데 반해서 초분절음(suprasegment)은 이러한 분절음 위에 얹혀서 의미의 차이를 가져오는 음의 속성이다. 초분절음에는 대표적으로 강세(stress), 피치(pitch)의 높낮이, 음장(length)이 있다. 강세는 음절의 돋들림(prominence)으로 정의될 수 있다. 강세 음절은 비강세 음절에 비해서 음의 크기(loudness)와 길이(duration)에서 차이가 난다. 영어에서 강세 음절은 비강세 음절에 비해서 소리가 크고 더 길다. 영어에서 강세는 품사를 구별시켜 준다. '(an) ínsult'와 '(to) insúlt'에서, 'insult'가 명사를 의미할 때는 앞 음절에 강세가 오고, 동사를 의미할 때는 뒷 음절에 강세가 온다. 이와 유사하게 'combat, torment, transfer, rebel, permit, present, desert, object, increase, conflict, conduct, desert, contest, exploit'과 같은 단어도 명사로 쓰일 때에는 앞 음절에 강세가 오고 동사로 쓰일 때에는 뒷 음절에 강세가 온다. 따라서 'She will presént you with a présent'에서 동사 'presént'와 명사 'présent'의 강세가 서로 다르다. 이와 같이 강세는 단어의 품사를 구별 짓는 역할을 한다.

일반적으로 명사와 동사 같은 내용어(content words)는 강세를 받지만 조사나 접속사와 같은 기능어(function words)는 강세를 받지 않는다. 그러나 기능어라 하더라도 대조적으로 사용될 때는 대조 강세(contrastive stress)를 받게 된다. 가령, 'Did you buy a red pen or a black one?'이라는 질문에 대해서 'I bought a red pen AND a black one'이라고 대답하는 경우에 질문에 나온 'or'에 대조적으로 강조하기 위해서 'AND'에 강세를 준다.

소리의 피치는 성대 진동의 주파수(frequency)를 말하며 헤르츠(Hz)로 표시한다. 성대가 열렸다 닫혔다 할 때마다 공기가 빠져나가는 양과 성대의 긴장 정도 그리고 성대의 길이에 따라 피치가 달라진다. 기본 주파수(fundamental frequency)는 1초 동안 성대가 몇 번 열렸다 닫히는지에 따라 결정된다. 가령, 모음 [a]가 0.01초 주기로 성대 진동이 반복된다면 1초에 100번 성대 진동이 이루어지는 것이어서 이 모음 [a]의 기본 주파수는 100Hz이다. 주파수는 음향적 속성을 나타내는 용어이고, 피치는 소리가 높다 낮다라고 느끼는 청각적인 속성이다. 실제로 주파수가 높아지면 피치가 올라가고 주파수가 낮아지면 피치가 내려가서 피치를 주파수와 동일시하는 경우가 많다.

문장 안에서 피치가 오르내리는 패턴을 억양(intonation)이라고 한다. 억양이 달라지면 문장의 의미가 달라진다. 가령, 'It rains'라는 문장에서 어순을 바꾸지 않고 억양을 바꾸면 서술문도 되고 의문문도 가능하다. 하강조의 억양으로 말하면 서술문이 되고, 상승조의 억양으로 'It rains?'라고 말하면 의문문이 된다.

모음이나 자음의 길이를 다르게 하여 단어의 의미를 바꿀 수 있다. 일본어에서 [obasaɴ]은 '아줌마'를 의미하고 [oba:saɴ]은 '할머니'를 의미한다. 모음 [a]가 길고 짧은 것에 따라 단어 뜻이 다르다. 따라서 음장(length)이 뜻을 구별하게 하는 역할을 할 수 있다. 한편 영어에서는 모음의 길이만 달라지는 것으로 뜻이 달라지진 않는다. 가령, 한국어를 모국어로 하는 화자들은 영어의 'feat' [fit]와 'fit' [fɪt]가 모음의 길이에서 차이가 있다고 인지하지만, 실제로 이 두 단어의 모음은 길이 뿐만 아니라 모음이 조음되는 위치도 다르다.

한국어에서 '아내'와 '안내'는 [n]이 단일음이냐 겹자음이냐에 따라서 의미가 다르다. 이탈리아어에서도 한국어와 마찬가지로 [n]이 단일음이냐 겹자음이냐에 따라서 의미가 다르다. 예를 들어, 이탈리아어에서 'nonno'는 '할아버지'라는 뜻이고 'nono'는 '아홉 번째'라는 뜻이다. 그런데 영어 단어 'cunning'은 철자에서 <n>가 두 개이지만 발음에서는 겹자음이 아니라 단일음 [n]으로 발음된다. 그러나 'mean name'처럼 단어 경계를 사이에 두고 자음이 연속해서 나올 때에는 좀 더 긴 자음으로 발음될 수 있다.

지금까지 자음이나 모음과 같은 분절음이 모여 음절을 이루고 그 음절에서 실현되는 초분절음에 대해 살펴보았다. 여기서 피치, 강세, 음장과 같은 초분절음은 한 발화 안에서 다른 음과 상대적으로 비교하여야 한다. 가령, 피치의 경우 어린이의 피치는 어른보다 높고 여성의 피치는 남성의 피치보다 절대적인 값에서는 높다. 그러나 같은 지역 안에서 동시대를 사는 어린이는 어른과 같은 억양을 사용하고 여성도 남성과 같은 억양을 사용한다. 초분절음의 절대적인 값은 화자의 성별, 나이, 감정 등을 나타내지만 언어학적으로 억양 패턴을 보이는 데에서는 그리 중요하지 않다. 그보다는 초분절음의 상대적인 값이 중요하다.

요약

한 언어의 음운 체계를 이해하기 위해서는 소리 언어에 대한 기본적인 지식이 필요하다. 소리 언어를 이해하기 위해서 필요한 음성학의 기본 요소를 살펴보았다. 말소리를 만들어내기 위해서는 호흡 과정과 발성 과정 그리고 조음 과정이 필요하다. 각 과정에 관여하는 신체기관을 살펴보았다. 의사소통은 소리 언어와 글 언어로 이루어진다. 그런데 소리 언어는 철자와 같지 않다는 점을 분명히 해야 한다. 소리 언어는 자음과 모음과 같은 분절음으로 이루어진다. 영어의 자음과 모음을 표기하는 음성 알파벳을 제시하였다. 분절음에 더해서 음절과 강세, 피치, 음장과 같은 초분절음은 소리 언어에서 발화의 의미를 파악하는데 중요한 역할을 한다. 초분절음을 이해하는 데 있어서는 상대적인 음의 세기, 높이, 그리고 길이를 파악하는 것이 중요하다.

제 2장

음운론(Phonology)

음성학(phonetics)은 말소리 조음과 인지에 관한 전반적이고 일반적인 사실에 역점을 둔다. 반면에 음운론(phonology)은 특정 언어의 소리 체계를 연구하여 일반적인 음운 원리를 밝히는데 초점을 둔다.

모국어 화자들은 서로 같은 언어학적 지식을 공유한다. 동일한 언어를 사용하는 화자는 모국어 발음에 대한 음운 지식을 의식하지 않고 자연스럽게 갖고 있다. 가령, 영어 모국어 화자는 영어에서 [blʌg]와 [tʰlʌg]라는 단어가 모두 존재하지 않지만 [blʌg]는 있을 수 있는데 없는 단어이고 [tʰlʌg]는 불가능한 단어라는 것을 알고 있다. 'blue, blind'처럼 [bl]로 시작하는 단어는 얼마든지 있지만 [tʰl]로 시작하는 단어는 없기 때문이다. 이와 같은 음운 지식을 일일이 설명하기는 힘들지만 모국어 화자라면 서루 공유하고 있다. 음운론은 이러한 음운 지식이 어떻게 이루어져 있는지를 살펴보는 연구 분야이다. 음운론은 구체적인 소리 실현을 다루는 음성학에 기반을 두고 있지만 무의식적으로 언중의 머릿속에 자리 잡고 있는 추상적인 체계를 중점적으로 연구한다. 음운론에서는 화자가 구체적으로 발성하는 소리는 무의식적으로 존재하는 음운 지식이 표면에 드러난 결과물이라고 전제한다.

화자는 실제로 물리적으로는 음을 연속해서 소리 내지만 청자는 분절된 음의 연속체로 이해하여 그 의미를 알아듣는다. 가령, 'cat'이라는 단어를 말할 때 실제로는 [k] 음과 [æ] 음 그리고 [t] 음 사이에 소리가 끊이지 않고 연속적으로 이어지지만 화자나 청자는 [k], [æ], [t]의 세 가지 음이 연속해서 나온다고 생각한다. 그런데 화자와 청자가 생각하는 [k], [æ], [t] 음은 얼마나 구체적인 음일까? 화자마다 'cat'을 발음하는 방식이 다르다. 우선, 남녀의 목소리는 피치가 확연히 다르다. 그럼에도 불구하고 'cat'을 남성 화자가 말하든 여성 화자가 말하든 모두 'cat'으로 이해한다. 같은 성별이어도 화자에 따라서는 [k] 음을 발음할 때 기식 정도가 다를 수 있고 [æ] 모음의 음향단서도 다를 수 있다. 그리고 단어말 [t] 음을 개방하여 발음할 수도 있고 그렇지 않게 발음할 수도 있다. 이와 같이 화자의 성별이나 개인 발성의 특성에 따라 다양한 방식으로 'cat'을 발음해도 모두 'cat'이 [k]와 [æ] 그리고 [t]의 세 가지 음으로 이루어진 것으로 이해한다. 이처럼 말소리는 표면적인 단계와 추상적인 단계로 구분된다. 음운론은 머릿속에 있는 추상적인 음이 어떻게 구성되어 있는지를 탐구하며 나아가 이러한 추상적인 단계의 음이 어떤 방식으로 표면 단계에서 구체적인 음으로 구현되는지를 연구한다. 또한 음성적으로는 같은 음이지만 음운적으로는 언어에 따라서 다르게 구분될 수 있는데 이것은 각 언어마다 음운 체계가 다르기 때문이다.

2.1 음소와 이음(Phonemes and Allophones)

음소(phoneme)는 뜻의 차이를 가져오는 최소의 소리 단위이다. 'cat'과 'mat'은 다른 의미를 전달한다. 그런데 이 두 단어에서 단어 첫 음인 /k/와 /m/만 다르고 나머지 부분은 같은 음으로 되어 있다. 이와 같이 /k/와 /m/는 'cat'과 'mat'의 뜻이 달라지게 하는 대립적인(contrastive) 기능을 수행한다. 이에 /k/와 /m/는 각각이 음소이다. /k/처럼 사선 기호 안에 음성 기호를 표기하여 음소를 나타낸다. 'cat'을 발음할 때 [k], [æ], [t] 음을 실제로는 사람마다 다양한 변이음(variants)으로 실현한다. 그러나 화자나 청자가 머릿속에서는 일정하게 단일 음으로 발음한다고 여기는데 이러한 음을 음소라고 한다. 추상적인 단위의 음소가 실제로는 다양한 소리로 입에서 나오게 되는데 이것을 이음(allophones)이라고 한다.

2.2 대립적 분포와 상보적 분포(Contrastive Distribution and Complementary Distribution)

단어 안에서 음이 나타날 수 있는 위치 범위를 분포(distribution)라고 한다. 두 음이 동일한 환경에 나타난다면 이 두 음은 중복적(overlapping, parallel) 분포에 있다고 한다. (1)에 있는 예는 이러한 분포를 보여 준다.

(1) 영어 무성 자음 /t/와 유성 자음 /d/의 중복적 분포

a. 단어초: tie - die

b. 단어말: cat - cad

c. 단어 중간: writer - rider

(1)에 제시된 예는 /t/와 /d/가 동일한 환경에서 나타난다는 것을 보여준다. (a)는 어두 위치에서 (b)는 어말 위치에서 (c)는 어중 위치에서 /t/와 /d/가 나타나는 것을 보여준다. 이와 같이 두 음이 중복적 분포에서 나타나고 한 음을 다른 음으로 바꾸면 단어의 의미가 바뀌는 경우 이 두 음은 대립적(contrastive) 관계에 있게 된다. 이 경우 /t/와 /d/는 음소가 된다.

한 언어에서 특정 음이 음소가 되려면 그 음을 제외하고 나머지는 동일한 순서와 동일한 소리로 이루어지면서 의미는 다른 단어가 최소한 한 쌍이 있으면 된다. 예를 들어 'tie'와 'die'는 첫 음이 /t/와 /d/로 서로 다른데 나머지는 동일한 소리로 이루어져 있고 두 단어의 의미는 다르다. 이러한 최소 대립쌍(minimal pair)은 /t/와 /d/가 각각 음소라는 것을 충분히 보여준다.

영어에서는 무성 폐쇄음과 유성 폐쇄음이 별개의 음소이다. 그런데 다른 언어에서도 무성 폐쇄음과 유성 폐쇄음이 별개의 음소일까? 다음 예를 보면 무성 폐쇄음과 유성 폐쇄음이 한국어에서 나타난다.

(2) 한국어의 폐쇄음 분포

[pabo] '바보'	[tobo] '도보'	[kabo] '가보'
[podo] '보도'	[tado] '다도'	[kado] '가도'
[pogo] '보고'	[tegu] '대구'	[kagu] '가구'

한국어에서는 같은 환경에서 무성 폐쇄음과 유성 폐쇄음이 의미적으로 대립을 일으키는 단어쌍을 찾을 수 없다. 한국어에서 [p, t, k]는 모두 단어초에서 나타나고 [b, d, g]는 단어 중간에서 모음 사이에서

나타난다. 이와 같이 한국어에서는 무성 폐쇄음이 나타나는 곳에 유성 폐쇄음은 나타나지 않고 유성 폐쇄음은 무성 폐쇄음이 나타나는 곳에 나타나지 않는다. 이와 같이 두 소리가 동일한 환경에서는 절대로 같이 발견되지 않을 때 이 두 소리는 상보적 분포(complementary distribution)를 이룬다. 한국어에서 무성 폐쇄음과 유성 폐쇄음은 결코 대립적으로 사용될 수 없다. 왜냐하면 대립은 중복된 환경에서만 나타날 수 있는 기능이기 때문이다. 두 소리가 상보적 분포를 이루는 경우에는 동일한 음소가 서로 다른 환경에서 나타나는 이음(allophones)이라고 한다. 이음은 [t], [d]처럼 대괄호 안에 음성 기호를 표기한다.

음소와 이음과의 관계에 대해 친근한 비유를 들어 설명해 보겠다. 우리는 생활하면서 환경에 따라서 옷을 갈아입는다. 가령, 직장인이 직장에 출근할 때에는 정장으로, 등산을 갈 때는 등산복으로, 잠을 잘 때에는 잠옷으로 갈아입는다. 복장을 달리 한다고 해도 여전히 그 직장인은 같은 사람이다. 그런데 직장에 잠옷 차림으로 출근하지는 않을 것이고 정장 차림으로 잠을 자지도 않을 것이다. 이처럼 정장 차림과 잠옷 차림은 상호 배타적(mutually exclusive)이다. 같은 사람이 단지 환경에 따라서 의복을 바꿔 입을 뿐이다. 마찬가지로 동일한 음소가 서로 다른 환경에서 다르게 나타나는 변이형이 이음이다.

영어에서 무성 폐쇄음은 기식음(aspirated sound)과 비기식음(unaspirated sound)으로 발음될 수 있다. 다음 예시가 이를 보여 준다.

(3) 영어에서 기식과 비기식 무성 폐쇄음

a. 단어초: pie [p^h], tie [t^h], kite [k^h]

b. [s] 다음에서: speak [p], style [t], screen [k]

기식음은 $[^h]$로 나타낸다. 영어에서 기식과 비기식 무성 폐쇄음은 같은 환경에서 일어나지 않는다. 단어초에서 영어 무성 폐쇄음은 기식음으로 실현되고 /s/ 다음에서는 비기식음으로 발음된다. 이에 영어에서 기식과 비기식 무성 폐쇄음은 상보적 분포를 이루어서 무성 폐쇄음의 이음이다.

영어에서 무성 폐쇄음과 유성 폐쇄음은 각각 음소 기능을 수행하고 무성 폐쇄음은 기식과 비기식 무성 폐쇄음이라는 이음으로 실현된다. 한국어에서는 무성 폐쇄음과 유성 폐쇄음이 한 음소의 이음이다. 이와 같이 무성 폐쇄음과 유성 폐쇄음이 언어에 따라서 다른 기능을 할 수 있다. 이러한 관계를 요약해서 나타내면 다음과 같다.

(4) a. 영어 무성 폐쇄음과 유성 폐쇄음 음소

음소 /p/ /t/ /k/ /b/ /d/ /g/

이음 $[p^h]$ [p] $[t^h]$ [t] $[k^h]$ [k] [b] [d] [g]

b. 한국어 무성 폐쇄음과 유성 폐쇄음 이음

음소 /p/ /t/ /k/

이음 [p] [b] [t] [d] [k] [g]

똑같은 음이라 해도 언어마다 다른 기능을 가질 수 있다. (4)에서 살펴본 바와 같이 영어에서는 무성 폐쇄음과 유성 폐쇄음이 각각 음소로 기능을 하지만 한국어에서는 동일한 음소에 속하는 이음이다.

이와 같이 동일한 음이 언어에 따라서 다른 기능을 한다는 것을 이해하면 외국어 학습에 큰 도움이 된다. 어떤 언어에서 두 음이 동일 음소의 이음이면 이 언어를 모국어로 하는 화자는 이 두 음을 같은 소리라고 느끼기 때문에 구별하여 지각하지 못한다. 반면에 그 언어에서 대립적인 기능을 하는 음소라면 쉽게 지각한다. 외국어 발음을 익힌다는 것은 목표 외국어의 음소를 제대로 인지하고 그 음소가 환경에 따라서 다르게 실현되는 이음을 정확하게 발음하는 것이다.

동일한 음소의 이음이 상보적 분포에서 일어난다는 것은 맞지만 서로 다른 두 음이 상보적 분포에 있다고 해서 반드시 그 두 음이 한 음소의 이음이 되는 것은 아니다. 영어에서 [h]는 음절의 초성(onset)에서만 나타나고 종성(coda)에서는 나타나지 않는다. 예를 들어 'high' [haɪ] *[haɪh]에서 음절 초성에는 [h]가 나타나지만 종성에서는 [h]가 나타나지 않는다. 그래서 [h]로 끝나는 영어 단어는 없다. 반면에 영어에는 [ŋ]로 시작하는 단어가 없다. 영어에서 [ŋ]는 모두 음절 종성에서만 나타난다. 따라서 영어에서 [h]와 [ŋ]는 나타나는 곳이 서로 배타적이어서 최소 대립쌍을 발견할 수 없다. 만약 두 음이 서로 배타적으로 상보적 분포를 이룰 때 이음이 된다고 한다면 영어에서 [h]와 [ŋ]는 동일한 음소의 두 이음이 될 것이다. 그러나 이 두 음은 동일한 음소의 두 이음이 아니다. 이음 관계가 성립되려면 두 음끼리 음성적으로 비슷해야하기 때문이다. [h]는 무성 성문 마찰음이고 [ŋ]는 유성 연구개 비음이어서 음성적 특징을 서로 공유하지 않기 때문에 [h]와 [ŋ]는 음성적 유사성(phonetic similarity)을 충족시키지 못한다. 따라서 여러 음이 동일한 음소의 이음으로 분석되려면 일단 상보적 분포 관계에 있으면서 음성적으로 서로 유사해야 한다.

이음끼리는 음성적으로 서로 유사할 뿐만 아니라 음성적으로 자연스러운 경우에서 이음이 나타나기 마련이다. 가령, (2)와 (4b)에서 보았듯이 한국어에서 무성 폐쇄음이 모음과 모음 사이에서 이음인 유성 폐쇄음으로 실현된다. 이처럼 무성 폐쇄음이 유성 폐쇄음 이음으로 실현되는 것은 양쪽에 인접하는 음이 모두 유성음인 모음이어서 이와 음성적으로 유사한 유성 폐쇄음으로 발음되는 것이다. 이와 같이 음성적 동기가 충분할 때 이음으로 실현된다고 볼 수 있다.

최소 대립쌍이 있으면 두 음이 별개의 음소라고 하였다. 이때 최소 대립쌍은 중복적 분포를 이루면서 의미적으로 대립적인 경우를 말한다. 중복적 분포를 이루더라도 뜻을 구별하게 하는 역할을 하지 않으면 두 음은 별개의 음소가 아니다. 가령, 'cat'을 발음할 때 단어말 자음을 개방할 수도 있고 개방하지 않을 수도 있다: [k^hæt] ~ [k^hæt˺]. 개방된 폐쇄음과 폐쇄음 다음에 [˺]로 표시하는 개방되지 않은 폐쇄음 모두가 단어말 위치에 나와서 중복적 분포를 이룬다. 그러나 이렇게 다르게 발음된 단어가 서로 뜻이 다른 것이 아니고 자유롭게 변이형으로 실현되는 것이다. 이와 같이 자유 변이(free variation)는 중복적 분포에 나타나지만 대립적이지 않아서 동일한 음소의 이음이다. 그런데 자유변이는 단어말 영어 폐쇄음처럼 개방음(released)이나 비개방음(unreleased)과 같은 이음으로 나타날 수도 있지만 서로 다른 음소로도 나타날 수 있다. 'reed'[ɹid]와 'ride'[ɹaɪd]와 같은 최소 대립쌍을 보면 [i]와 [aɪ]가 두 단어의 뜻을 다르게 만드는 대립적인 기능을 하여 각각 /i/와 /aɪ/가 별개의 음소이다. 그런데 'either'는 [iðɚ]나 [aɪðɚ]로 발음된다. 이 경우에는 [i]와 [aɪ]가 단어의 뜻을 구별 짓게 하는 기능을 하지 않는다. 이와 같이 서로 다른 음소가 자유 변이형으로 나타날 수도 있다.

이상 논의한 것을 바탕으로 음성적으로 유사한 음이 각각이 별개의 음소인지 동일한 음소의 이음인지를 체계적으로 결정하는 방법을 요약해 본다.

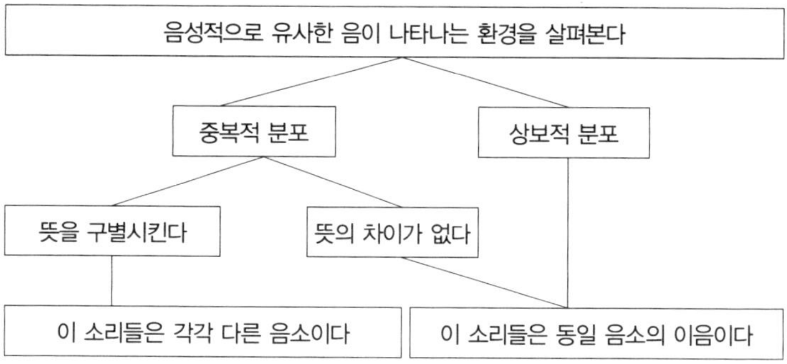

그림 2.1 음소와 이음을 결정하는 방식

2.3 음소 분석(Phonemic Analysis)

이 장에서는 실제 언어에서 두 개 이상의 음이 각각 별개의 음소(phoneme)인지 동일한 음소의 이음(allophone)인지를 어떻게 분석하는지 구체적으로 알아보기로 한다. 음성적으로 유사하여 이음인지가 의심스러운 음이 둘 또는 그 이상이 있는 경우에 이 음들이 중복적 분포를 이루면서 서로 대립적으로 사용되면 각각이 독립적인 음소로 기능한다. 가령, [s]와 [ʃ]는 음성적으로 유사하다. 두 음 모두 무성 마찰음이다. 다만 [s]는 치경음이고 [ʃ]는 치경구개음이어서 조음 위치에서 다를 뿐이다. 이와 같이 공유하는 음성 자질(phonetic features)이 많을수록 그리고 차이가 나는 음성 자질이 적을수록 두 음은 음성적으로 유사하다고 할 수 있다. 이제 음성적으로 유사한 [s]와 [ʃ]가 영어에서 음소인지 이음인지 알아보자. 그림 2.1에서 제시한 흐름도를 참고하면 우선 최소 대립쌍이 있는지를 찾아보아야 한다. 'sue'[su] - 'shoe'[ʃu], 'sign'[saɪn] - 'shine'[ʃaɪn]의 단어 두 쌍을 살펴보면 단어 초 자음인 [s]와 [ʃ]의 차이로 인해 각 쌍에 속한 두 단어의 뜻이 달라진다. 이에 영어에서 /s/와 /ʃ/는 별개의 음소이다.

음성적으로 유사한 [s]와 [ʃ]가 영어에서는 각각이 음소인데 다른 언어에서도 이 두 음이 음소일까? 한국어에서 이 두 음이 어떤 기능을 하는지 알아보자. 다음은 한국어에서 [s]와 [ʃ]가 나타나는 예를 보여준다.

(5) 한국어에서 [s]와 [ʃ]

a. [kasa] '가사' [misa] '미사'
[koso] '고소'
b. [kaʃi] '가시' [muʃi] '무시'
[keʃi] '개시'
c. [saʃil] '사실' [soʃik] '소식'
[suʃi] '수시'
d. [ʃisa] '시사' [ʃinui] '시누이'
[ʃigol] '시골'

우선 영어에서와는 달리 한국어에서 [s]와 [ʃ]가 대립적 분포를 보이는 최소 대립쌍을 발견할 수 없다. 일단 최소 대립쌍이 없다면 이 두 음이 이음일 가능성이 높아진다. 이러한 경우에는 각 음이 나타나는 음성 환경을 열거해 보아 상호 배타적인 환경에서 나타나는 지를 알아본다. 단어 경계를 #로 표시하여 각 음이 나타나는 위치를 ___로 표시해 보면 [s]는 a___a, i___a, o___o, #___a, #___o, #___u 환경에서 일어난다. 반면에 [ʃ]는 a___i, u___i, e___i, o___i, #___i 환경에서 나타난다. 한국어에서 [s]와 [ʃ]가 나타나는 분포를 비교해 보면 [s]와 [ʃ]가 모두 단어초에 올 수 있고 두 소리 앞에 [a, o]가 중복되어 나온다는 것을 알 수 있다. 그런데 [s]와 [ʃ] 다음에 나오는 소리를 비교해 보면 차이가 난다. [s]는 [i] 모음 앞에서는 나타나지 않고 [ʃ]는 [i] 모음 앞에서만 나타난다. (5c)에 있는 예에서 이것을 확실히 알 수 있다. [s]와 [ʃ]가 한 단어 안에 나타날 수 있는데 [ʃ] 다음에는 반드시 [i] 모음이 나온다. 따라서 음성적으로 유사한 [s]와 [ʃ]가 상보적인 분포에서 나타나는 것이어서 이들은 동일한 음소의 이음이라고 할 수 있다. 한국어 무성 폐쇄음이 모음 사이에서 유성 폐쇄음 이음으로 실현되는 것은 음성적으로 동기가 충분하다고 언급한 바 있다. 마찬가지로 한국어에서 [s]가 [i] 모음 앞에서 [ʃ]로 되는 것도 음성적으로 자연스럽다. 왜냐하면 [i] 모음이 치경구개 위치에서 조음되므로 [s]가 [i] 모음 앞에서 치경구개음인 [ʃ]로 발음되는 것이기 때문이다. 이와 같이 [s]와 [ʃ]가 음성적으로 유사하지만 영어에서는 각 음이 별개의 음소이고 한국어에서는 한 음소의 이음으로 실현된 것이다.

영어와 한국어에서 [s]와 [ʃ]의 기능 차이를 보여 주면 나음과 같다.

(6) a. 영어 치경 마찰음과 치경구개 마찰음 음소

음소	/s/	/ʃ/
	|	|
이음	[s]	[ʃ]

b. 한국어 치경 마찰음과 치경구개 마찰음 이음

음소 /s/

이음 [s] [ʃ] before [i]

영어에서 [ʃ]는 음소 /ʃ/가 실현된 음이고 한국어에서 [ʃ]는 /s/가 [i] 앞에서 이음으로 실현된 것이다.

스코틀랜드 영어와 한국어에서 탄설음(flap) [ɾ]과 설측 유음(lateral liquid)인 [l]이 모두 나타난다. 과연 두 언어에서 이 두 음이 같은 기능을 하는지 다음 예를 통해 알아보자.

(7) 스코틀랜드 영어와 한국어에서 [ɾ]과 [l]

	스코틀랜드 영어		한국어	
a.	[læm]	'lamb'	[mul]	'물'
b.	[ɾæm]	'ram'	[muɾi]	'무리'
c.	[lɪp]	'lip'	[ɾibon]	'리본'
d.	[ɾɪp]	'rip'	[iɾi]	'이리'
e.	[bɛli]	'belly'	[moɾe]	'모레'
f.	[bɛɾi]	'berry'	[nolbu]	'놀부'

스코틀랜드 영어에서 'lip' [lɪp]과 'rip' [ɾɪp]처럼 [ɾ]과 [l]의 차이로 단어의 뜻이 달라지는 최소 대립쌍을 쉽게 발견할 수 있다. 따라서 스코틀랜드 영어에서 [ɾ]과 [l]은 /ɾ/과 /l/과 같이 독립적인 음소의 이음들이다. 반면에 한국어에서는 [ɾ]과 [l]이 대립적으로 사용되

는 최소 대립쌍이 없다. 한국어에서 [ɾ]과 [l]이 나타나는 분포를 살펴보면 [l]은 단어 끝이나 자음 앞에서 나타나고 [ɾ]은 나머지 환경에서 나타난다. 즉, 한국어에서 [l]은 음절 종성에서만 나타나고 나머지 환경에서는 [ɾ]이 나타난다. 이와 같이 한국어에서 [ɾ]과 [l]은 상보적 분포(complementary distribution)에서 나타나므로 이들은 한 음소의 이음이다. 스코틀랜드 영어와 한국어에서 [ɾ]과 [l]의 기능을 비교해 보면 아래와 같다.

(8) a. 스코틀랜드 영어에서 /ɾ/과 /l/ 음소

음소 /ɾ/ /l/
| |
이음 [ɾ] [l]

b. 한국어에서 [ɾ]과 [l] 이음

음소 /l/
／＼
이음 [ɾ] [l] syllable-final position

이상 논의한 바와 같이 동일하게 실현되는 음이 음운론적으로는 언어마다 다른 기능을 할 수 있다. 영어에서 /s/와 /ʃ/는 별개의 음소이지만 한국어에서는 [s]와 [ʃ]가 한 음소의 이음이다. [ʃ]의 기능이 다르기 때문에 한국인 초급 영어 학습자는 'sea'를 영어 원음대로 [si]라고 발음하지 못하고 [ʃi]로 발음하기 쉽다. 모음 [i] 앞에서 영어 [s]를 모국어인 한국어의 이음 규칙의 영향을 받아 [ʃ]로 발음하게 되기 때문이다. 영어에서 /ɾ/과 /l/은 서로 다른 음소이다. 그러나 한국어에서 [ɾ]과 [l]은 한 음소의 이음이다. 한국어에서 [l]은 음절 말음 혹은 종성에서만 발음되고 [ɾ]은 그 밖의 환경에서 발음되기 때문에 한국인 초급 영어 학습자는 'living'을 [lɪvɪŋ]이 아니라 [ɾɪvɪŋ]으로 잘못 발음할 수 있다.

목표 외국어(target language)의 발음을 익힐 때 외국어 학습자는 모국어 음소 체계의 영향을 받아 목표 외국어 음을 인지한다. 머릿속에 자리 잡고 있는 모국어 음소 틀 안에서 목표 외국어 음을 파악하게 되기 때문이다. 그런데 음성적으로 유사한 음이 언어마다 기능이 다를 수 있다. 이에 외국어 학습자가 목표 언어의 발음을 제대로 익히려면 음성적으로는 유사하나 음운적으로는 기능이 다른 음을 파악해야 한다. 환경에 따라 다르게 실현되는 이음을 제대로 발음하는 것이 목표 언어의 발음을 정복하는 방법이다.

요약

특정 언어의 음운 체계를 파악하려면 우선 그 언어의 자·모음 음소를 밝혀야 한다. 음성적으로 유사한 두 개 혹은 그 이상의 소리가 중복적 분포를 이루고 의미적으로 대립을 유발하는 음이면 이것들은 각각이 음소이다. 반면에 두 개 혹은 그 이상의 소리가 상보적 분포를 이루고 음성적으로 유사하면 이것들은 동일한 음소의 이음이다. 그런데 음성적으로는 동일하게 실현되어도 음운적으로는 언어마다 다른 기능을 할 수 있다. 영어에서 무성 폐쇄음과 유성 폐쇄음은 각각이 음소이지만 한국어에서는 이 두 소리가 이음 관계에 있다. 음소 분석은 한 언어의 음운 체계를 알아보기 위해서도 필요하지만 언어 치료에서 어느 특정한 환경에서만 발성이 어려운 부분을 찾아내는 데에도 유용하다. 또한 제 2 언어 학습에서도 환경에 따라서 목표 음을 발음하는 데 어려운 경우를 예측하게 해 준다.

제 3장

영어의 자음(English Consonants)

3.1 조음 기관(Articulatory Organs)

조음(articulation)은 성도(cavity)의 모양을 다르게 하여 다양한 음을 만들어 내는 과정이다. 구강(oral cavity)에서 하부 조음자(lower articulator)를 움직여 상부 조음자(higher articulator)로 향하게 하면서 성도의 모양을 변화시킨다. 그런데 허파로부터 올라오는 공기가 구강 안에서 조음 기관이 막히거나 협착하여 방해가 일어날 때 자음이 만들어진다. 이에 자음이 만들어지는 위치를 알려면 구강 안의 위치를 이해해야 한다. 그림 3.1은 구강의 윗부분에 있는 상부 조음자의 명칭을 보여준다.

상부 조음자로 앞쪽에 윗입술(upper lip)과 윗니(upper teeth)가 있다. 윗니 바로 뒤에 조금 튀어나온 부분을 치경(alveolar ridge)이라고 한다. 치경 뒷쪽에 뼈가 단단하면서 넓은 부분이 경구개(hard palate)이다. 경구개 뒷쪽으로 근육이 이완된 부분이 연구개(soft palate 혹은 velum)이다. 연구개는 움직일 수 있는 조직으로 인두(pharynx)를 비강(nasal cavity)과 연결하는 구개인두 길(velopharyngeal passage)을 열고 닫는다. 연구개 뒷쪽으로 목젖(uvula)이라는 길고 가는 기관이 있다.

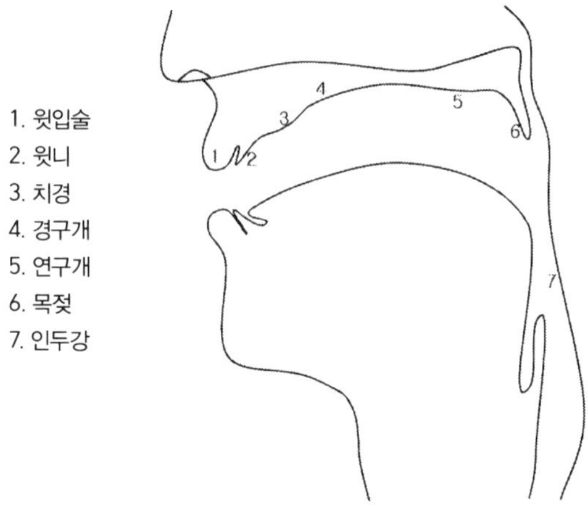

그림 3.1 성도의 주요 상부 조음자

그림 3.2는 구강의 아랫부분에 있는 하부 조음자(lower articulator)의 명칭을 보여준다.

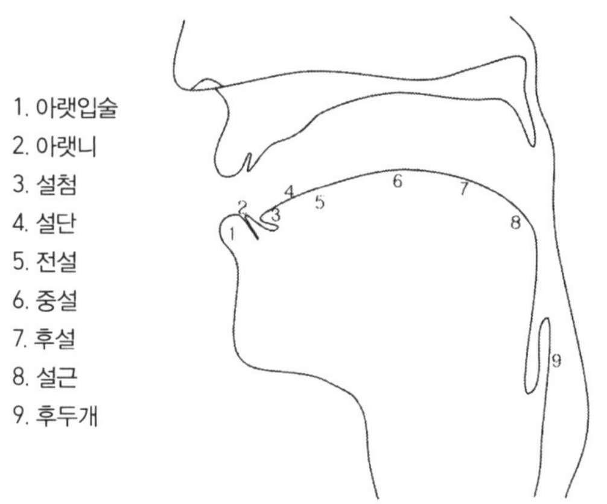

그림 3.2 성도의 주요 하부 조음자

구강의 하단부에는 아랫입술(lower lip), 아랫니(lower teeth) 그리고 혀(tongue)가 있다. 입술은 성도에서 가장 잘 보이는 조음 기관이다. 그리고 입술은 의미 전달에서 많은 정보를 제공한다. 소리가 들리지 않는 상황에서 나눈 대화 내용을 추측하는 데 순전히 입술 모양만으로 뜻을 알아내는 독순술(lip reading)이 사용되기도 한다. 혀는 하부 조음자 중에서 가장 자유롭게 움직일 수 있는 조음자여서 중요한 조음 기관이다. 이러한 이유로 많은 언어에서 '혀'가 '언어'와 동의어로 사용된다. 예를 들어 영어에서 '모국어'를 'mother tongue'이라고 한다. 혀를 움직여서 만들어 내는 소리를 설명하기 위해서 혀를 자세하게 구분하게 된다. 우선 혀의 가장 앞에 있는 끝부분을 설첨(tip of tongue)이라고 한다. 설첨 바로 뒤에 설단(blade of tongue)이 있다. 그리고 경구개 맞은편에 전설(혀의 앞부분, front of tongue)이 있다. 혀의 표면에서 가장 뒤에 있는 부분을 후설(혀의 뒷부분, back of tongue)이라고 하며 이것은 연구개의 맞은편에 있다. 중설(혀의 중간부, center of tongue)은 혀의 앞부분과 뒷부분 사이에 있다. 혀의 끝에 있는 설근(혀뿌리, root of tongue)은 인두 벽(pharynx wall)의 맞은 편에 수직으로 위치한다.

3.2 자음(Consonants)

자음은 허파에서 나온 공기가 성대를 통과할 때 울림이 있는지 여부와 구강의 어느 지점에서, 그리고 어느 정도로 장애(obstruction)를 받느냐에 따라 종류가 결정된다. 이에 자음의 유성성과 조음 위치 그리고 조음 방식에 대해 차례로 알아본다.

3.2.1 유성성(Voicing)

성문(glottis)이 거의 닫힌 상태에서는 허파로부터 올라온 공기 압력이 성대 장벽 뒤에서 올라간다. 올라간 압력을 닫힌 성대가 더 이상 지탱할 수 없을 때 결국 성대를 불어서 떨어지게 한다. 이때 초과된 압력이 터져 나가고 좁은 공간을 공기가 급히 통과하여 보다 넓은 위의 성도로 들어가면서 기압이 급격하게 떨어진다. 이 때문에 탄력 있는 성대는 닫힌 위치로 돌아간다. 공기가 성문을 통과할 때 베르누이 원리(Bernoulli principle)로 알려진 흡입 효과로 인해서 성대가 붙게 된다. 일단 성대가 붙으면 성대의 진동 주기가 다시 시작된다. 즉, 허파로부터 올라오는 공기가 닫힌 성문에 부딪히게 되어 반복적으로 허파와 입 사이의 공기 통로를 율동적으로 여닫게 되어 성대가 진동하게 된다. 성대는 모음을 조음할 때 진동하며 일부 자음을 낼 때도 진동한다. 성대가 진동하면서 만들어 지는 소리를 유성음(voiced sound)이라고 부르고, 성대 진동 없이 생성되는 소리를 무성음(voiceless sound)이라고 말한다. 성대의 진동 주기는 얼마나 빨리 성대가 떨어졌다가 닫힌 위치로 돌아가는가에 달려 있으며 이것은 공기 덩어리의 주파수(frequency)를 말해준다.

'bus'와 'buzz'의 마지막 소리인 [s]와 [z]를 발음하는 동안 두 번째 손가락을 아담의 사과 부분에 살짝 대 보거나 귀 안에 넣어 보면 [s]인 경우에는 무성음이기 때문에 성대의 떨림을 느낄 수 없으나 [z]인 경우에는 유성음이어서 성대가 떨리는 것을 느낄 수 있다.

3.2.2 조음 위치에 의한 구분(Place of Articulation)

허파에서 나온 공기가 성도의 어느 위치에서 방해를 받느냐에 따라서 조음 위치가 결정된다. 성도의 모양과 크기는 혀, 입술, 구개의 상대적인 위치를 조정하여 바뀔 수 있다. 이 중에서 가장 유연한 것이 혀이다. 설첨과 설단, 중설은 독립적으로 움직일 수 있다. 입술 모양도 둥글게 하거나 펴는 것과 같이 다양하게 할 수 있어서 성도의 길이와 모양에 영향을 미친다. 혀와 입술과 같은 하부 조음자가 움직이기 쉬워서 상부 조음자 쪽으로 움직여 조음 위치가 다른 음을 만들어낸다. 가령, 'pack'이라는 단어를 말할 때 우선 첫 음인 [p]를 내기 위해 윗입술과 아랫입술을 붙였다가 다음 모음인 [æ]를 내기 위해 입술을 떼면서 입을 벌린다. 그리고 혀의 뒷부분이 입천장의 뒷부분에 닿아 마지막 음인 [k]를 만든다.

영어 자음과 관련된 조음 위치는 해당 자음이 만들어지는 조음 기관 명칭을 생각하면 이해하기 쉽다. 영어 자음의 조음 위치를 입 앞쪽부터 뒷쪽으로 열거하면 아래와 같다.

양순음(Bilabial): 아랫입술과 윗입술을 한데 모아 양순음을 조음한다. 'pan, ban, man'에서 첫 자음이 양순음 /p, b, m/의 예이다.

순치음(Labio-dental): 하부 조음자인 아랫입술과 상부 조음자인 윗니를 협착시켜 만든다. 'fan, van'은 각각 순치음 /f, v/로 시작한다.

치간음(Interdental): 설첨이나 설단(tongue tip or blade)을 윗쪽 앞니와 아랫니 사이에 놓아 만든다. 화자에 따라 혀가 치아 사이에 나오는 정도가 다르다. 'thin, this'에서 첫 자음이 각각 /θ, ð/이다.

치경음(Alveolar): 하부 조음자인 설첨이나 설단을 치경(alveolar ridge)에 협착하여 만들어 내는 소리이다. 'tip, dip, sip, zip, lip, nip'의 첫 자음이 각각 영어 치경음인 /t, d, s, z, l, n/이다.

권설음(Retroflex): 권설음은 혀끝을 치경 뒷쪽으로 살짝 감아올려 내는 소리이다. 권설음은 혀끝으로 만들어서 "apical"이라고 불리며 치경음은 설단으로도 만들어지기 때문에 "laminal"이라고 불린다. 미국 영어에서 'round, raw'의 첫 음을 권설음으로 발음할 수 있다. 그런데 많은 영어 화자들은 [ɹ] 음을 발음할 때 권설음이 아니라 혀끝을 내린 채 설단을 올려 혀를 한 덩어리처럼 만들어 소위 "bunched" [ɹ] 소리로 발음한다.

치경구개음(Palato-alveolar): 설단(blade of tongue)이 치경 뒷쪽으로 움직여서 만들어낸다. 'shine, chime'의 첫 음은 각각 치경구개음인 [ʃ, ʧ]이다. [ʃ]의 경우에는 치경 뒷쪽에 설단이 접근하여 나는 소리이고 [ʧ]는 설단이 치경에 닿았다가 [ʃ]로 끝나는 소리이다.

구개음(Palatal): 혀의 앞부분(front of tongue)이 경구개(hard palate)에 접근하여 나는 소리이다. 'yes'의 첫 음인 [j]가 영어에서 유일한 경구개음이다.

연구개음(Velar): 혀의 뒷부분(back of tongue)이 연구개(velum, soft palate)에 닿아 나는 소리이다. 'came, game'의 첫 음인 [k, g]가 연구

개음이다.

성문음(Glottal): 성문(glottis)에서 만들어 지는 소리이다. 'home'의 첫 음인 [h]와 성문 폐쇄음인(glottal stop) [ʔ]이 성문음이다. 'button'에서 중간 자음이 성문 폐쇄음으로 발음될 수 있다.

순연구개음(Labio-velar): 'we'라는 영어 단어의 첫 음인 [w]는 두 군데 위치에서 조음된다. 두 입술을 둥글게 오므리면서 나는 소리여서 '순음'이기도 하면서 동시에 혀의 뒷부분이 연구개 쪽으로 올라가기 때문에 '연구개음'이기도 하다. 따라서 [w]는 양순음 위치와 연구개음 위치에서 동시에 만들어지므로 '순연구개음'으로 부른다.

3.2.3 조음 방식에 의한 구분(Manner of Articulation)

성도에서 자음을 조음할 때 공기의 흐름을 어느 정도로 방해하느냐에 따라 자음을 구분할 수 있다. 가령, 조음자가 공기를 구강에서 잠시 혹은 상당 시간 완전히 막을 수도 있고 하부 조음자와 상부 조음자간의 간격을 좁혀서 소리를 낼 수 있다.

폐쇄음(Stops): 폐쇄음은 성도 안에서 공기 흐름이 완전히 차단되어 나는 소리이다. 'pie, tie, kind, buy, die, guy'에서 첫 음인 /p, t, k, b, d, g/는 조음 위치와 유성성에서 다르지만 모두 폐쇄음이다. /p, b/는 입술에서 그리고 /t, d/는 치경에서 그리고 /k, g/는 연구개에서 공기가 완전히 막혔다가 나는 폐쇄음이다. /p, t, k/는 무성 폐쇄음이고 /b, d, g/는 유성 폐쇄음이다. 그런데 이렇게 조음자가 공기의 흐름을 완전히 막는다면 어떤 소리도 들리지 않을 것이다. 그러나 이러한 자음들의 조음을 완성하기 위하여 꽉 닫혔던 상부 조음자와 하부 조음자가 떨어지면 자음이 파열하는 소리를 들을 수 있다. 따라서 두 조음자들이 떨어지면서 공기가 입 밖으로 터져 나오는 것에 초점을 맞추어 파열음(plosives)이라고도 한다.

마찰음(Fricatives): 마찰음은 상부와 하부 조음자 사이에 좁은 틈을 만들어서 내는 소리이다. /f, v, θ, ð, s, z, ʃ, ʒ, h/가 영어의 마찰음이다. 좁은 틈으로 공기가 나오면서 마찰 소음이 난다. 마찰음 중에서 치경과 치경구개에서 나는 마찰음인 /s, z, ʃ, ʒ/은 혀를 움푹하게 들어가게 하여 소리내어서 강도가 더 세고 음향 에너지가 많다. 이러한 마찰음을 치찰음(sibilants)이라고 한다. 이에 반해 혀를 평평하게 하여 /f, v, θ, ð, h/를 소리 내는데 에너지가 상대적으로 적은 이런 마찰음은 비치찰음(non-sibilants)이라고 한다. 마찰음을 조음할 때 공기가 계속 나오기 때문에 마찰음은 지속음(continuants)이다.

파찰음(Affricates): 폐쇄음 단계에서 개방이 빨리 되면서 소음을 만들어 내는 소리를 파찰음이라고 한다. /ʧ, ʤ/는 치경구개의 위치에서 만들어 지는 유일한 영어 파찰음이다. 파찰음은 폐쇄음이 파열되고 마찰음으로 끝나기 때문에 폐쇄음 /t, d/와 마찰음 /ʃ, ʒ/가 각각 합해져서 이루어 진 것을 알 수 있다. 이와 같이 파찰음은 폐쇄음과 마찰음이 연이어 만들어진 음이지만 궁극적으로는 하나의 음이다. 예를 들어 'kid channel' [kɪd ʧænəl]이 [ʧɪd kænəl]로 잘못 발음될 수 있다. 두 번째 단어의 첫 음이 첫 번째 단어의 첫 음과 바뀌어 발음된 것이다. 그런데 'case study' [keɪs stʌdi]는 [steɪs kʌdi]로 잘못 발음되지 않는다. 이것은 'channel' [ʧænəl]에서 첫 음인 /ʧ/는 하나의 음이지만 'study'[stʌdi]에서 /st/는 분리할 수 있는 음이 두 개 연속해서 나타나는 자음군이기 때문이다. 그런데 'channel'의 [ʧ]가 음운적으로 하나의 음인데 반해서 'cats'의 끝에서 발음되는 [ts]는 치경 파찰음으로 보지 않고 [t]음과 [s]음이 연속해서 일어난 것으로 본다. 'cat'의 마지막 자음 [t]와 복수형 접미사 [s]가 결합한 것으로 보는 것이다.

접근음(Approximants): 마찰음은 성도 안에서 하부 조음자가 상부 조음자에 상당히 접근하여 마찰을 일으키는 음이다. 이에 비해 접근음은 마찰음만큼 하부 조음자가 상부 조음자에 접근하지는 않지만 상당히 가까이 접근하여 내는 소리이다. 접근음을 내기 위해서는 마찰음에서 보다 조음자간의 거리가 좀 더 크다. /l, ɹ, j, w/가 영어 접근음이다. 영어 /l, ɹ/은 유음(liquids)인데 모음보다는 수축이 더 크게 된 상태에서 유성 에너지가 성도를 통과해 만들어지는 소리이다. 유음 /l/은 혀끝이 치경에 닿은 상태에서 혀의 양쪽 옆으로 공기가 나갈 수 있는 틈을 유지하므로 설측음(lateral)이다.

비설측 접근음 /ɹ/이 모음 다음에서 발음되느냐 여부에 따라 지역어가 구분된다. 모든 /ɹ/을 발음하는 지역어를 'rhotic'어라고 한다. 대부분의 미국 영어와 캐나다 영어가 'rhotic'어를 사용한다. 반면에 영국의 표준 영어를 위시하여 대부분의 영국 영어와 미국 뉴잉글랜드 그리고 뉴질랜드에서는 /r/이 모음 다음에서 발음되지 않는데 이것을 'non-rhotic'어라고 한다. 접근음 /j, w/는 활음(glides)으로 불린다. 조음에 있어서는 /j/는 모음 /i/와 비슷하고 /w/는 모음 /u/와 비슷한데 기능에 있어서는 자음과 같은 역할을 하므로 반모음(semi-vowel) 또는 반자음(semi-consonant)이라고도 한다.

비음(Nasals): 허파에서 올라 온 공기가 구개인두 통로(velopharyngeal opening)를 통해 나가는 음이 비음이다. 영어에서 /m, n, ŋ/은 연구개를 내리고 비강으로 공기를 나가게 하면서 내는 소리여서 비음(nasal sounds)이다. 반면에 그 밖의 다른 소리들은 연구개가 올라가 비강으로 통하는 통로를 막아 비강 차단(velic closure)을 일으켜서 공기가 구강을 통해 나가기 때문에 구강음(oral sounds)이다. /m, n, ŋ/을 발음할 때 공기가 비강을 통해 나가지만 구강 안에서 상부 조음자와 하부 조음자가 완전히 공기 흐름을 차단하기 때문에 비음 폐쇄음(nasal stops)이라고도 한다. 가령, 치경음인 [n]은 상부 조음자인 치경에 혀끝을 닿게 하여 폐쇄음을 만들면서 허파로부터 올라온 공기가 비강(nasal cavity)을 통해서 밖으로 나간다.

이제까지 논의한 영어 자음을 조음 위치와 조음 방식 그리고 성대의 진동 유무에 따라 정리하면 표 3.1과 같다.

표 3.1 영어 자음 목록

조음 위치 / 조음 방식	양순음		순치음		치간음		치경음		권설음	치경구개음		구개음		연구개음		성문음	
	무성	유성	무성	유성	무성	유성	무성	유성	유성	무성	유성	무성	유성	무성	유성	무성	유성
폐쇄음	p	b					t	d						k	g	ʔ	
마찰음			f	v	θ	ð	s	z		ʃ	ʒ					h	
파찰음										ʧ	ʤ						
비음		m						n							ŋ		
유음								l	ɹ								
활음		w											j		w		

영어 자음은 모두 24개이다. 그런데 표 3.1에는 성문 폐쇄음 [ʔ]이 음소는 아니지만 포함되어 있어서 제시된 자음은 모두 25개이다. 그리고 [w]는 입술 위치와 연구개 위치에서 조음이 되기 때문에 두 위치에 모두 제시되었다.

요약

자음은 공기가 성도를 통과할 때 조음 기관이 막히거나 협착하여 공기의 흐름에 방해가 생길 때 만들어진다. 공기가 성대를 통과하면서 진동이 있는지 여부에 따라서 유성음과 무성음으로 구별된다. 성도의 어느 위치에서 공기가 방해를 받느냐에 따라서 양순음, 순치음, 치간음, 치경음, 권설음, 치경구개음, 구개음, 연구개음과 성문음으로 분류한다. 조음 기관의 명칭을 익히면 각 자음의 조음 위치를 쉽게 이해할 수 있다. 그리고 공기의 흐름이 어느 정도로 방해를 받느냐에 따라서 폐쇄음, 마찰음, 파찰음, 접근음과 비음으로 자음을 구분한다.

제 4장

영어 자음의 음성 실현
(Phonetic Realizations of English Consonants)

이번 장에서는 영어 자음을 조음 방식에 따라 분류하면서 각 유형별로 조음 방식에 대한 음향학적 설명과 이음 실현에 대해 알아보기로 한다.

4.1 폐쇄음(Stops)

4.1.1 폐쇄음의 음성 실현(Phonetic Realizations of Stops)

영어에는 /p, b, t, d, k, g/로 6개의 폐쇄음 음소가 있다. 폐쇄음은 구강 안에서 하부와 상부 조음 기관이 완전히 꽉 닿아 공기 흐름을 막아서 내는 소리이다. 양순음 /p, b/는 윗입술과 아랫입술을 맞닿아 공기의 흐름을 막아 폐쇄를 시키고 치경음 /t, d/는 혀끝으로 치경을 막아 폐쇄를 시켜서 만들어 내는 음이다. 연구개음 /k, g/는 혀의 뒷부분을 연구개에 꽉 닿아 만들어 내는 음이다. 그런데 이렇게 공기가 완전히 막혔다가 조음 기관이 서로 떨어지면서 막혔던 공기가 터져 나오면서 나는 소리를 파열음(plosives)이라고 한다. 따라서 폐쇄음과 파열음의 차이는 일단 폐쇄 단계를 거쳐 막혔던 공기가 파열되는 단계를 포함시키느냐의 여부이다.

영어 폐쇄음은 각 조음 위치에서 유성음과 무성음으로 실현된다. 그런데 영어 유성 폐쇄음이 실제로는 모음과 모음 사이에서만 성대가 울리면서 유성음으로 발음된다. 'abandon'[əbændən], 'redeem' [rɪdim], 'regard'[rɪgɑrd]와 같은 단어에서 /b, d, g/는 유성음이다. 그런데 단어 처음이나 단어 끝에서는 유성음이 아니며 유성성이 있다 해도 일부분에 그친다.

영어 무성 폐쇄음은 단어 처음에서 기식음으로 발음된다. 폐쇄음 다음에 위 첨자 [^{h}]를 첨가하여 기식음을 표시한다. 다음 예를 보자.

(1) pie [p^h], tie [t^h], kite [k^h]

무성 파열음 /p/, /t/, /k/는 단어 첫머리에서 기식음화 되어 각각 [p^h, t^h, k^h]로 발음된다. 그런데 단어 처음이 아닌 경우에서도 (2a)에 제시된 단어에서는 기식음화가 일어나고 (2b)에 제시된 단어에서는 기식음화가 일어나지 않는다.

(2) a.		b.		
repáir	[p^h]	háppy	[p]	*[p^h]
potáto	[t^h]	átom	[t]	*[t^h]
occúr	[k^h]	sécond	[k]	*[k^h]

따라서 영어 무성 폐쇄음은 단어 첫머리에서만 기식음으로 실현되는 것이 아니다. (2a)에서 단어내 폐쇄음이 기식음으로 발음되는 것을 설명하려면 단어 내의 위치가 아니라 해당 폐쇄음이 속한 음절이 강

세를 받는지 여부를 고려하여야 한다. (2a)처럼 그 음절에 강세가 오는 경우에는 기식음화가 일어나지만 (2b)의 경우처럼 그 음절에 강세가 오지 않을 때에는 기식음화가 일어나지 않는다. 강세가 시작하는 음절로 시작하여 다음 강세가 시작하는 지점까지를 음보(foot)라고 정의하는데 음보의 첫 자리에 무성 폐쇄음이 오는 경우에 기식음으로 발음된다. (2b)처럼 음보의 중간에 오는 경우는 기식음화가 발생하지 않는다. 가령, 'átom'에서는 강세가 첫 음절에 있다. 이에 단어 중간에 오는 /t/는 강세 음절에 속하지 않아서 기식음으로 발음되지 않는다. 그러나 'atómic'에서는 강세가 두 번째 음절에 있어서 /t/는 강세 음절의 첫 음이 되어 $[t^h]$로 발음된다.

영어에서 무성 폐쇄음은 (3)에서 보듯이 /s/ 다음에서 기식음화가 일어나지 않는다.

(3) speak [p] *$[p^h]$, style [t] *$[t^h]$, sky [k] *$[k^h]$

(3)에 있는 단어는 모두 한 음절로 되어 있어서 당연히 하나의 음보를 형성한다. 음보의 첫 자리에서 무성 폐쇄음이 기식음으로 실현된다고 할 때 무성 파열음 앞에 [s]가 있기 때문에 음보의 첫 자리라는 조건에 맞지 않기 때문에 무성 폐쇄음이 기식음화가 되지 않는 것도 설명할 수 있다. 영어 기식음화를 음운 규칙(phonological rule)으로 나타내면 다음과 같다.

(4) 기식음화 (Jensen, 1993: 129)

$$\underset{[\text{-voiced, -continuant}]}{\text{C}} \rightarrow \text{C}^{h} \ /_{F}[\ \_\_\_\_\ ...]$$

(4)에 나오는 규칙은 [-voiced]와 [-continuant] 자질을 갖는 무성 폐쇄음이 음보(foot)의 첫 자리에서 기식음으로 발음된다는 것을 표현한다.

단어말 폐쇄음은 개방(released)되지 않을 수 있다. 비개방(unreleased) 폐쇄음은 폐쇄음 발음 다음에 [⌝]를 덧붙여 표시한다; mat [mæt⌝], back [bæk⌝], sad [sæd⌝], bag [bæg⌝]. 폐쇄음 뒤에 다른 폐쇄음이 연달아 올 때도 폐쇄음이 개방되지 않는다; packed [pʰæk⌝t] /k+t/, rubbed [rʌb⌝d] /b+d/. 단어말 위치와 다른 폐쇄음 앞에서 폐쇄음은 개방되지 않으므로 폐쇄음은 음절 끝에서 개방되지 않는다고 할 수 있다. 그런데 단어말 폐쇄음이 자음 다음에 나오는 경우에는 개방음으로 발음된다; fast [t], scent [t], silk [k].

영어 유성 폐쇄음은 단어초와 단어말에서 무성음화를 겪는다. 이러한 음을 세밀하게 표기하기 위해서 [̥]라는 구별 기호(diacritics)를 사용한다. 어말에서 일어나는 무성음화는 어두에서 일어나는 무성음화보다 무성음화 정도가 크다. 그렇다면 유성 폐쇄음으로 끝나는 단어와 무성 폐쇄음으로 끝나는 단어를 어떻게 구별하여 의미를 이해할 것인가? 다시 말해서 'mad' [mæd]에서 단어말 [d]가 부분적으로 무성음화를 겪는다면 'mat' [mæt]와 어떻게 구별할 것인가? 단어말에서 유성 폐쇄음이 부분적으로 무성음화를 겪은 음 [b̥, d̥, g̊]는 대응하는 무성 폐쇄음과 구별되지 않을 정도로 완전히 무성음이 되는 것은 아니다. 그리고 폐쇄음의 유성성에 따라서 선행하는 모음의 길이가 다르다. 유성 폐쇄음 앞에 나오는 모음이 무성 폐쇄음 앞에 나오는 모음보다 더 길다. 'mad' [mæd]에서 모음 [æ]가 'mat' [mæt]에 나오는 모음 [æ]보다 더 길다.

모음뿐만 아니라 비음과 설측음도 후행하는 폐쇄음의 유 · 무성에 따라 길이에 영향을 받는다. 가령, 'killed-kilt' 그리고 'send-sent'에서 공명음 /l, n/이 뒤에 유성 폐쇄음이 올 때 무성 폐쇄음이 올 때보다 더 길다. 이와 같이 폐쇄음의 유·무성은 인접 음에 나타나는 음성 단서로 알 수 있다. 그리고 폐쇄음 자체의 길이를 비교해 보면 단어말 유성 폐쇄음보다 무성 폐쇄음의 길이가 더 길다.

지금까지 설명한 영어 폐쇄음 실현을 정리해 보면 유성 폐쇄음 /b, d, g/는 나타나는 위치에 따라 유성성에 차이가 있다. 유성 폐쇄음은 모음 사이에서는 유성성이 강하지만 단어 초와 단어 말에서는 부분적으로 무성음으로 실현된다. 무성 폐쇄음 /p, t, k/는 단어 초와 음보의 첫 음에서는 기식성이 강하다. 그리고 단어 말 위치에 유성 폐쇄음이 오면 무성 폐쇄음이 올 때보다 선행 모음의 길이가 길다.

4.1.2 폐쇄음의 음향단서(Acoustic Cues of Stops)

'back'[bæk]이나 'cab'[kæb]에서 단어초와 단어말 [b]는 완전히 유성음으로 발음되지 않는다. 만일 유성음을 나타내는 유성선(voice bar)이 어두 위치에서 나타나지 않는다면 'pack'[pæk]의 첫 자음인 무성 폐쇄음과 구별되는 음향 단서는 무엇인가? 성대진동 개시 시간(VOT: voice onset time)이 이 두 자음을 구별시킨다. 폐쇄음은 상부 조음자와 하부 조음자가 완전히 꽉 닿아 공기 흐름을 막아서 내는 소리이다. 따라서 상부 조음자와 하부 조음자가 공기의 흐름을 막고 있는 동안에는 어떠한 소리도 나지 않는다. 붙어 있던 조음자가 떨어지면서 막혔던 공기가 터질 때 비로소 소리가 발생한다. 이때 막혔던 공기가 터져 나오는 순간부터 모음(유성음)이 시작할 때까지 걸리는 시간을 성대진동 개시 시간이라고 한다. 유성 폐쇄음이 비록 어두에서 온전한 유성음이 아니어도 무성 폐쇄음에 비해 성대진동 개시 시간이 훨씬 짧다.

그림 4.1은 'bot'/bɑt/와 'pot'/pɑt/의 음성 파형(sound waves)을 보

여준다. 여기서 단어초 자음인 /b/와 /p/의 VOT를 비교할 수 있다.

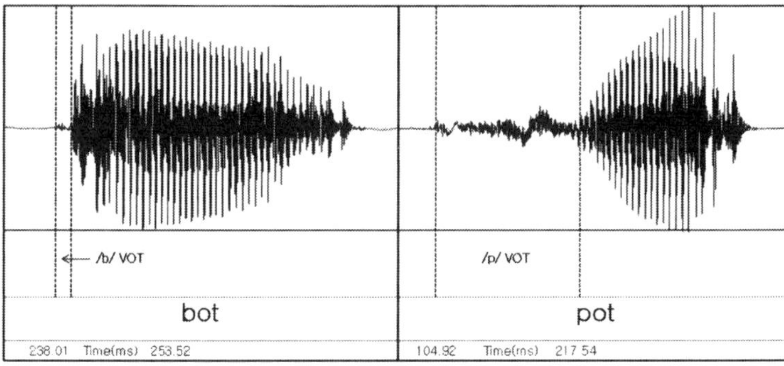

그림 4.1 'bot'/bɑt/와 'pot'/pɑt/의 음성 파형

'bot'/bɑt/에서 단어초 자음인 /b/는 폐쇄 구간에서 유성선을 보이지 않고 VOT 길이는 15.5ms이다. 그런데 'pot'/pɑt/에서 /p/의 VOT는 112.6ms여서 무성 폐쇄음인 /p/의 VOT가 유성 폐쇄음인 /b/의 VOT 길이보다 훨씬 길다. /p/의 VOT가 길다는 것은 /p/가 기식음인 [p^h]로 발음되었다는 것을 의미한다.

'spot'에서 무성 폐쇄음인 /p/는 비기식음 이음으로 발음된다. 그림 4.2는 'spot'/spɑt/의 음성 파형을 보여준다.

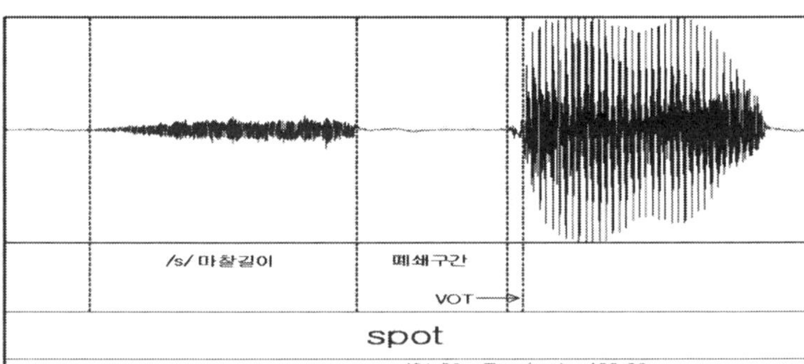

그림 4.2 'spot'/spɑt/의 음성 파형

'spot'에서 /p/의 VOT 값은 12.7ms이다. 이것은 'pot'/pɑt/의 어두 /p/의 VOT 값보다 훨씬 작다. 이와 같이 같은 음소가 음성 환경에 따라 음성적으로 다르게 실현될 수 있다는 것을 음향 단서로 확인할 수 있다. 한편 'spot'에서 /p/의 VOT 값은 'bot'/bɑt/의 어두 /b/의 VOT 값과 유사하다. 단어초 유성 폐쇄음은 완전히 유성음으로 발음되지 않고 VOT 길이는 /s/를 후행하는 무성 폐쇄음의 VOT와 유사하다. 즉, 어두 유성 폐쇄음은 /s/를 후행하는 무성 폐쇄음과 음향적으로 비슷하다.

어두 유성 폐쇄음과 마찬가지로 어말에서 유성 폐쇄음도 무성음화를 보인다. 이때 선행 모음의 길이로 어말 폐쇄음의 유성성 여부를 알 수 있다. 그림 4.3은 'bag'[bæg]과 'back'[bæk]의 음성 파형을 보여준다.

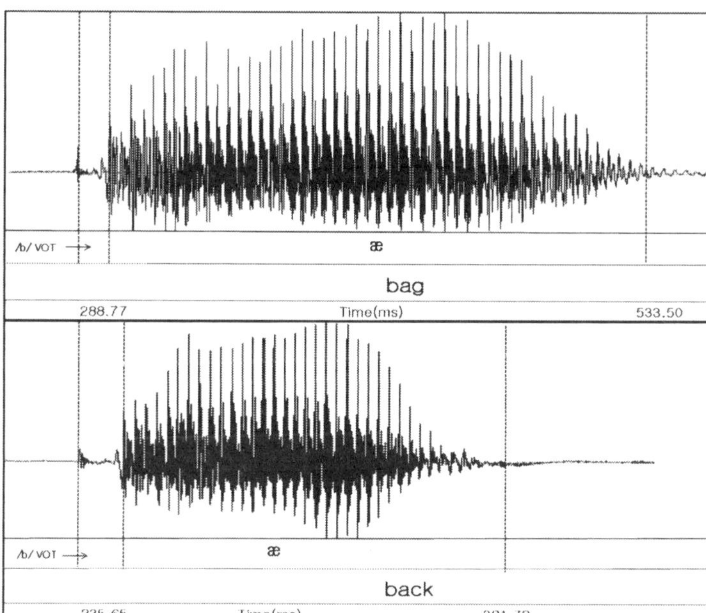

그림 4.3 'bag'[bæg]과 'back'[bæk]의 음성 파형

'bag'[bæg]에서 유성 폐쇄음 [g] 앞에 오는 모음은 244.7ms이다. 그런데 'back'[bæk]에서 무성 폐쇄음 [k] 앞에 오는 모음은 156.1ms이다. 따라서 유성 폐쇄음 앞에 오는 모음이 무성 폐쇄음 앞에 오는 모음보다 길다. 이에 단어말 폐쇄음이 유성음인지 무성음인지는 그 선행 모음의 길이로 판단할 수 있다. 아울러 자음과 마찬가지로 모음 또한 음성 환경에 따라 다르게 실현된다는 것을 알 수 있다. 모음 다음에 유성 자음이 오면 무성 자음이 오는 경우 보다 모음이 더 길다. 이 경우 같은 모음 음소라 하더라도 인접 음에 따라 길이가 다르다.

4.1.3 폐쇄음의 음운현상(Phonological Processes of Stops)

폐쇄음은 인접 음에 영향을 줄 수도 있고 인접 음에 따라 영향을 받기도 한다. 영어에서 치경 폐쇄음은 치경이 아닌 위치에서 발음하는 폐쇄음이 뒤에 오면 그 비치경 폐쇄음에 동화되어 비치경 폐쇄음으로 실현된다.

(5)

night cab [naɪt kæb] → [naɪk:æb]

white paper [waɪt peɪpɚ] → [waɪp:eɪpɚ]

hot things [hɑt θɪŋz] → [hɑt̪θɪŋz]

[k, p, θ] 앞에서 /t/가 [k, p, t̪]로 되었다. 영어에서 치경 폐쇄음이 후행하는 비치경 폐쇄음의 조음 위치에 동화 한 것이다. 이처럼 동화를 일으키는 조건음이 동화를 겪는 음보다 뒤에 올 때 역행 동화(regressive assimilation)라고 한다.

폐쇄음은 동일한 조음 위치를 가진 비음이 따라 오는 경우에는 구강에서는 막힌 채로 비강으로 공기가 개방되는 경우가 있는데 이것을 '비음 파열(nasal plosion)'이라고 한다. 비음 파열은 후행 하는 비음이 음절성을 가진 경우에 일어난다; button [bʌtn̩] /tn/, sudden [sʌdn̩] /dn/, taken[teɪkŋ̍] /kŋ/. 후행하는 비음이 뒷 음절이나 뒷 단어의 첫 음으로 나오는 경우에도 비음 파열이 일어난다; madness [mædnəs] /d+n/, good news [gʊd nuz] /d#n/. 여기서 '+'는 형태소 경계를 나타내며 '#'는 단어 경계를 표시한다.

치경 폐쇄음 다음에 설측음 /l/이 올 때는 혀의 측면으로 공기가 개방되는데 이것을 '설측 파열(lateral plosion)'이라고 한다. 'battle' [bætl̩], 'riddle'[rɪdl̩]과 같이 단어 내에서 뿐만 아니라 'white line [waɪtlaɪn] /t#l/, red light [rɛdlaɪt] /d#l/'과 같이 단어 사이에서도 일어난다. 설측 파열도 비음 파열과 마찬가지로 조음 위치가 같은 치경 폐쇄음 다음에서만 일어나기 때문에 'tackle'[tækl̩] 같은 단어에서는 일어나지 않는다.

미국 영어에서 치경 폐쇄음 /t, d/는 두 모음 사이에서 뒷 음절에 강세가 없을 때 유성 설탄음(voiced flap) [ɾ]로 발음된다; atom [æɾəm], ladder [læɾɚ]. 영국 영어에서는 설탄음화(flapping)가 일어나지 않는데 아일랜드 영어와 호주 영어에서는 설탄음화가 일어난다. 설탄음화는 단어와 단어 사이에서도 일어난다; it is [ɪɾɪz], meet up [miɾʌp], what is [waɾɪz]. /t, d/가 설탄음화를 겪는 요인으로 뒷 음절에 강세가 없다는 것이 중요하다. 따라서 'hotél, guitár'와 같은 단어에서는 설탄음화가 일어나지 않는다. 'átom'과 'métal'에서 /t/는 설탄음 [ɾ]로 실현되지만 'atómic'과 'metállic'에서 /t/는 기식음 [t^h]로 실현된다. 설탄음화가 주로 강세 음절 다음에서 일어나지만 뒷 음절에 강세가 없으면 선행 음절에 강세가 없어도 가능하다. 예를 들어 'personality'와 같은 단어에서 /t/는 비강세 모음 사이에서 설탄음으로 발음된다. 설탄음화는 'quarter'[kwɔɹɾɚ]처럼 선행 음절의 모음이 r-음색(r-coloring)을 가지고 있을 때도 일어나고 'little'[lɪɾl̩]처럼 음절성 유음이 다음에 올 때에도 일어난다. 그러나 음절성 비음 앞에서는 설탄음화가 일어나지 않는다; button *[bʌɾn̩].

치경 폐쇄음이 유성 설탄음(voiced flap) [ɾ]로 발음되면 /t, d/의 차이가 중화(neutralization)되어 동음이의어가 될 수 있다. 예를 들어, 'writer-rider, latter-ladder, matter-madder '와 같은 단어 쌍은 설탄음화로 인해서 중화가 된다. 그런데 실제 발음에서는 치경 폐쇄음 /t, d/를 유성 설탄음(voiced flap) [ɾ]로 발음하지만 완전히 동음이의어라고 할 수는 없다. 미국 화자들은 대부분 치경 폐쇄음 /t, d/를 선행하는 모음의 길이로 이들 단어 쌍을 구별하여 발음한다. 유성 폐쇄음 앞 모음이 무성 폐쇄음 앞 모음보다 길다고 앞서 언급하였다. 그러한 길이 규칙을 고려하면 'writer'에서 보다 'rider'에서 /aɪ/ 모음이 길다. 따라서 비록 치경 폐쇄음 /t, d/가 설탄음화를 겪더라도 원래 음소의 유성성에 따라 선행 모음의 길이가 달라서 의미를 파악하는데 도움을 준다.

미국 영어의 또 다른 특징은 'winner-winter, planner-planter'와 같은 단어쌍이 동음이의어처럼 발음된다는 것이다. 이와 같이 /t/가 /n/ 다음에 올 때 /t/가 생략되는 현상이 일어나는 환경도 설탄음화와 같이 /t/가 비강세 음절에서 나타날 때이다. 이 경우 /t/가 생략되고 /n/이 비음 설탄음으로 발음된다.

영어 치경 폐쇄음은 /ɹ/이 뒤따라 올 때 파찰음화(affrication)가 상당히 자주 일어난다. 예를 들면 'train, try, truck'과 같은 단어를 치경 뒷쪽에 혀끝을 대어 발음하는 것이다. 영어를 사용하는 어린이들이 종종 'train'을 'chrain' 또는 'chain'이라고 철자를 잘못 사용하는 이유이다. 한국어에서는 'truck'을 <트럭>으로 차용하지만 <츄럭>으로 차용하기도 하는데 이것은 영어 치경 폐쇄음이 /ɹ/ 앞에서 파찰음처럼 발음되기 때문에 영어 음을 듣고 유사한 한국어 파찰음으로 차용한 것으로 볼 수 있다.

치경 폐쇄음 /t, d/는 구개 활음 /j/ 앞에서 치경 파찰음 [ʧ, ʤ]로 발음된다. 이와 같이 치경음인 /t, d/가 뒤에 따라오는 /j/의 영향으로 각각 구개음인 /ʧ, ʤ/로 변하므로 역행 동화이다. 이러한 영어의 구개음화(palatalization) 현상은 단어 안에서도 발생하지만 단어 경계를 넘어서도 적용된다.

(6) 영어 /t, d/ 구개음화

단어 안: suggest[t]-suggest[ʧ]ion, divide[d]-divis[ʤ]ion
단어 사이: got[ʧ] you, did[ʤ] you

/j/가 구개음이라는 것을 고려하면 구개음화는 치경음이 구개음인 /j/ 앞에서 구개음으로 동화되는 자연스런 현상이다. 그런데 영어 모음에서 구개음인 전설 고모음 /i/ 앞에서는 구개음화가 일어나지 않는다; 'got you'[gaʧju] vs. 'got it'[gaɾɪt] *[gaʧɪt]. 반면에 한국어에서는 '붙였다'가 [puʧʌt'a]로 발음되고, '밭+이'가 [paʧi]로 발음되어 /t/가 /i, j/ 앞에서 구개음 [ʧ]로 바뀐다. 이와 같이 구개음화는 인접 구개음에 동화되어 자연스럽게 일어나는 음운 현상이지만 그것을 유발하는 음은 언어마다 다를 수 있다.

영어에서 무성 폐쇄음은 음절말 위치에서 성문 폐쇄음화(glottalization)를 보인다; ‘cap [kæʔp], cat [kæʔt], pick [pɪʔk]’. 영어 /t/의 경우를 예를 들어 좀 더 자세히 알아보면 /t/는 종종 성문 폐쇄음(glottal stop) [ʔ]으로 대치되거나 성문 폐쇄음화된 [ʔt]로 나타난다. 성문 폐쇄음은 성대가 꽉 닫혔을 때 나는 소리이다. 성문 폐쇄음 [ʔ] 혹은 성문 폐쇄음화된 [ʔt]는 /t/의 이음이다. 다음과 같은 예에서 볼 수 있다.

(7)

a. cut	[kʌʔ~ kʌʔt]
giant	[dʒaɪənʔt]
b. atlas	[æʔtləs]
witness	[wiʔtnəs]
c. bat man	[bæʔtmæn]
eat well	[iʔtwɛl]
d. beaten	[biʔn̩~ biʔtn̩]
button	[bʌʔn̩~ bʌʔtn̩]

미국 영어에서 “can’t”를 발음할 때 끝 자음인 /t/를 개방하여 발음하지 않는다. 그 대신에 성문음화가 일어난다. 즉, ‘can’은 [kæ̃n]으로 발음하고 “can’t”는 [kæ̃nʔ]으로 발음한다. 이때 [æ̃]은 비음화된 모음을 나타낸다.

영어에서 /t/가 성문 폐쇄음 [ʔ]으로 대치되는 경우에는 혀끝이 치경에 닿지 않지만 성문 폐쇄음화된 [ʔt]로 나타날 때는 혀끝이 치경에 닿는다. 그리고 앞서 언급한 바와 같이 성문 폐쇄음화는 ‘cap [kæʔp], pick [pɪʔk]’와 같이 다른 조음 위치의 폐쇄음에서도 나타날 수 있다. 그런데 음절 말음에 있을 경우에만 /t/가 성문 폐쇄음으로 발음된다.

따라서 다음의 예시에서는 /t/가 성문 폐쇄음으로 나타나지 않는다.

(8)

a. tape	*[ʔteɪp]
style	*[sʔtaɪl]
b. butter	*[bʌʔtɚ]
attack	*[əʔtæk]
c. night owl	*[naɪʔtaʊl]
heart attack	*[hɑɹʔtətæk]
d. wait a minute	*[weɪʔtəmɪnɪʔt]
right away	*[raɪʔtəweɪ]

첫 번째 예는 음절 초성에 /t/가 있기 때문에 성문 폐쇄음으로 발음되지 않는다. 실제 이 위치에서는 'tape'의 첫 음 /t/는 기식음 [t^h]로 발음되고 'style'의 /t/는 비기식음으로 발음된다. (8b)의 /t/는 모음 사이에서 발생하는 경우이다. 먼저 'butter'의 /t/는 탄설음화 되어 [ɾ]로 발음된다. 'attack'의 경우 강세가 두 번째 음절에 있으므로 /t/는 초성으로 분류되어 기식음 [t^h]로 발음된다. (8c)는 복합어의 예들이다. 복합어의 두 번째 단어가 모음으로 시작되므로 첫 단어 'night, heart'의 마지막 자음 /t/는 재음절화(resyllabification) 되어 다음 음절의 초성으로 발음된다. 따라서 성문 폐쇄음으로 발음되지 않는다. (8d)의 'wait a minute'의 경우, 'wait'와 'a' 사이에서 재음절화로 인해 /t/는 모음 사이에 있게 된다. 이때 앞 단어 'wait'에 강세가 있고 뒤에 오는 'a'에는 강세가 없기 때문에 /t/는 [ɾ]로 발음되고 성문 폐쇄음으로 발음되지 않는다. 성문 폐쇄음화 현상은 /t/가 음절 말음

에 올 때만 발생하므로 복합어와 'wait a' 같은 환경에서는 성문음이 삽입되지 않고 탄설음화가 발생한다. 설탄음화가 성문음 강화 현상보다 더 먼저 발생한다고 가정하면 (8c)와 (8d)의 예에서는 이미 설탄음화가 적용되었기 때문에 성문 폐쇄음화 현상이 발생하지 않는다고 설명할 수 있다.

영어의 연구개 폐쇄음 /k, g/는 후행 모음의 후설·전설 위치에 따라 조음점이 달라진다. 'car'에서 첫 자음인 [k] 음은 연구개 위치보다 뒷쪽에서 만들어지지만, 'key'에서 [k] 음은 경구개 쪽에서 만들어진다. 이것은 연구개 폐쇄음이 전설 모음 앞에서는 경구개 위치에서 발음되고 후설 모음 앞에서는 더 뒷쪽에서 발음되기 때문이다.

영어 폐쇄음을 조음할 때 후행 모음의 원순성에 영향을 받기도 한다. 가령, 'two, cool'과 같이 /t, k/ 다음에 원순 모음이 올 때에는 폐쇄음을 조음할 때 입술이 둥글게 되지만 'tea, key'와 같이 /t, k/ 다음에 비원순 모음이 올 때에는 그렇지 않다. 이와 같이 폐쇄음을 조음할 때 후행 모음에 동화되어 조음 위치나 입술 모양이 바뀐다.

4.2 마찰음(Fricatives)

영어에는 /f, v, θ, ð, s, z, ʃ, ʒ, h/로 9개의 마찰음 음소가 있다. 그런데 이들의 조음 위치는 다르다. /f, v/는 순치음(labio-dental)이며 /θ, ð/는 치간음(interdental)이고 /s, z/는 치경음(alveolar)이고 /ʃ, ʒ/는 치경구개음(palato-alveolar)이다. 각 쌍의 첫 음은 무성음이고 두 번째 음은 유성음이다. /h/는 무성 성문 마찰음이다.

영어 마찰음이 실현되는 양상은 폐쇄음과 비슷하다. 우선, 유성 마찰음도 폐쇄음과 마찬가지로 모음 사이에서만 온전하게 유성음으로 발음되고 어두 위치나 어말 위치에서는 부분적으로만 유성음으로 실현된다.

(9)

a. seal [sil], zeal [z̥il]

b. assume [əsum], resume [ɹəzum]

c. bus [bʌs], buzz [bʌz̥]

단어 중간에서 모음과 모음 사이에서 나오는 영어 유성 마찰음만 유성성을 줄곧 유지하고 단어 처음과 끝에 나오는 유성 마찰음은 부분적으로만 유성음이다.

마찰음 앞에 오는 모음과 공명음의 길이도 폐쇄음과 마찬가지로 마찰음의 유성성에 따라 다르다. 모음과 공명음은 무성 마찰음이 뒤에 올 때 보다 유성 마찰음이 뒤에 올 때 더 길다.

(10) 마찰음의 유성성에 따른 선행 모음과 공명음 길이 비교

leave [liv] > leaf [lif], buzz [bʌz] > bus [bʌs], shelve [ʃɛlv] > shelf [ʃɛlf]

위에 제시한 각 단어 쌍에서 첫 번째 단어에서는 모음이나 공명음이 유성 마찰음 앞에 나오기 때문에 두 번째 단어보다 모음이나 공명음이 더 길다. 또한 폐쇄음과 마찬가지로 단어말 무성 마찰음의 길이가 유성 마찰음보다 더 길다. 즉, 'eyes'의 모음이 'ice'의 모음보다 더 길고, 'eyes'의 끝 자음 [z]보다 'ice'의 끝 자음인 [s]가 더 길다.

한국어에는 영어 유성 치경 마찰음 /z/에 해당하는 음소가 없다.

이에 한국인은 영어 [z]를 파찰음 [dz~ʤ]로 발음하기 쉽다. 한국인 초급 영어 학습자의 경우에는 모든 /z/를 파찰음으로 발음하는데 한국인 고급 영어 학습자의 경우에도 'observation, absorb, absurd'의 경우와 같이 자음 다음에 나오는 /z/를 파찰음으로 발음하는 것을 종종 발견한다. 그런데 이 경우 미국 영어 화자들도 영어 유성 치경 마찰음 /z/를 치경 마찰음 /s/나 /z/로 발음한다. 따라서 한국인 영어 학습자는 자음을 후행하는 영어 /z/를 /s/로 발음하는 것도 발음 오류를 피하는 한 가지 방법이 될 수 있다.

치찰음(sibilants)은 /s, z, ʃ, ʒ/의 마찰음과 /ʧ, ʤ/의 파찰음을 포함하여 비슷한 음향 속성을 가진 음을 일컫는다. 치찰음은 혀의 윗부분에 길고 좁은 홈이 생겨서 이것을 이용해서 내는 음향적으로 비교적 높은 강도의 소음을 내는 음이다. 치찰음은 영어 복수(plural) 접미사(suffix)의 발음을 결정하는데 중요한 역할을 한다.

(11)

	단수형		복수형	
a.	book	[bʊk]	books	[bʊks]
	cat	[kæt]	cats	[kæts]
b.	bag	[bæg]	bags	[bægz]
	bed	[bɛd]	beds	[bɛdz]
c.	bus	[bʌs]	buses	[bʌsəz]
	rose	[ɹoʊz]	roses	[ɹoʊzəz]
	bench	[bɛnʧ]	benches	[bɛnʧəz]
	badge	[bæʤ]	badges	[bæʤəz]
	dish	[dɪʃ]	dishes	[dɪʃəz]
	garage	[gəɹɑʒ]	garages	[gəɹɑʒəz]

영어 복수형 접미사는 명사의 끝소리가 무성음이면 [s]이고 끝소리가 유성음이면 [z]로 소리가 나고, 명사의 마지막 음이 치찰음 /s, z, ʧ, ʤ, ʃ, ʒ/일 때는 [əz]로 발음된다. 치찰음은 규칙적인 명사 복수형뿐만 아니라 3인칭 소유격 표시 그리고 현재 시제에서 3인칭 단수 동사 어미의 이형태소(allomorph)를 결정짓는 데에서도 중요한 역할을 한다.

(12) 복수	소유격	3인칭 단수 현재형
lips [lɪps]	Jack's [ʤæks]	s/he jumps [ʤʌmps]
bags [bægz]	Bob's [bɑbz]	s/he begs [bɛgz]
dishes [dɪʃəz]	judge's [ʤʌʤəz]	s/he judges [ʤʌʤəz]

규칙적인 명사 복수형, 3인칭 소유격 표시 그리고 현재 시제에서 3인칭 단수 동사 어미가 모두 하나의 규칙으로 설명될 수 있다. 명사의 끝 음과 소유자 혹은 동사의 끝 음이 유성음이면 [z], 무성음이면 [s], 그리고 치찰음이면 [əz]로 이형태소가 실현된다. 복수형 접미사 /z/는 복수라는 의미를 갖는 하나의 형태소(morpheme)이다. 그 자체가 의미를 갖는 최소의 단위를 형태소라고 하고 이러한 형태소가 환경에 따라 다른 형태로 나타나는 것을 이형태소라고 한다. 이와 같이 음향적으로 유사한 특징을 갖는 치찰음은 이형태소를 결정짓는 데 중요한 역할을 한다. 이것은 명사 복수형, 3인칭 소유격 표시 그리고 현재 시제에서 3인칭 단수 동사 어미 형태소가 마찰음이어서 같은 마찰음 성격을 갖는 치찰음 다음에서 마찰음이 연속해서 오는 경우에는 모음을 삽입하여서 각 형태소가 드러나게 하려는 동기에서 비롯된 것이라고 볼 수 있다. 즉, 어간(stem)의 끝 음과 접미사의 음이 유사하면 각 형태소가 인지되지 못할 수 있다. 이에 약화 모음(reduced vowel)을 삽입하여 두 형태소를 모두 전달하고자 하는 목적을 이루고자 한 것으로 볼 수 있다.

영어 [ʃ]는 음소 /ʃ/가 실현된 음이고 한국어에서 [ʃ]는 /s/가 [i, j] 앞에서 이음으로 실현된 것이다. 그런데 발음 기호로 [ʃ]로 표시하지만 영어의 [ʃ]는 한국어에서의 [ʃ]와 음성적으로는 다르다. 영어의 [ʃ]를 발음할 때에는 입술을 둥글게 모아 입술이 앞으로 나오도록 해야 한다. 영어의 유성 경구개 마찰음인 [ʒ] 역시 상당히 원순성을 보인다. 따라서 정밀하게 음성 기호를 자세하게 표시하면 영어에서는 [ʃʷ, ʒʷ]로 발음된다고 할 수 있다. 반면에 한국어의 [ʃ]는 입술을 평평하게 하여 발음한다.

영어 치경 마찰음 /s, z/는 후행하는 /j/ 앞에서 [ʃ, ʒ]로 각각 실현된다.

(13) /s, z/ 구개음화

a. express[s]-express[ʃ]ion, seize[z]-seiz[ʒ]ure
b. miss[ʃ] you, this[ʃ] year, has[ʒ] your

이것은 영어 치경 폐쇄음 영어 /t, d/가 /j/ 앞에서 [ʧ, ʤ]로 발음되는 구개음화(palatalization)와 같다고 할 수 있다. 치경 폐쇄음이 /i/ 앞에서는 구개음화를 겪지 않는 것과 마찬가지로 영어 /s, z/도 /i/ 앞에서는 구개음으로 발음되지 않는다: miss it [mɪsɪt] *[mɪʃɪt]. 따라서 영어 치경 장애음인 /t, d, s, z/가 뒤에 따라오는 /j/의 영향으로 각각 구개음인 [ʧ, ʤ, ʃ, ʒ]으로 변화한다.

치간 마찰음인 /θ, ð/는 치경 마찰음 /s, z/ 앞에서 발음되지 않을 수 있다. 이러한 예는 'months [mʌns], clothes [kloʊz]'에서 볼 수 있다.

일부 마찰음은 나타나는 위치가 제한적이다. 영어 유성 치경구개 마찰음인 /ʒ/는 프랑스어에서 차용된 소리이며, 영어의 자음 가운데 가장 늦게 영어에 정착한 자음이다. 이에 /ʒ/가 나타나는 위치가 제한적이어서 단어 중간에서는 많이 나타나지만 일반적으로 영어 단어 초에서는 나타나지 않는다; vision [vɪʒən], pleasure [plɛʒɚ]. 그런데 'genre'와 같이 프랑스어에서 차용된 단어에서는 단어초에 /ʒ/가 나타나기도 한다. 그리고 단어말 위치에 오는 /ʒ/는 [ʤ]로도 발음된다; massage [məsaʒ]~[məsaʤ], beige [beɪʒ]~[beɪʤ].

무성 성문 마찰음 /h/도 나타나는 위치가 제한적이다. 이 마찰음은 음절 초성에서만 나타나고 음절 말음에서는 나타나지 않는다. /h/는 인접음의 영향을 받아 유성음 사이에 오면 기식성을 가진 유성 마찰음으로 발음된다; house [haʊs] vs. ahead [əɦɛd]. 한국어에서도 /h/가 유성음 사이에서 유성 마찰음 [ɦ]으로 실현된다; 혼인 [honin] vs. 신혼 [ʃinɦon].

4.3 파찰음(Affricates)

영어에는 무성과 유성 파찰음 /ʧ, ʤ/가 있다. 폐쇄음과 마찰음처럼, 유성 파찰음도 모음 사이에서는 유성성을 유지한다; agenda [əʤɛndə]. 그러나 단어초나 단어말에서는 부분적으로 무성음으로 실현된다; judgc [ʤ̥ʌʤ̥].

폐쇄음이나 마찰음과 마찬가지로 모음이나 공명 자음이 유성 파찰음 앞에 오면 무성 파찰음 앞에 올 때 보다 더 길다. 가령, 'ridge' [ɹɪʤ]의 모음이 'rich'[ɹɪʧ]에 있는 모음보다 길이가 길다. 이에 폐쇄음, 마찰음, 그리고 파찰음은 모두 장애음(obstruents)이어서 다음과 같이 일반화할 수 있다.

(14) 유성 장애음은 유성음 사이에서만 온전히 유성음이고 나머지 환경에서는 부분적으로 무성음화된다. 그리고 모음이나 공명 자음은 유성 장애음이 뒤에 오면 더 길다.

파찰음은 음성적으로 폐쇄음과 동일한 조음점을 가진 마찰음이 연속해서 나온 음이다. 그러나 여러 가지 이유로 음운론적으로는 하나의 분절음으로 취급한다. 첫째, 'child'에서 첫 음 /ʧ/가 두 개의 분절음이라면 다른 폐쇄음과 마찰음의 연속체 또한 음절초에서 나올 수 있을 것인데 그러한 예는 찾을 수 없다. 둘째, 발화 실수를 하여 한 음이 다른 음으로 바뀌는 경우에 /ʧ, ʤ/가 다른 분절음 하나와 바뀐다. 가령, 'key chain'[ki ʧeɪn]이 [ʧi keɪn]으로 발화 실수(spoonerism)가 일어 날 수 있다. 'room change'[ɹum ʧeɪnʤ]의 경우 두음 전환으로 발화 실수가 일어난다면 [ʧum reɪnʤ]가 예상되고 결코 *[tɹum ʃeɪnʤ]로 발화되지는 않을 것이다. 또한 'beach air'에서는 /ʧ/가 단일 음으로 발음되나, 'beet share'에서는 /t/와 /ʃ/가 연쇄적으로 나타난다. 이때 /ʧ/는 /t+ʃ/보다 길이가 더 짧다. 이것은 파찰음이 폐쇄음과 마찰음이 연속해서 이어지는 음이지만 폐쇄음과 마찰음이 각각 독립적으로 연쇄적으로 일어난 음과는 다르다는 것을 말해준다.

'cats'[kæts]에서 나오는 [ts] 역시 폐쇄음과 마찰음으로 이루어진 음이지만 /ʧ, ʤ/와는 달리 영어에서 하나의 음소가 아니라 두 자음이 연속해서 나온 연쇄음으로 취급한다. 이것은 음운적으로 볼 때

[ʦ]로 시작하는 단어가 없기 때문이다. 이 음은 /t/로 끝나는 명사에 복수형 접사가 붙었을 때 나타난다. 그러나 음성적으로는 치경 파찰음의 성격을 지닌다. 한국어에서 'bench' [bɛnʧ]와 'boots' [buts]를 각각 [벤치]와 [부츠]로 차용한다. 이것은 영어 [ʧ]를 한국어 'ㅊ'로 차용하는 식으로 [ts]를 치경 파찰음 [ʦ]라는 음으로 인식하여 'ㅊ'로 차용한다는 것을 말해 준다. 만일 'boots'[buts]에서 [ts]를 자음군으로 인식했다면 *[부트스]로 차용했을 것이다. 다만 [ʧ]와 [ʦ]의 조음 위치가 다르다는 것을 삽입 모음을 통해 알 수 있다. 예를 들면, 'bench'[bɛnʧ]는 [이] 모음을 단어 끝에 삽입하여 [벤치]로 차용하고 'boots'[buts]는 [으] 모음을 삽입하여 [부츠]로 차용한다. 영어 원음이 [ʧ]인 경우에는 구개 모음인 [이]를 삽입하고 [ʦ]인 경우에는 [으]를 삽입하여 한국인이 영어 원음의 조음 위치를 다르게 인지한다는 것을 보여준다.

4.4 비음(Nasals)

영어 비음은 양순, 치경, 연구개의 세 위치에서 발음된다. 양순 비음 /m/와 치경 비음 /n/은 음절내에서 나타나는 위치에 제약이 없다. 그런데 연구개 비음 /ŋ/는 음절말(syllable-final) 위치에만 올 수 있다는 제약이 있다. 연구개 비음 /ŋ/가 [m, n]와 달리 나타나는 위치에 제약이 있는 이유는 이 음의 역사적 변화에서 찾아 볼 수 있다. 고대 영어(old English)에서 'sing'은 /sɪng/이고 sink는 /sɪnk/로 각각 발음되었다. 이때 /n/이 /g, k/ 앞에서 [ŋ]으로 발음되었고 단어 끝이나 '-er, -ing'과 같은 접미사가 붙으면서 [g]가 소실되는 음운 현상이 일어나게 되어 'singer'는 [sɪŋɚ]로 발음되었다. 그러나 'finger'나 'mango'처럼 접미사가 없거나 /ng/가 단어 중간에 오는 경우에 위의 음변화를 겪지 않아서 /ng/가 그대로 발음된다.

그런데 'long, strong'과 같은 형용사의 끝 음은 /ŋ/인데 비교급에서는 'longer' [lɔŋgɚ], 'stronger' [stɹɔŋgɚ] 그리고 최상급에서는 'longest' [lɔŋgəst], 'strongest' [stɹɔŋgəst]여서 /g/가 발음된다. 'singer'는 [sɪŋɚ]로 발음되지만 'longer'는 [lɔŋgɚ]로 발음되는 이유는 무엇일까? 이는 'singer'의 접미사 '-er'가 동사를 명사로 바꾸는 도출형(derivational) 접미사인데 반해서 'longer'의 접미사 '-er'는 어근의 품사를 바꾸지 않는 굴절형(inflectional)접미사이기 때문이다. 이와 같이 접미사의 종류에 따라서 /ŋg/가 발음되는지 여부가 결정된다.

비음은 [ɹ, l]과 마찬가지로 단어 끝에 올 때 음절성 자음(syllabic consonant)이 될 수 있다. 이때 비음이 음절성(syllabicity)을 가지려면 선행하는 자음이 조음 위치가 같은 장애음이어야 한다. 자음 밑에 [ˌ]를 첨가하여 음절성 자음을 표시한다: sudden [sʌdn̩], bacon [beɪkŋ̍]. 그런데 'melon'과 같은 단어는 [mɛlən]으로 두 번째 음절에 [ə]가 들어간 발음만 가능하고 [ə] 없이 음절성 비음으로만 발음되지는 않는다. 이와 같이 'sudden'에서는 음절성 비음이 가능하고 'melon'에서는 음절성 비음이 가능하지 않는 것은 비음 앞에 오는 자음의 장애성과 관련 있다. 즉, 비음이 음절성을 가지려면 선행 자음이 장애음이어야 한다. 음절성 비음은 선행 자음과 공명도(sonority)에서 충분히 거리가 있어야 발음될 수 있다. 따라서 'melon, film'에서처럼 비음 앞에 /l/과 같은 공명음이 오면 비음이 음절성을 가질 수 없다. 이 경우에는 공명음과 비음 사이에 [ə]가 발음된다. 그리고 비음 앞의 자음이 장애음이어도 그 앞에 또 다른 자음이 오면 음절성 비음(syllabic nasal)으로 발음되지 않고 [ə]가 발음된다; Boston [bɔstən].

영어 비음은 후행 자음의 조음 위치에 쉽게 동화된다. 부정형 접두사 '–in'은 뒤에 오는 형용사의 첫 자음의 조음 위치에 따라서 양순음 앞에서는 [ɪm], 순치음 앞에서는 [ɪɱ], 치경음 앞에서는 [ɪn] 그리고 연구개음 앞에서는 [ɪŋ]으로 발음된다.

(15) 영어 'in-' 접두사의 음성 실현

[ɪmpʰɑsɪbɫ] impossible

[ɪɱfɔɹməl] informal

[ɪndɹɛkt] indirect

[ɪŋkəmplit] incomplete

부정형 접두사 '–in'이 후행 자음의 조음 위치에 따라 다른 음으로 실현된다. 후행 자음이 양순음이면 [ɪm], 후행 자음이 순치음이면 [ɪɱ], 후행 자음이 연구개음이면 [ɪŋ]으로 그리고 후행 자음이 치경음이면 [ɪn]으로 그대로 발음된다. 비음이 순치음 앞에서 순치음으로 동화되는 것은 한 형태소 안에서도 볼 수 있다; emphasis [ɛɱfəsɪs], invite [ɪɱvaɪt], infant [ɪɱfənt]. 그리고 이러한 순치음 동화는 단어 사이에서도 일어난다; warm feet [wɔɹɱfit].

또한 영어에서 치경 비음은 치간음 앞에서 치간음으로 동화된다; tenth [tʰɛn̪θ]. 이와 같이 비음은 후행 자음과 동일한 위치에서 조음되는 역행 동화(regressive assimilation)를 겪는다. 비음은 선행 자음의 영향을 받는 순행 동화(progressive assimilation)도 겪는다. 순행 동화의 예는 'smile [sm̥aɪl], snow [sn̥oʊ]'처럼 무성 마찰음 /s/ 다음에서 비음이 부분적으로 무성음화 되는 것이다.

4.5 접근음(Approximants)

영어의 접근음에는 유음(liquids)인 /l, ɹ/과 활음(glides)인 /j, w/가 있다. 접근음은 능동적(active)인 하부 조음기관과 수동적(passive)인 상부 조음기관의 간격을 매우 근접하게 하여 발음하는 소리이다. 즉, 마찰을 일으켜 마찰음을 만들어 낼 만큼 가깝지는 않지만 혀와 입천장의 거리가 상당히 가까운 상태에서 접근음을 발음한다.

영어에서 접근음은 폐쇄음 바로 다음에 오면서 분절음 두 개로 이루어지는 초성 자음군(onset cluster)을 형성한다; club [kl], grow [gɹ], twin [tw], queen [kw]. 그런데 각 접근음은 장애음과 결합할 때 저마다 특징적인 방식이 있다. 설측 유음인 /l/은 /s/와 /f/와 결합할 수 있다; sleep, flow. 비설측 유음인 /ɹ/은 /f, θ, ʃ/와 결합할 수 있지만 /s/와는 결합하지 않는다; frog, three, shrimp. 순연구개 활음인 /w/는 /s/와 /θ/와 조합할 수 있다; swing, thwart. 구개 활음인 /j/는 /m, f, v, h/ 다음에 올 수 있다; music, fusion, view, human. 구개 활음 /j/이 장애음 다음에 와서 자음군을 이룰 때는 반드시 /u/ 모음이 다음에 온다.

접근음 /j/는 영어 방언에 따라 차이를 보인다. 'music, pure, cure'와 같은 단어에서는 미국 영어와 영국 영어에서 모두 자음 /m, p, k/ 다음에 /j/가 올 수 있다. 그러나 'tune, news, nude'와 같은 단어에서는 미국 영어와 영국 영어에서 차이가 난다. 영국 영어에서는 단어 첫 치경 자음 뒤에 /j/가 발음된다; [tjun], [njuz], [njud]. 반면에 미국 영어에서는 /j/가 발음되지 않는다; [tun], [nuz], [nud]. 이에 미국 영어에서는 /j/와 같은 조음 위치를 가진 치경 자음 다음에서 /j/가 발음되지 않는다.

접근음인 활음 /j, w/와 유음 /l, ɹ/은 모두 유성음이지만 그 앞에 무성음이 있을 때 무성음으로 발음된다.

(16) p[l̥]ay, t[w̥]in, c[ɹ̥]y

접근음이 무성 폐쇄음의 영향을 받아 무성음화(devoicing)되는 것은 단어초의 무성 폐쇄음이 기식음화 되면서 그 기식성 때문에 접근음의 유성성(voicing)이 지체되는 것을 의미한다. 접근음 무성음화는 앞의 무성 폐쇄음이 기식음일 때 발생하므로 기식음이 발생하지 않는 무성 폐쇄음 뒤에서는 접근음 무성음화가 일어나지 않는다.

(17) (Spencer, 1996: 212)

spring [spɹɪŋ]	strain [stɹeɪn]	screen [skɹin]
display [dɪspleɪ]	destroy [dɪstɹɔɪ]	disclose [dɪskloʊz]

그리고 접근음이 단어초에 나오는 경우에 무성 폐쇄음이 앞 단어 끝에 있더라도 접근음 무성음화는 발생하지 않는다.

(18) keep[p˺] r̲ight *[ɹ̥], walk[k˺] l̲eft *[l̥]

이 경우 앞 단어말 무성 폐쇄음이 대부분 개방되지 않기 때문에 뒤에 오는 단어의 첫 자음인 접근음이 무성음화 되지는 않는다. 즉, 이와 같은 접근음 무성음화 현상은 단어 경계를 넘어서는 적용되지 않는다. 또한 ‘atlas’와 같이 무성음과 유음이 서로 다른 음절에 놓이는 경우에도 무성음화는 제한된다.

유음 /l, ɹ/은 비음 /m, n, ŋ/과 마찬가지로 중성(syllable nucleus)을 이룰 수 있다. 비음이 음절성을 가지려면 선행하는 자음이 조음 위치가 같은 장애음이어야 한다. 자음 밑에 [̩]를 첨가하여 음절성 자음을 표시하면 ‘sudden’[sʌdn̩], bacon’[beɪkŋ̍]으로 실현된다. 그런데 유음은 이러한 동조음점 제약(homorganic constraint)이 느슨하여 선행하는 자음에 제약이 없다. 예를 들어 ‘channel’[ʧænl̩]은 공명 자음인 [n] 다음에 음절성 유음이 온다. 그리고 ‘apple’[æpl̩], ‘pickle’[pɪkl̩]처럼 서로 다른 조음 위치를 갖는 자음 다음에서도 유음이 음절성을 가질 수 있다.

그런데 비음의 경우와 마찬가지로 자음군 다음에서는 음절성 유음이 나오지 않는다. 즉, 유음 앞에 자음이 연이어 올 때는 보통 [ə]를 유음과 선행하는 자음 사이에 삽입한다. 따라서 ‘pistol’은 *[pɪstl̩]이 아니고 [pɪstəl]로 발음된다. 또한 치경 비음 /n/과 마찬가지로 /l/ 음은 치간음 앞에서 치간음으로 동화된다; wealth [wɛl̪θ].

영어의 설측 유음인 /l/은 밝은 [l](clear [l])과 어두운 [ɫ](dark [ɫ])로 서로 다른 이음으로 실현된다. 어두운 [ɫ]은 자음 앞이나 단어 끝에서 발생한다. 밝은 [l]은 그 밖의 환경에서 발음된다.

(19) 영어 /l/ 실현

a. clear [l]

like, light, look, left

b. dark [ɫ]

milk, filter, owl, hill

밝은 [l]과 어두운 [ɫ]은 조음 방법이 다르다. 밝은 [l]은 혀의 끝이 치경에 닿아 소리가 만들어지지만 어두운 [ɫ]은 혀의 뒷 부분을 연구개 쪽으로 끌어당기면서 발음되기 때문이다. 이와 같이 2차 조음(secondary articulation)이 일어나는 것을 /l/-연구개음화(velarization)라고 부른다. 어두운 [ɫ]은 [u] 모음을 발음하는 것과 비슷한 음질을 가진다. 미국 흑인 영어에서는 모음 다음에 나타나는 /l/이 [u] 또는 [ʊ]로 모음화 될 수 있는데 이것은 유사한 음질 때문으로 볼 수 있다; 'table'[teɪbl] → [teɪboʊ].

영어의 /ɹ/ 발음은 두 가지 방식으로 발음될 수 있다. 하나는 혀끝을 입천장 쪽으로 말아 올려 발음하는 것이고, 다른 하나는 혀끝은 그대로 둔 채 혓몸을 위쪽으로 끌어 올리며 발음하는 것이다. 이 때 혀가 입천장에 닿지 않고 입술을 동그랗게 해야 한다. 이러한 조음 방법으로 인해서 앞에 오는 치경음 /t, d/에 영향을 주어 파찰음화(affrication)된 발음이 되게 한다.

(20) truck, tree, drill, drive, street, destroy

치경 파열음 /t, d/는 같은 음절 안에서 뒤에 /ɹ/이 오는 경우에 파찰음화된 이음으로 발음될 수 있다. 'street'는 단음절 단어여서 모든 분절음이 한 음절에 속하므로 이러한 변이 현상의 조건을 만족시킨다. 이 때 /t/가 /s/ 뒤에 있으므로 기식음으로 발음되지는 않으나, 뒤에 /ɹ/이 오기 때문에 파찰음화가 일어날 수 있다. 그러나 치경 파열음이 /ɹ/ 앞에 나타나더라도 서로 다른 음절에 속하면 이러한 변이 현상이 발생하지 않는다. 'night rate'의 음절 경계를 표시하면 [naɪt.ɹeɪt]이다. 여기서 '.'은 음절 경계를 나타낸다. 따라서 'night rate'에서 /t/와 /ɹ/이 서로 다른 음절에 속하기 때문에 /t/는 파찰음화를 겪지 않고 [t˺]~[ʔ]으로 발음된다. 반면에 'nitrate'는 [naɪ.tɹeɪt]로 /tr/이 같은 음절에 속한다. 이 경우에는 /t/가 /ɹ/ 앞에서 파찰음화가 일어날 수 있다.

영국 영어에서는 일반적으로 자음 앞이나 어말에서 /ɹ/이 발음이 되지 않는다. 즉, 'over, director'에서 단어말 자음 /ɹ/이 발음되지 않는다. 그런데 뒤에 오는 단어가 'and'와 'of'처럼 모음으로 시작하는 경우에는 발음이 된다.

(21) over and out, director of

이러한 /ɹ/을 연결-r(linking r)이라고 부른다. 그런데 다음과 같이 원래는 /ɹ/ 발음이 없는데도 모음과 모음 사이에 /ɹ/을 삽입해서 발음하는 경우가 있다.

(22) (Spencer, 1996: 235)

law and order [lɔːɹənɔːdə]
Russia and America [ɹʌʃəɹənəmɛrɪkə]
America and Russia [əmɛɹɪkəɹənɹʌʃə]

원래 단어에는 /ɹ/ 발음이 없으나 'and' 앞에서 많은 영어 화자가 /ɹ/을 삽입하여 발음하는데 이를 삽입 -r(intrusive r)이라고 부른다.

4.6 영어 자음의 이음 (English Consonant Allophones)

영어 자음이 음성적으로 어떻게 실현되는 지를 요약해서 정리하기로 한다. 우선 영어 폐쇄음의 이음을 살펴보자.

(23) 영어 폐쇄음(/p, t, k/)은 음절 초성에서 기식음으로 발음된다. ‘pit, tit, kit’은 각각 [pʰɪt, tʰɪt, kʰɪt]로 발음되어 폐쇄음이 기식음으로 발음된다. 반면에 ‘spit, stitch, skit’에서는 [spɪt, stɪʧ, skɪt]으로 발음되어 /s/ 다음에서는 폐쇄음이 비기식음으로 발음된다.

(24) 폐쇄음이 단어 끝에서 비개방음으로 발음될 수 있다; cap [kʰæp˺]. 또한 폐쇄음이 연속해서 일어나는 경우 첫 폐쇄음은 비개방음으로 발음된다; kept [kʰɛp˺t].

(25) 음절말 폐쇄음은 음절말 위치에서 성문 폐쇄음화를 보인다; cap [kæʔp], cat [kæʔt], pick [pɪʔk]. 그런데 모든 영어 지역어에서 이러한 현상을 보이는 것은 아니어서 지역어간의 차이가 있다.

(26) 많은 영어 지역어에서 /t/는 같은 단어 안에서 /n/ 앞에서 성문 폐쇄음으로 발음된다; beaten [biʔn̩].

(27) 미국 영어에서 영어 치경 폐쇄음(/t, d/)과 치경 비음(/n/)은

모음 사이에서 후행 모음이 비강세 모음인 경우에 설탄음으로 발음된다; atom [æɾəm], ladder [læɾɚ].

(28) 영어 치경 폐쇄음은 /ɹ/이 뒤따라 올 때 파찰음화(affrication)가 일어난다. 그리고 치경 폐쇄음 /t, d/는 구개 활음 /j/ 앞에서 치경 파찰음 [ʧ, ʤ]로 발음 된다; got[ʧ] you, did[ʤ] you. 이와 같은 현상은 치경 폐쇄음이 후행하는 음의 영향을 받아 동화하는 것으로 설명할 수 있다.

(29) 조음 방식에 관계없이 모든 영어 치경음은 후행하는 자음이 치간음일 때 위치 동화를 받아 치간음으로 실현된다; eight [eɪt̪θ], tenth [thɛn̪θ], wealth [wɛl̪θ].

영어 폐쇄음과 마찰음 그리고 파찰음은 장애음(obstruents)으로 분류된다. 이에 영어 폐쇄음과 마찰음 그리고 파찰음에서는 다음과 같은 음성적 특성이 공통적으로 나타난다.

(30) 영어 유성 장애음(/b, d, g, v, ð, z, ʒ/)은 단어초와 단어말에서 일부 무성음화를 보인다. 그리고 구절(phrase) 안에서 유성음이 바로 앞에 오지 않는 경우에 무성음화를 보인다. 'day'가 단독으로 발음되면 /d/가 일부 무성음화를 보이지만 'a day'에서는 /d/가 유성음으로 발음된다.

장애음은 길이와 관련해서도 공통적인 특징을 갖는다.

(31) 유성 폐쇄음, 유성 마찰음, 그리고 유성 파찰음 앞에 나오는 모음은 각 상응하는 무성 장애음 앞에 나오는 모음보다 길다.

(32) 무성 폐쇄음, 무성 마찰음, 그리고 무성 파찰음은 음절말 위치에서 각 상응하는 유성 장애음보다 길다.

영어 비음은 후행하는 음의 조음 위치에 동화된다. 아울러 다음과 같은 이음 규칙을 갖는다.

(33) 영어 비음은 단어 끝에서 조음 위치가 동일한 장애음 다음에서 음절성 자음으로 실현된다; sudden [sʌdn̩], bacon [beɪkŋ̍].

반면에 영어 유음이 음절성 자음으로 발음되는 환경은 비음과 다르다.

(34) 영어 /l/은 단어 끝에서 자음 다음에 오는 경우에 음절성 자음으로 실현된다; channel [ʧænl̩], apple [æpl̩], pickle [pɪkl̩].

(35) 영어 /l/은 음절말 위치에서 연구개음화 하여 어두운 [ɫ]로 발음된다; hill [hɪɫ], milk [mɪɫk].

영어 접근음인 /l, r, j, w/의 이음 실현을 정리해 보면 다음과 같다.

(36) 영어 접근음은 무성음 뒤에서 무성음화 한다; pl[l̥]ay, tw[w̥]in, cr[ɹ̥]y.

요약

이 장에서는 영어의 자음 음소와 환경에 따라 달라지는 이음에 대해 살펴보았다. 같은 음소라도 음성 환경과 형태적 환경에 따라서 음성적으로 다른 음으로 발음된다. 이때 폐쇄음, 마찰음, 파찰음과 같은 장애음은 이음 실현에서 비슷하게 행동한다. 자음의 이음을 정확하게 발음하고 이해하는데 있어서 인접 모음의 길이 또한 중요한 역할을 한다. 이음을 제대로 발음하는 것이 영어 학습자에게는 중요한 일이다. 그런데 이러한 이음은 규칙적으로 정해지므로 이음이 일어나는 환경을 익히는 것이 중요하다. 영어 /t/와 /ɹ/은 음성 환경에 따라 미국 영어와 영국 영어에서 다르게 발음된다.

제 5장

영어의 모음(English Vowels)

5.1 기본 모음(Cardinal Vowels)

자음을 조음할 때는 각 조음 위치에서 상부 조음자와 하부 조음자가 협착을 만들어서 공기 흐름이 방해를 받는다. 반면에 모음을 만들 때는 자음을 만들 때보다 성도가 더 열려 있어서 공기 흐름이 전혀 방해를 받지 않는다. 그리고 모든 모음은 성대가 울리며 만들어지는 음이어서 유성음이다. 따라서 자음을 기술할 때 사용하던 유·무성 여부, 조음 위치나 조음 방식과 같은 기준으로 모음을 기술할 수 없다. 그 대신에 혀의 위치(tongue position) 그리고 입술 모양(lip gesture)으로 모음을 기술한다.

그런데 서로 다른 언어의 모음을 기술할 때 전통적으로 유사한 기준(예, 고모음, 전설, 원순 등)을 사용하지만 실제로 똑같이 기술된 모음이 모든 언어에서 똑같이 발음되지는 않는다. 가령, 한국어에서는 '에'/ε/와 '애'/æ/의 높낮이 구분이 거의 없어져 중화(neutralization)가 일어났으나 영어에서는 /ε/와 /æ/가 높낮이에서 확연히 다르다. 이와 같이 언어마다 같은 발음 기호를 사용하여 기술해도 실제로는 음질이 동일하지 않을 수 있다. 이렇게 각 언어마다 모음의 음질

(vowel quality)이 다르다는 것을 나타내기 위해서 음성학자들이 자의적으로 기본 모음(cardinal vowels)을 정하고 이 모음 체계를 기준으로 특정 언어에서 나타나는 모음 특징을 기술한다. 제 1차 및 제 2차 기본 모음이 그림 5.1에 제시되어 있다.

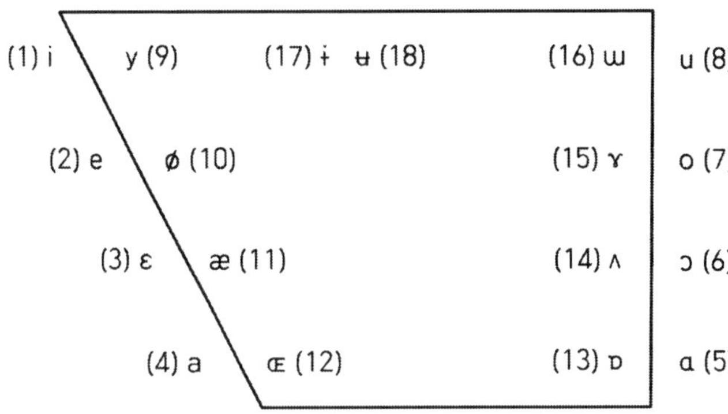

그림 5.1 제 1차 및 제 2차 기본 모음(cardinal vowels)

기본 모음은 특정 언어에만 국한되지 않게 모음의 자질을 정의한 표준음들이다. (1-4)와 (9-12)는 전설 모음이고 (5-8)과 (13-16)은 후설 모음이다. 이들은 서로 동일한 간격을 가지고 있다. 혀를 최대한 높이고 앞쪽으로 밀어내면서 소리가 나도록 공기 통로의 폭을 좁히지 않고 동시에 입술을 펼칠 때 나는 소리가 기본 모음 1이다. 마찬가지로 혀의 높이는 그대로 둔 채, 혀를 뒤로 최대한 옮겨서 입술을 둥글게 하여 내는 모음이 기본 모음 8이다. 또 혀를 최대한 밑으로 내려, 뒷쪽 위치를 그대로 둔 채, 입술을 둥글지 않게 하면서 내는 소리가 기본 모음 5이다. (1-8)의 모음은 제 1차 기본 모음이고 모음의 사각도 안쪽에 있는 모음은 제 2차 기본 모음이다. 제 1차 기본 모음과 제 2차 기본 모음은 원순성에서만 서로 반대 값을 가진다. 즉, (1)은 고 전설 비원순인데 (9)는 고 전설 원순 모음이다. 그리고 (8)은 고 후설 원순인데 (16)은 고 후설 비원순 모음이다. 이러한 기본 모음은 여러 언어의 모음 자질을 상대적으로 측정할 수 있는 기준점이 된다.

5.2 영어 단모음(English Monophthongs)

영어 모음 음소 체계는 영어를 사용하는 지역에 따라 많이 다를 수 있다. 영어 자음의 음소는 24개로 지역어에 따라 이음이 크게 다르지 않다. 반면에 영어 모음은 지역어에 따라 음소의 수도 다를 수 있고 이러한 음소들이 음성적으로 실현되는 방식에서도 다를 수 있다. 따라서 영어 자음에 비해 영어 모음을 기술하는 것은 훨씬 더 복잡한 일이다. 본 교재에서는 미국 영어 모음을 중심으로 논의하되 필요에 따라 미국 영어와 영국 영어의 모음을 비교할 것이다.

'beat, bit, bait, bet, bat'에 있는 /i, ɪ, e, ɛ, æ/ 모음을 차례로 발음해 보면 입이 점점 크게 벌어진다. 'boot, book, boat, bought, father'에 있는 /u, ʊ, o, ɔ, ɑ/ 모음을 순서대로 발음할 때도 마찬가지로 첫 단어에 있는 모음에 비해 뒷단어로 갈수록 점점 입이 벌어진다. 입이 벌어진다는 것은 턱이 내려간다는 것을 의미한다. 혀는 턱과 연결되어 있어서 입이 점점 크게 벌어진다는 것은 곧 혀가 점점 낮아진다는 것을 의미한다. 'father'에서 첫 모음 [ɑ]는 입을 가장 크게 벌려 내는 모음이다. 따라서 손을 턱에 놓고 턱이 내려가는 정도를 비교하면서 각 모음을 익히는 것도 좋은 방법이다. /i, ɪ, e, ɛ, æ/ 모음과 /u, ʊ, o, ɔ, ɑ/ 모음 두 그룹에서 첫 모음은 모음 높이(vowel height) 차원에서 고모음(high vowels)이고 다음 모음으로 갈수록 중모음(mid vowels), 저모음(low vowels)이다. 고모음은 입이 비교적 닫혀서 소리가 만들어지므로 폐쇄 모음(closed vowels)이라고도 하고 저모음은 입을 벌려 발음이 되어 개방 모음(open vowels)이라고도 한다.

그런데 'beat, bit, bait, bet, bat'에 있는 /i, ɪ, e, ɛ, æ/는 혀의 앞부분이 위 아래로 움직여 발음하는 음이어서 전설 모음(front vowels)이고 'boot, book, boat, bought, father'에 있는 /u, ʊ, o, ɔ, ɑ/는 혀의 뒷부분이 위 아래로 움직여 만들어 후설 모음(back vowels)이다. 혀의 전설·후설(vowel backness) 차원에서 기술하면 전설 모음, 중설 모음(central vowels), 후설 모음으로 분류할 수 있다.

모음을 기술하는 또 다른 기준은 입술 모양이다. 영어 모음 중 /u, ʊ, o, ɔ/는 입술을 둥글게 하면서 나는 소리이다. 이러한 모음을 원순 모음(rounded vowels)이라고 한다. 영어에서 원순 모음은 모두 후설 모음이다. 그러나 독일어, 프랑스어, 중국어에서는 원순성을 가진 전설 모음이 있다. 고모음 전설 모음이면서 원순 모음인 /y/와 중모음 전설모음이면서 원순 모음인 /œ/가 이에 해당한다. 한국어에서 /ɨ/ 모음은 고모음이면서 후설 모음이지만 원순 모음은 아니다. 이와 같이 혀의 높낮이 및 입 벌림 정도, 전설·후설과 입술 모양을 기준으로 모음을 기술하면 그림 5.2와 같다.

그림 5.2에 제시한 영어 단모음은 기본모음에 비해 다소 안쪽으로 위치한다는 것을 알 수 있다.

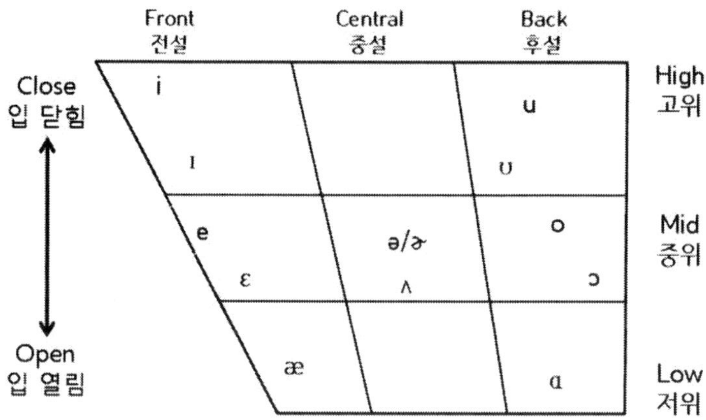

그림 5.2 영어 단모음

모음을 기술하는 기준은 혀의 높이(tongue height), 전 · 후 위치(tongue backness) 그리고 입술의 원순성(lip rounding)이다. 우선 혀의 높이 기준에 따르면 /i/, /ɪ/, /u/, /ʊ/가 고모음이고 /e/, /ɛ/, /ʌ/, /o/, /ɔ/가 중모음이고 /æ/, /ɑ/는 저모음이다. 그리고 혀의 전·후 위치에 따르면 /i/, /ɪ/, /e/, /ɛ/, /æ/가 전설 모음이고 /ʌ/가 중설 모음이고 /u/, /ʊ/, /o/, /ɔ/, /ɑ/가 후설 모음이다. 입술 모양 기준에 따르면 /u/, /ʊ/, /o/, /ɔ/는 원순(rounded) 모음이고 다른 모음은 모두 비원순(unrounded) 모음이다.

그런데 모음의 음질을 결정하는 것은 상대적인 높이와 위치라고 할 수 있다. 다양한 영어 지역어(dialects)에 따라서 음질이 다를 수 있다. 그러나 대부분 모음과 모음 사이의 상대적인 거리 관계는 일정하다. 'heed, hid, head, had'에 나오는 모음인 /i/, /ɪ/, /ɛ/, /æ/에서 /i/와 /ɪ/간의 거리와 /ɪ/와 /ɛ/간의 거리와 /ɛ/와 /æ/간의 거리가 거의 동일하다. /æ/ 모음을 상당히 낮게 발음하는 화자는 /ɛ/ 모음 역시 낮게 발음하여 /i/,

/ɪ/, /ɛ/, /æ/ 모음간의 거리를 균일하게 유지한다.

5.3 영어 이중모음(English Diphthongs)

미국 영어의 이중모음은 /aɪ/, /aʊ/, /ɔɪ/이다. 이중모음은 한 음절을 이루는데 단모음과 달리 그 안에서 음질(voice quality)이 변한다.

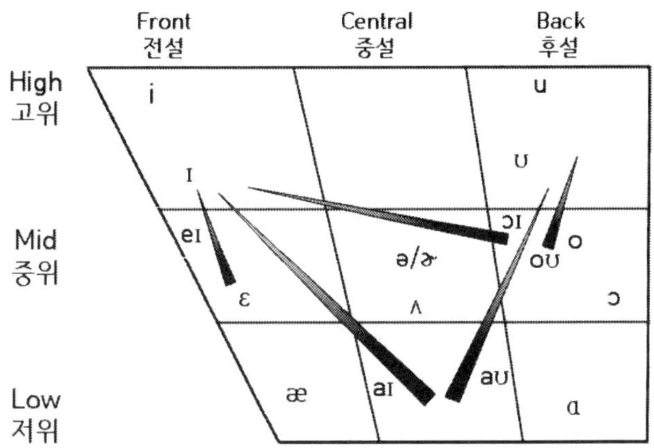

그림 5.3 영어의 이중모음

이중모음의 첫 시작 부분은 강하게 발음되고 고모음으로 끝나는 뒷부분은 길이도 짧고 약하다. 그리고 이중모음의 앞 뒷 부분은 음가를 온전하게 지닌 단모음의 결합체와는 다르다. 우선, 비록 이중 모음을 /aɪ/로 표기해도 이것은 단모음 /a/와 /ɪ/가 연이어 나온 음과 다르다. 예로 'gnaw it'[naɪt] 에서는 /a/와 /ɪ/가 두 음절을 이루지만 'night'[naɪt]에서는 [aɪ]가 단일 음절을 이룬다. 이러한 이유로 이중모음 [aɪ]를 [aɪ] 또는 [aj, ay]로 표기하기도 한다.

그리고 이중모음 /aɪ/는 첫 부분이 [a]에서 출발하여 [ɛ]에 가까운 모음으로 끝난다. 그래서 대부분 지역에서 'high'가 [haɛ]로 발음된다. 텍사스나 기타 남부 지역에서는 'buy'가 [ba:]로 발음되어 이중모음 /aɪ/가 장모음으로 발음되기도 한다.

이중모음 /aʊ/도 /aɪ/의 첫 음과 비슷한 위치에서 시작하지만 /ʊ/음보다 낮은 위치로 끝난다. 미국 남부 지역에서는 /aʊ/와 더불어 /æʊ/ 발음도 흔하다. 아이오와 지역에서는 /æʊ/ 발음이 훨씬 많아서 'cow'가 [kæʊ]로 발음된다. 캐나다와 뉴잉글랜드 북쪽 지역에서는 [ʌʊ]로도 발음되어 'house'가 [hʌʊs]로 발음된다.

'boy'는 이중모음 /ɔɪ/로 발음된다. 다른 이중모음과 마찬가지로 이중모음 /ɔɪ/도 단모음 [ɪ] 위치보다 낮은 위치로 끝나서 'boy'는 [bɔɛ]처럼 발음된다. 흑인 영어나 남부 지역에서는 단모음화된 [ɔ:]로 발음되기도 한다.

/i/와 /u/는 약간 이중 모음화되어 이것을 각각 /ij(y)/, /uw/로 기술한 문헌도 있다. 그리고 /e/와 /o/는 더 이중모음화 되어 /e/를 /ej/, /ey/, /eɪ/ 그리고 /o/를 /oʊ/, /ow/로 기술하기도 한다. 이에 본 교재에서는 /eɪ/와 /oʊ/로 표기하여 이중모음으로 다루고자 한다.

소리와 철자와의 관계가 일대일 대응을 이루지 않는다는 점을 이중모음과 관련하여 다시 한 번 밝히고자 한다. 'late, rain, eight, weight, rein, great'와 같이 철자로는 <a, ai, ei, ea>로 나타나지만 모두 같은 이중모음 /eɪ/로 발음된다. 'sow, road, foe, soul'에서 나타나는 이중모음 /oʊ/는 철자로는 <o, oa, oe, ou>로 나타난다. /aɪ/는 'dry, lie, high, height, buy, aisle'에서 발음되고 철자로는 <y, ie, igh, eigh, uy,

ai>로 나타난다. /aʊ/는 'house, now'에서 발음되고 철자로는 <ou, ow>로 나타난다. /ɔɪ/는 'boy, choice, buoy'에서 발음되고 철자로는 <oy, oi, uo>로 나타난다. 이와 같이 같은 이중모음이라도 다른 철자로 나타날 수 있다.

한국인 영어 학습자에게 있어서 영어 이중모음을 발음하는데 주의할 점은 이중모음을 한 음절(syllable)로 발음해야 한다는 것이다. 그리고 영어 이중모음에서 앞부분과 뒷부분의 음질이 달라서 쉽게 그 차이를 알 수 있다. 영어의 이중모음 /aɪ/, /aʊ/, /ɔɪ/에서는 모두 첫 부분의 모음이 강하고 뒷부분은 약하고 짧다. 이처럼 모음 뒷부분에 오는 전이음을 뒷전이음(off-glide)이라고 한다. 반대로 모음 앞부분에 오는 전이음을 앞전이음(on-glide)이라고 한다. 영어의 이중모음 /aɪ/, /aʊ/, /ɔɪ/처럼 전이음이 모음 뒤에 나오는 이중모음은 하강 이중모음(falling diphthongs)이다. 그런데 이러한 하강 이중모음은 한국어에 없다. 이에 한국인 영어 학습자는 영어 이중모음을 두 개의 단모음이 연결된 것으로 인지하고 발음하게 된다. 따라서 영어 'cow, buy, boy'는 모두 단음절어인데 한국인 영어 학습자는 각각 [ka.u], [ba.i], [bo.i]로 발음하여 두 개의 음절로 발음하는 오류를 범하기 쉬우므로 조심하여야 한다.

5.4 영어 모음 표기(Transcription of English Vowels)

영어 모음을 표기하는 방식은 다양할 수 있다. 지역에 따라 영어 화자의 모음이 다양할 뿐만 아니라 특정 지역어에서 조차 영어 모음을 정확하게 표기하기가 쉽지 않기 때문이다. 모음을 표기하는 방식은 표기 목적에 따라 달라질 수 있다. 가령, 적은 수의 발음 기호로 모음을 표기하고자 하면 'beat'와 'bit'를 표기할 때 [bi:t]와 [bit]로 각각 표기할 수 있다. 그런데 각 모음을 다른 모음으로 표기하는 대신에 길이 부호인 [:]를 첨가하는 표기 방식은 'beat'의 모음과 'bit'의 모음이 길이에서만 다르다는 오해를 줄 수 있다. 사실 'beat'의 모음은 'bit'의 모음에 비해 길면서 더 앞쪽에서, 그리고 더 위쪽에서 소리가 나는데 이러한 사실이 음성 표기에 반영되지 않게 된다. 또 다른 표기 방식은 영어 모음에서 길이와 음질의 차이를 모두 표기하는 것이다. 이 경우 'beat'와 'bit'는 [bi:t]와 [bɪt]로 표기할 수 있다. 이러한 표기 방식은 *English Pronunciation Dictionary* 16판(2003)과 *Longman Pronunciation Dictionary* 2판(2000)에서 사용된다. 그런데 이와 같이 표기하는 방식은 모음의 길이와 음질이 서로 연관성이 있다는 사실을 간과하는 것이다. 'beat'의 모음은 'bit'의 모음에 비해 더 앞쪽에서 그리고 더 위쪽에서 발음되어 조음 시간이 길어지게 된다. 즉, 음질의 차이로 인해서 모음의 길이가 달라지는 것이다. 이러한 음성적 특성을 반영하여 본 교재에서는 'beat'와 'bit'를 [bit]와 [bɪt]로 표기하는 방식을 택하고자 한다. 따라서 영어 학습자는 참고하는 영어 사전에서 어떤 방식으로 모음을 표기하는지에 유의하여 모음의 음질을 파악해서 발음을 익힐 필요가 있다.

학자마다 영어 단모음과 이중모음을 다르게 표기한다. 이에 미국 영어와 영국 영어를 모두 기술하는 Ladefoged and Johnson (2016) 방식과 미국 영어를 기술하는데 가장 많이 사용된 Trager-Smith (1951) 그리고 Jones (1972)의 모음 표기 체계를 본 교재에서 사용하고 있는 표기 방식과 비교하여 제시한다.

표 5.1 영어 모음 표기 체계 비교

본 교재	예시	Ladefoged and Johnson (2016)	Trager-Smith (1951)	Jones (1972)
i	beat	iː	iy	iː
ɪ	bit	ɪ	i	i
eɪ	bait	eɪ	ey	ei
ɛ	bet	ɛ	e	e
æ	bat	æ	æ	æ
ɑ	father	ɑː	a	ɑ
ɔ	bought	ɔː	ɔh	ɔː
oʊ	boat	oʊ	ow	ou
ʊ	put	ʊ	u	u
u	boot	uː	uw	uː
ʌ	butt	ʌ	ə	ə
aɪ	bite	aɪ	ay	ai
aʊ	bout	aʊ	aw	au
ɔɪ	boy	ɔɪ	ɔy	ɔi
ɚ	bird	ɝ/ɜ	ər	əː

5.5 긴장 모음과 이완 모음(Tense Vowels and Lax Vowels)

영어 모음 /i/와 /ɪ/는 모두 '고위, 전설, 비원순' 모음이다. 그렇다면 /i/와 /ɪ/를 어떻게 구분할 것인가? 그리고 /u/와 /ʊ/는 두 모음 모두 '고위, 후설, 원순' 모음이어서 두 모음을 이제까지 제시한 모음 분류 기준으로는 구별할 수가 없다. 이에 영어 모음을 긴장과 이완 모음으로 나누는 방식이 도입되었다. /ɑ, i, u, e(eɪ), o(oʊ), ɔ/는 긴장 모음이고 /ɪ, ɛ, æ, ʊ, ʌ/는 이완 모음이다. 이완 모음은 긴장 모음보다 조음 길이가 짧고 혀의 위치가 더 낮고 약간 가운데 쪽에서 조음되며 조음할 때 근육에 힘이 덜 들어간다는 음성적 차이가 있다. /i/가 /ɪ/보다 길며 /u/가 /ʊ/보다 길며 /e(eɪ)/가 /ɛ/보다 길다. 그러나 /æ/는 긴장 모음인 /ɔ/에 비해 짧지 않다. 따라서 긴장 모음과 이완 모음이라는 구분은 음성학적인 근거에 의한 것이라기보다 이러한 두 부류의 모음이 나타나는 방식이 서로 다르다는 것을 보여주기 위해 붙여진 명칭이라고 이해할 수 있다.

긴장 모음(tense vowel)과 이완 모음(lax vowel)의 중요한 차이는 이 두 부류의 모음이 나타날 수 있는 음운론적 분포가 다르다는 것이다. 강세를 받는 열린 음절(open syllable)에서는 긴장 모음만 나타날 수 있고 이완 모음은 나타날 수 없다. 음운론적으로는 열린 음절에 나타날 수 있는 모음을 긴장모음으로 볼 수 있는데 'bee, boot, say, row, law, spa' 등의 단어에서 /i, u, e, o, ɔ, ɑ/ 등이 나타난다. 이완 모음인 /ɪ, ɛ, æ, ʊ, ʌ/는 모두 강세 받은 닫힌 음절(closed syllable)에서만 나타날 수 있다; bid, bed, bad, good, bud. 즉, 모음 다음에 자음이 오는 닫힌 음절에서만 이완 모음이 올 수 있다. 표 5.2는 이와 같이 긴장 모음과 이완 모음은 나타날 수 있는 위치에서 차이가 있다는 것을 보여 준다.

표 5.2 미국 영어의 긴장 모음과 이완 모음

긴장 모음	이완 모음	닫힌 음절	열린 음절
i		feat	fee
	ɪ	fit	
e		fate	fay
	ɛ	fed	
	æ	fad	
o		boat	foe
	ʊ	foot	

u			food	boo
ɑ			harp	spa
	ʌ		fun	
ɔ			bought	law
aɪ			fight	buy
ɔɪ			void	boy
aʊ			house	how

표 5.2를 보면 긴장 모음은 열린 음절과 닫힌 음절에서 모두 나타날 수 있지만 이완 모음은 닫힌 음절에서만 나타난다.

닫힌 음절에서 후행하는 자음에 따라서 모음의 음질이 제약을 받기도 한다. 미국 영어에서 /ɹ/이 음절 말음인 경우에는 모음이 약간 권설음의 성격(retroflex quality)을 가진다. 이러한 발음을 'r-음색화(r-coloring)'라고 한다. 이때에는 긴장 모음과 이완 모음의 대립이 나타나지 않고 /ɹ/ 앞에 나오는 모음은 긴장 모음과 이완 모음의 중간 음질로 발음된다. 가령, 'fear, year'에 나오는 모음은 /i/도 아니고 /ɪ/도 아닌 두 모음의 중간 음으로 소리 난다. 마찬가지로 'pear'는 /ɛ/와 /æ/ 중간 음으로 발음되며 'poor'는 /u/와 /ʊ/ 중간 음으로 발음되며 'pour'는 /o/와 /ɔ/ 중간 음으로 발음된다. 이와 같이 /ɹ/ 앞에서 r-음색화 되는 모음을 표기하는 방식으로 [ɝ]와 [ɚ]를 사용하는데 'sir, fur, bird'에 나오는 모음은 [ɝ]로 표기하고 'better'에서 철자 '-er'로 표시된 비강세 음절에 나오는 모음은 [ɚ]로 표기한다. 두 가지 방법으로 r-음색화 되는 모음을 만들 수 있다. 하나는 권설음(retroflex)처럼 혀끝을 입천장 쪽으로 말아 올리는 방법이고 다른 하나는 혀끝은 내리고 혓몸을 위쪽으로 끌어 올리며 발음하는 것이다. 이 때 혀가 입천장에 닿지 않고 입술을 동그랗게 해야 한다.

/l/ 또한 선행하는 모음의 음질에 영향을 준다. 3장에서 보았듯이

모음 뒤의 /l/은 미국 영어에서 연구개음화(velarization) 되어 어두운 [ɫ]로 발음된다. 이러한 어두운 [ɫ]의 영향으로 모음의 음질이 변한다. 다음 예가 이를 보여 준다.

(1) /i/의 이음

meat [mit]	meal [miəɫ]
peak [pik]	peal [piəɫ]
deep [dip]	deal [diəɫ]
seen [sin]	seal [siəɫ]

어두운 [ɫ] 앞에서 전설 모음이 약간 뒷쪽에서 발음된다. 예로 'meat'의 [i] 모음보다 'meal'의 [i] 모음이 좀 더 가운데로 이동된 모음으로(more centralized) 발음되어 'meal'은 [miəɫ]로 발음된다. 따라서 모음이 뒤에 오는 어두운 [ɫ]에 동화되어 혀가 뒷쪽으로 가면서 생긴 [iə]는 /i/ 모음의 이음이라고 할 수 있다. 전설 모음에 비해 중설 및 후설 모음은 어두운 [ɫ] 앞에서 다소 상승하고 후진하지만 그 정도가 약해서 'foot'와 'full'의 모음 차이가 'meat'와 'meal'의 차이만큼 크지 않다.

그리고 [ŋ] 앞에서는 일반적으로 이완 모음이 온다; 'king'[ɪ], 'strength'[ɛ], 'sung'[ʌ]. 그리고 미국 영어 모음은 비음 앞에서 위치 변화를 보인다. 가령, 'can, ram'에서 [æ] 모음이 'sad, cab'과 같은 단어의 [æ]에 비해 상당히 위쪽에서 발음된다. 지역어에 따라서는 'pin'과 'pen' 그리고 'gym'과 'gem'이 구분이 안 되기도 한다.

긴장 모음과 이완 모음을 음성적 특징보다는 나타나는 분포에 따라 구분하는 것이 더 합리적인 이유는 음성적 특성으로 모두 설명할 수 없기 때문이다. /æ/ 모음은 긴장 모음인 /eɪ, oʊ/ 못지않게 상당히 길다. 그러나 이 모음은 닫힌 음절에서만 나타난다. 따라서 긴장 모음과 이완 모음은 나타나는 음절 유형(syllable type)으로 분류하여 구분하는 것이 마땅하다고 할 수 있다.

5.6 모음의 길이(Vowel Length)

일본어과 말라얄람어에서는 모음의 길이가 음소를 구별해 준다. 말라얄람어에서 [ciri]는 '미소'를 뜻하지만 [ci:ri]는 '비명을 질렀다'는 의미여서 모음 길이가 두 단어의 뜻을 구별하게 한다. 그러나 영어에서는 나타나는 환경에 따라서 모음 길이가 달라져서 모음의 이음을 보여준다. 첫째, 모음은 열린 음절(open syllable)에서 가장 길다. 그리고 닫힌 음절인 경우에는 무성 자음 보다 유성 자음 앞에서 더 길다. 가령, 'bee'[bi]의 [i] 모음이 가장 길다. 그 다음으로 긴 'bead'[bid]의 [i] 모음은 'beat'[bit]에 나오는 [i] 모음 보다 길게 발음된다. 둘째, 모음은 장애음 보다 공명 자음 앞에서 더 길다. 예로 'kill'[kɪl]의 [ɪ] 모음이 'kid'[kɪd]에 나오는 [ɪ] 모음 보다 더 길게 발음된다. 셋째, 모음은 강세 받은 음절에 있을 때 더 길다. 예로 'belów'[bɪloʊ]에 있는 [oʊ] 모음에 강세가 있어서 'bíllow'[bɪloʊ]에 있는 [oʊ] 모음 보다 더 길다. 넷째, 한 단어 안에서 음절수가 길어질수록 모음의 길이는 짧아진다. 가령, speed > speedy > speedily 순으로 모음의 길이가 길다. 이와 같이 영어에서 모음 길이는 단어의 뜻을 구별하는 역할은 하지 않는다. 즉, 영어에서 모음 길이 차이는 대립적인 역할을 하지 않아 음소가 아니다. 그러나 모음이 음성 환경에 따라 길거나 짧게 실현될 수 있다. 따라서 영어에서 모음 길이 차이는 모음의 이음으로 나타난다.

5.7 온전 모음과 약화 모음(Full Vowels and Reduced Vowels)

[ə](schwa)를 제외한 영어의 모든 모음은 강세 받은 음절에 나타날 수 있다. [ə]는 비강세 음절에서만 나타날 수 있다. 형태적으로 연관 있는 단어가 교체(alternation)를 하는 경우에 강세 받았던 음절이 강세를 안 받게 되면 해당 모음은 [ə]로 발음된다. 이러한 모음 변화는 다음 예에서 볼 수 있다.

표 5.3 강세에 따른 모음 변화

	강세 음절에서 온전 모음	비강세 음절에서 [ə]
/i/	homogeneous [homodʒ**i**niəs]	homogenize [həmadʒ**ə**naɪz]
/ɪ/	implicit [ɪmpl**ɪ**sət]	implication [ɪmpl**ə**keɪʃən]
/eɪ/	explain [ɛkspl**eɪ**n]	explanation [ɛkspl**ə**neɪʃən]
/ɛ/	perpetuate [pɚp**ɛ**ʧueɪt]	perpetuity [pɚp**ə**ʧuəti]
/æ/	emphatic [ɛmf**æ**tɪk]	emphasis [ɛmf**ə**sɪs]
/ɑ/	stigmata [stɪgm**ɑ**tə]	stigma [stɪgm**ə**]
/ɔ/	author [**ɔ**θɚ]	authoritarian [**ə**θɔrətɛriən]
/oʊ/	photograph [f**oʊ**təgræf]	photography [f**ə**tɑgrəfi]
/ʌ/	confront [kənfr**ʌ**nt]	controntation [kɑnfr**ə**nteɪʃən]
/ju/	compute [kəmp**ju**t]	computation [kɑmp**jə**teɪʃən]
/aɪ/	design [dəz**aɪ**n]	designation [dɛz**ə**gneɪʃən]

영어의 어간(stem) 모음은 접사와 연결될 때 강세 여부에 따라서 해당 모음의 음질이 변하게 되는데 영어 학습자가 영어 모음을 익힐 때에 이 점에 유의하여야 한다. 표 5.3에서 첫 번째 칼럼과 두 번째 칼럼에 있는 단어를 비교해 보면 강세를 받았던 모음이 비강세 음절에서 [ə]로 축약된다는 일반화를 이끌어 낼 수 있다. 그렇다면 'emphatic'[ɛmfætɪk]과 'emphasis'[ɛmfəsɪs]에서 두 번째 음절이 강세를 받았을 때는 [æ]로 그리고 비강세일 때는 [ə]로 실현되지만 음운 형태는 각각 'emphatic /ɛmfætɪk/'과 'emphasis /ɛmfæsɪs/'로 같은 모음으로 설정할 수 있다. 그리고 강세가 정해진 다음에 'emphasis'의 비강세 음절에서 /æ/가 [ə]로 발음된다고 볼 수 있다.

약화 모음(reduced vowels)에 [ə] 모음이 주로 나타나지만 [ɪ] 또한 올 수 있다. 가령, 'implication'은 [ɪmpləkeɪʃən]으로 발음하는 것도 가능하고 [ɪmplɪkeɪʃən]도 가능하다.

[ə] 모음은 비강세 음절에만 나타나지만 비강세 음절에 반드시 완전히 약화된 [ə] 모음만 나타나는 것은 아니다. 사실 모든 모음이 비강세 음절에 나타날 수 있다. 다음 예에서 해당 모음에 밑줄로 표시하였다.

(2) 비강세 음절에 나타나는 모음

/i/	creation
/ɪ/	simplistic
/eɪ/	iterate
/ɛ/	technician
/æ/	athletics
/ɑ/	October

/ɔ/ causality
/oʊ/ location
/u/ acoustician
/ʊ/ neighborhood
/ʌ/ umbrella
/ɝ/ verbose
/aɪ/ citation
/aʊ/ outsider
/ɔɪ/ exploitation
/ju/ reputation

따라서 약화 모음은 반드시 비강세 음절에 나타나지만 비강세 음절에 있는 모음이 반드시 약화 모음은 아니다.

내용어(content word)에 비해 기능어(function word)는 전달하는 정보의 양이 많지 않아 강세를 받지 않는다. 특히 강세를 받지 않고 단음절로 된 기능어는 축약되기 쉽다. 가령, 'that'이 같은 형태여도 쓰임새에 따라 달리 발음된다. 'that'이 'He said that he likes Mary.'에서는 접속사로 사용되어 [ðət]처럼 약화형으로 발음되지만 'that teacher'와 같이 'that'이 지시사로 사용되면 항상 [ðæt]로 발음된다. 기능어를 약화형으로 발음하는 것이 외국인 영어 학습자에게는 힘들지만 중요한 일이다. 왜냐하면 이러한 기능어가 발화에서 자주 사용되기 때문이다.

그런데 기능어라고 해도 초점(focus)을 받을 때는 약화형이 아닌 강한 형태로 발음된다. 가령, 'He liked Korean AND American dishes, not Korean OR American dishes'에서처럼 'and'와 'or'가 대조(contrast)를 이루는 단어로 사용되어 초점을 받으면 모음이 온전한 형태로 발음된다. 그리고 서술문에서 'can'이 보통은 [kən]이나 [kŋ̩]으로 발음되지만 다음과 같은 대화에서처럼 'can'이 대조 초점(contrastive focus)을 받게 되면 [kæn]으로 발음된다.

(3)

A: I can't solve the problem.

B: Yes, you CAN.

이와 같이 기능어가 어느 정도의 정보(information)를 갖느냐에 따라서 온전 모음(full vowel)이 들어간 강한 형태로 발음되기도 하고 약화 모음(reduced vowel)이 들어간 약한 형태로 발음되기도 한다.

조동사는 일반적으로 축약형으로 발음되어 'He will come'은 [hɪl ...]로 발음된다. 그러나 조동사가 문장의 마지막 위치에 나타날 때에는 축약된 형태로 발음할 수 없다. 예를 들어 'A: Is he going? B: Yes, he is'와 같은 대화 가운데 B의 발화에서 'is'는 축약 모음으로 발음할 수 없다. (4)가 영어에서 흔히 쓰이는 일부 기능어의 강한 형태와 약한 형태를 보여 준다.

(4)

단어	강한(strong) 형태	약화 모음 형태	예
a	[eɪ]	[ə]	a room [əɹum]
and	[ænd]	[ənd, ən, n̩]	you and me [ju ən mi]
as	[æz]	[əz]	as bad as [əz bæd əz]
but	[bʌt]	[bət]	It's old but good [ɪts old bət...]
can	[kæn]	[kən, kŋ̩]	I can go [aɪkən goʊ]

has	[hæz]	[həz, əz, z, s]	He's left [hɪz lɛft]
him	[hɪm]	[ɪm, m̩]	I told him to come [aɪtəld ɪm]
just	[dʒʌst]	[dʒəst]	He's just left [hɪz dʒəst...]
must	[mʌst]	[məst, məs]	I must say [aɪməs...]
or	[ɔr]	[ɚ]	pen or pencil [pɛn ɚ...]
she	[ʃi]	[ʃɪ]	Did she go? [dɪd ʃɪ...]
that	[ðæt]	[ðət]	I said that it did[aɪsɛd ðət...]
them	[ðɛm]	[ðəm, əm, m̩]	Leave them alone [liv ðəm...]
to	[tu]	[tʊ, tə]	to Japan [tədʒəpæn]
would	[wʊd]	[wəd, əd, d]	It would do [ɪt əd du]

요약

이 장에서 미국 영어의 단모음과 이중모음을 중심으로 영어 모음에 대해서 살펴보았다. 그리고 음성 환경에 따라 모음이 어떻게 변하는지를 보았다. 자음의 이음과 마찬가지로 모음 또한 음성 환경을 알면 어떻게 발음될지를 예측할 수 있다. 이것은 영어 학습자에게는 반가운 일이다. 모음의 변이형이 나오는 환경을 익히면 영어 모음을 자연스럽게 발음할 수 있는 토대가 마련되기 때문이다. 영어 모음은 음성 환경뿐만 아니라 해당 단어의 정보량에 따라서도 음질이 달라진다. 기능어가 쓰임새에 따라 온전한 모음으로 발음될 수도 있고 약화된 모음으로 발음될 수도 있다.

제 6장

음운 분석(Phonological Analysis)

6.1 음운 자질(Phonological Features)

음소(phoneme)는 두 단어의 뜻을 구별시키는 최소 단위이다. 그런데 각 음소는 여러 개의 음성 자질(phonetic features)로 이루어져 있다. 가령, /p/ 음소는 무성음, 양순음, 그리고 폐쇄음이라는 음성적 속성을 가진다. 이렇게 음소를 여러 개의 음성적 속성이 모인 것으로 규정할 수 있다. 음성 자질과 관련하여 두 가지를 언급하고자 한다. 첫째, /p/와 /b/를 구별시켜 주는 것은 [±voiced] 자질이다. 이와 같이 두 음을 구별시켜 주는 자질을 변별 자질(distinctive feature)이라고 한다. 둘째, 각 변별 자질을 단일 자질로 설정하고 그 변별 자질을 갖는 경우 + 값을 설정하고 그 자질을 갖지 않는 경우에는 −값을 갖는 것으로 나타낸다. 가령, /p/는 [voiceless] 자질을 갖고 /b/는 [voiced] 자질을 갖는 것으로 보지 않고 /p/는 [−voiced] 자질을 갖고 /b/는 [+voiced] 자질을 갖는 것으로 표시한다. 이와 같이 이분법으로 변별 자질을 사용하는 것이 변별 자질을 경제적으로 사용하면서 소리가 대립 관계에 있다는 것을 보다 분명하게 보여 준다.

그런데 과연 음소를 통째로 한 음이 아니라 군이 변별 자질이 모여서 이루어진 단위로 보아야 할까? 음소보다 더 작은 단위인 변별 자질을 설정해야 할 이유가 있을까? 이에 우선 변별 자질이 음소와 별개로 필요한 이유에 대해 알아보기로 한다. /p/와 /b/는 다른 음소이다. /p/와 /m/도 서로 다른 음소이다. 그런데 /p/와 /b/는 /p/와 /m/보다 더 유사하다고 볼 수 있다. 이러한 음성적 유사성의 차이를 음소 단위로 음을 기술해서는 설명할 수 없다. /p/와 /b/는 순음이어서 [+labial] 자질, 그리고 폐쇄음이어서 [−continuant]라는 자질을 모두 공통적으로 갖지만 두 음은 유성 자질(voicing feature)에서만 다르다. 즉, /p/는 [−voiced] 자질을 가지고 /b/는 [+voiced] 자질을 가진다. 반면에 /p/와 /m/는 [+labial] 자질, 그리고 [−continuant]라는 자질을 공통적으로 갖지만 두 음은 유성 자질과 공명 자질에서 다르다. 즉, /p/는 [−voiced] 자질을 가지고 /m/는 [+voiced] 자질을 가진다. 또한 /p/는 [−sonorant] 자질을 가지고 /m/는 [+sonorant] 자질을 가진다. 음소가 더 작은 음성 자질로 이루어져 있다면 /p/와 /b/는 [voiced] 자질에서만 차이가 나는데 /p/와 /m/는 [voiced] 자질과 [sonorant] 자질에서 차이가 난다고 할 수 있다. 이와 같이 음소가 변별 자질로 이루어져 있다면 /p/가 /m/에 비해 /b/와 더 음성적으로 유사하다는 것을 설명할 수 있다. 두 가지 자질이 다른 음보다는 한 가지 자질에서 차이가 나는 음이 음성적으로 좀 더 유사하다고 할 수 있기 때문이다.

이와 같이 음소가 변별 자질로 이루어져 있다면 여러 음간의 유사도를 알 수 있다. 서로 비슷한 음과 그렇지 않은 음이 실제 생활에서 어떻게 사용되는지를 한국어 예를 통해 알아보기로 하자. 광고에서 전화번호로 업종을 알리고자 하는 경우가 많다. 가령, '2424'라는 전화번호는 이삿짐센터의 전화번호로 종종 사용된다. 그런데 '8282'와

'8585'라는 전화번호는 각각 '빨리 빨리'와 '바로 바로'라는 의미를 전달하는 번호로 사용된다. '8'의 발음에서 첫 음인 [p^h]는 엄밀하게 말해서 [p']와 [p]와는 다르다. 그럼에도 불구하고 '8282'와 '8585'라는 전화번호를 각각 '빨리 빨리'와 '바로 바로'라는 의미로 쉽게 이해한다. 이것은 숫자 '8'의 발음에서 첫 음인 [ㅍ, p^h]가 [ㅃ, p'] 또는 [ㅂ, p]와 유사한 음으로 전달될 수 있기 때문이다. 만일 이 경우에 '4242'와 '4545'라는 전화번호를 사용하여 각각 '빨리 빨리'와 '바로 바로'라는 의미를 전달하고자 한다면 쉽게 이해하기 힘들 것이다. 이것은 '4'의 첫 음인 [ㅅ] 보다 '8'의 첫 음인 [ㅍ]가 전달하고자 하는 음인 [ㅃ]나 [ㅂ]에 더 유사하다고 한국인이 느끼기 때문이다. 음운 자질을 사용하면 이러한 음성적 유사성의 정도를 설명할 수 있다. /p^h/와 /p'/는 조음 위치 자질(place feature)에서는 같은 값을 갖지만 후두 자질(laryngeal feature)에서 다른 값을 가진다. 즉, /p^h/는 [−constricted glottis]인데 /p'/는 [+constricted glottis]이다. /p^h/는 [+spread glottis] 이고 /p/는 [−spread glottis]여서 /p^h/와 /p/는 [spread glottis] 자질에서 차이가 난다. 이에 숫자 '8'의 발음에서 첫 음인 [p^h]는 [constricted glottis] 자질에서만 다른 [p']와 [spread glottis] 자질에서만 다른 [p]와 유사한 음으로 전달될 수 있다. 반면에 /s/와 /p'/는 [constricted glottis] 자질 뿐만 아니라 조음 위치가 다르다. 이와 같이 음소가 자질로 이루어져 있다면 /p^h/가 /s/에 비해 /p'/ 또는 /p/와 음성적으로 더 유사하다는 것을 설명할 수 있다.

음소를 변별 자질(distinctive feature)로 이루어진 것으로 분석하면 음들 간의 유사 정도를 밝힐 수 있다고 앞서 언급하였다. 이에 더하여 변별 자질을 설정하면 음운 현상을 보다 일반화할 수 있다. 가령, 영어에서 폐쇄음 (/p, t, k/)은 어두에서 기식음 ([p^h, t^h, k^h])으로 발음되지만 /s/ 뒤에서는 비기식음 ([p, t, k])으로 발음된다. 변별 자질을 사용하면 /p/, /t/, /k/라는 개별 음에 각각 기식음화 현상이 일어나는 것이 아니라 [−voiced, −continuant]라는 변별 자질을 가지고 있는 음에 공통적으로 일어나는 현상으로 일반화할 수 있다. 이와 같이 둘 또는 그 이상의 분절음을 공통되는 변별 자질로 묶을 수 있다. 이렇게 하면 음을 하나씩 명시할 때 보다 적은 수의 변별 자질로 관련된 분절음들을 규정할 수 있다. 이때 이렇게 묶을 수 있는 일련의 음들을 자연군(natural class)이라고 한다. 영어에서 /p, t, k/는 [−voiced, −continuant]라는 변별 자질로 규정될 수 있는 자연군이다. 일반적으로 자연군에 속하는 분절음은 특정한 음운 현상을 함께 보인다. 가령, /p, t, k/는 자연군을 이룬다. 이에 /p, t/가 영어에서 기식음화(aspiration) 현상을 겪으므로 함께 자연군을 이루는 /k/ 역시 기식음화를 겪을 것으로 기대할 수 있다. 그리고 /p, t, k/는 실제로 기식음화 현상에서 같은 행동을 보인다. 자연군은 포함된 분절음이 많을수록 그것을 규정하는 변별 자질의 수는 대개 줄어든다. 예를 들어 /m/를 표기하기 위해서는 [+nasal, +anterior, −coronal]이라는 세 개의 변별 자질이 필요하지만 /m, n, ŋ/을 표기하기 위해서는 [+nasal] 자질 하나면 충분한데 이것은 해당 자음들이 공유하는 최소한의 자질들만 규명하면 되기 때문이다.

영어 자음을 구별시키는 변별 자질의 종류를 제시함으로써 어떠한 변별 자질이 사용되는 지를 보이고자 한다.

표 6.1 영어 자음 음소와 변별 자질

자음 음소 / 변별 자질	p	b	f	v	t	d	θ	ð	s	z	ʃ	ʒ	ʧ	ʤ	k	g	h	m	n	ŋ	l	ɹ	j	w
syllabic	–	–	–	–	–	–	–	–	–	–	–	–	–	–	–	–	–	–	–	–	–	–	–	–
consonantal	+	+	+	+	+	+	+	+	+	+	+	+	+	+	+	+	–	+	+	+	+	+	–	–
sonorant	–	–	–	–	–	–	–	–	–	–	–	–	–	–	–	–	–	+	+	+	+	+	+	+
continuant	–	–	+	+	–	–	+	+	+	+	+	+	–	–	–	–	+	–	–	–	–	+	+	+
strident	–	–	+	+	–	–	–	–	+	+	+	+	+	+	–	–	–	–	–	–	–	–	–	–
nasal	–	–	–	–	–	–	–	–	–	–	–	–	–	–	–	–	–	+	+	+	–	–	–	–
lateral																		–	–	–	+	–	–	–
coronal	–	–	–	–	+	+	+	+	+	+	+	+	+	+	–	–	–	–	+	–	+	+	+	–
anterior	+	+	+	+	+	+	+	+	+	+	–	–	–	–	–	–	–	+	+	–	+	–	–	–
distributed							+	+	–	–	+	+	+	+								–		
voiced	–	+	–	+	–	+	–	+	–	+	–	+	–	+	–	+	–	+	+	+	+	+	+	+
spread glottis	–	–	–	–	–	–	–	–	–	–	–	–	–	–	–	–	+							
constricted glottis	–	–	–	–	–	–	–	–	–	–	–	–	–	–	–	–	–							
high											+	+	+	+	+	+				+			+	+
back	–	–	–	–	+	+	+	–	+		–	–	–	–	+	+				+			–	+
rounded	–	–	–	–														–					–	+

자질 이름에서 그 내용을 알기 어려운 자질에 대해서 설명하기로 한다. 우선 [±spread glottis]와 [±constricted glottis]는 후두음 자질이다. 자음의 위치와 관련한 자질로 [anterior]는 치경 또는 그 앞쪽에서 조음되는 지 여부를 말한다. [+anterior]는 치경 또는 그 앞쪽에서 소리 나는 음이고 그 뒷쪽에서 나는 소리는 [–anterior]이다. [coronal]은 혀끝 또는 설단(blade)을 올려서 만들어 내는 소리로써 치간음, 치경음, 그리고 경구개음이 여기에 속한다. 이에 [anterior]와 [coronal] 자질로 자음의 조음 위치를 말할 수 있다.

(1) 자음의 위치 자질

자음		위치 자질
양순음	/p, b/	[+anterior, −coronal]
치경음	/t, d/	[+anterior, +coronal]
경구개음	/ʧ, ʤ/	[−anterior, +coronal]
연구개음	/k, g/	[−anterior, −coronal]

6.2 형태 음운론(Morphophonology)

같은 언어를 사용하는 화자들은 그 언어에 대한 언어적 지식을 공유하고 있다. 소리 언어로 의사소통을 할 때 사용하는 발화는 문장으로 이루어지는데 문장은 다시 단어가 모여 이루어지고 단어는 각 음소가 연결되어 나오는 결과물이라고 볼 수 있다. <bags>라는 철자로 이루어진 단어는 '가방'이라는 의미를 갖고 [bæg]으로 발음되는 구성소 /bæg/과 '복수'의 의미를 갖으면서 [z]로 발음되는 접미사 /z/라는 구성소(constituent)가 결합하여 만들어 진 것이다. 즉, 'bags'라는 단어는 어근 /bæg/에 복수형 접미사 /z/가 결합하여 형태적으로 복잡한 구조를 갖는다. 여기서 각각의 구성소는 의미를 품는 단위로 볼 수 있다. 이처럼 의미를 갖는 최소 단위를 형태소(morpheme)라고 한다. 음소가 화자 머릿속에 존재하는 대상인 것처럼 각 형태소도 머릿속에 존재한다. /bæg/이라는 형태소는 화자의 머릿속에 세 개의 음소가 결합한 형태로 존재하고 복수를 의미하는 형태소인 /z/는 음소 하나로 이루어 진 것이다. 이처럼 형태소는 하나 또는 여러 개의 음소로 이루어질 수 있다.

여러 개의 형태소가 결합하여 단어를 이룬다. 이때 형태소가 결합하면서 환경에 따라서 교체형(alternant)이 나온다. 즉, 같은 형태소여도 서로 다른 음성 형태로 실현될 수 있다. 이에 대한 예시로 영어의 복수형 접미사를 살펴보자.

(2)

	단수형		복수형	
a.	book	[bʊk]	books	[bʊks]
	cat	[kæt]	cats	[kæts]
b.	bag	[bæg]	bags	[bægz]
	bed	[bɛd]	beds	[bɛdz]
c.	bus	[bʌs]	buses	[bʌsəz]
	rose	[ɹoʊz]	roses	[ɹoʊzəz]
	bench	[bɛnʧ]	benches	[bɛnʧəz]
	badge	[bæʤ]	badges	[bæʤəz]
	dish	[dɪʃ]	dishes	[dɪʃəz]
	garage	[gəɹɑʒ]	garages	[gəɹɑʒəz]

영어에서 복수형(plural) 접미사(suffix)는 세 가지 소리로 실현된다. 명사의 끝소리가 무성음이면 [s]로 명사 끝 음이 유성음이면 [z]로 소리가 난다. 이것은 유·무성 동화(voicing assimilation)를 보여준다. 그런데 명사의 마지막 음이 치찰음(sibilants)인 /s, z, ʧ, ʤ, ʃ, ʒ/일 때 복수형 접미사는 [-əz]로 나타난다. 이것은 어근(root)의 마지막 음이 치찰음일 때 복수형 접미사인 치찰음이 연속해서 발음되지 않도록 하

기 위해 /ə/(schwa)가 삽입된 것이다. 이것은 한 치찰음은 어근에 속하고 다른 치찰음은 복수 의미를 갖는다고 할 때 이 두 음이 연속해서 나오게 되면 복수 의미를 전달하기가 힘들어 질 것이어서 모음을 삽입함으로써 청자에게 복수의 의미를 분명하게 전하고자 하는 노력의 결과라고 볼 수 있다. 이와 같이 형태소가 다른 형태소와 결합할 때 다양한 형태로 교체(alternation)된다. 이때 동일한 형태소가 환경에 따라 달라지는 교체형(alternant)을 이형태소(allomorph)라고 한다. 이에 복수형 접미사의 이형태소는 /s, z, əz/이다.

영어 과거형(past tense) 접미사도 음운 환경에 따라서 다른 형태로 실현된다.

(3)

	현재형		과거형	
a.	attack	[ətæk]	attacked	[ətækt]
	stop	[stɑp]	stopped	[stɑpt]
b.	love	[lʌv]	loved	[lʌvd]
	clean	[klin]	cleaned	[klind]
c.	start	[stɑɹt]	started	[stɑɹtəd]
	wind	[waɪnd]	winded	[waɪndəd]

영어에서 과거 시제 접미사는 세 가지 소리로 실현된다. 동사의 끝소리가 무성음이면 [t]로 유성음이면 [d]로 소리 난다. 이것도 복수형 접미사와 마찬가지로 유·무성 동화(voicing assimilation)를 보여준다. [-əd]는 동사의 마지막 음이 치경 폐쇄음인 /t, d/일 때 나타난다. 이것은 어근의 마지막 음이 치경 폐쇄음일 때 과거형 접미사인 치

경 폐쇄음이 연속해서 발음된다면 과거형이라는 뜻을 전달하기 힘들 수 있다. 이에 화자에게 동사의 과거형을 보다 분명하게 전달하기 위해서 /ə/(schwa)가 삽입된다고 볼 수 있다. 따라서 영어 과거형 접사는 /t, d, -əd/의 세 가지 이형태소로 실현된다

영어 복수형 접미사와 과거형 접미사에서는 공통적으로 유·무성 동화가 일어난다. 이러한 유·무성 동화는 순행 동화(progressive assimilation)이다. 동화를 일으키는 조건음(triggering sound)이 피동화음(target) 앞에 오는 동화이기 때문이다. 영어에서 형태소가 결합할 때에는 유·무성이 일치하지 않는 연쇄음이 일어나지 않는다. 그러나 한 형태소 끝에서는 'find, hand'와 같이 유·무성이 일치하는 연쇄음 뿐만 아니라 'cent, paint'와 같이 유·무성이 일치하지 않는 연쇄음도 가능하다.

단어를 이루고 있는 각 형태소가 다른 형태소와 결합할 때 형태 음소 교체가 일어난다. 주로 음성학적인 동기로 유·무성 동화와 같은 동화 현상이 일어나고 같은 음이 연속해서 올 때 두 형태소간의 의미 결합을 나타내 주기 위해 두 음 사이에 모음을 삽입하기도 한다. 이때 눈여겨 볼 부분은 한 형태소가 서로 다른 이형태소로 실현될 때 어근은 일정한 형태를 유지하고 주로 접사들이 환경에 따라서 다른 형태로 발음된다는 사실이다. 접사에 비해 어근의 음성 형태를 그대로 유지하고자 하는 원리가 작용한다고 할 수 있다.

6.3 음운 기저형과 음운 규칙 순서(Underlying Representation and Phonological Rule Ordering)

형용사 앞에 붙어서 부정을 나타내는 'in-' 접두사가 (4)에서 보듯이 후행 자음에 따라서 다양하게 발음된다.

(4) 영어 'in-' 접두사

[ɪmpʰasɪbɫ]	impossible
[ɪɱfɔɹməl]	informal
[ɪndɹɛkt]	indirect
[ɪŋkəmplit]	incomplete

부정형 접두사 'in–'은 뒤에 오는 형용사의 첫 자음의 조음 위치에 따라서 양순음 앞에서는 [ɪm], 순치음 앞에서는 [ɪɱ], 치경음 앞에서는 [ɪn] 그리고 연구개음 앞에서는 [ɪŋ]으로 발음된다. 영어 비음이 후행 자음의 조음 위치에 동화된 것을 알 수 있다.

부정형 접두사가 [ɪm], [ɪɱ], [ɪn], [ɪŋ]으로 발음되는데 기본적인 음운 형태는 어떤 것일까? /ɪm/, /ɪɱ/, /ɪn/, /ɪŋ/가 모두 음운 형태라고 생각해 볼 수 있다. 즉, 네 가지 형태가 모두 기본형이라는 것이다. 그런데 이렇게 한 형태소가 여러 음운 형태를 가지는 접근 방식은 두 가지 측면에서 바람직하지 않다. 우선 /ɪɱ/으로 기본형을 설정한다면 /ɱ/이 영어에서 음소라는 것을 전제로 해야 하는데 영어에서 /ɱ/은 의미를 구별하는데 대립적인 역할을 하지 않아서 음소가 아니다. 그리고 이와 같이 각 발음 형을 음운 형태로 설정하면 접두사 마지막 자음인 비음이 후행 형용사의 첫 자음의 조음 위치에 동화되어 발음된다는 일반성을 포착하지 못하게 된다.

영어 화자는 부정형 접두사가 다양하게 발음되어도 모두 같은 접두사라고 생각한다. 한 형태소의 음운 형태는 하나라는 가설은 이러한 인식을 반영한다. 그렇다면 이 접두사의 기본적인 음운 형태는 무엇일까? 이 접두사는 분명히 /ɪ/로 시작하고 두 번째 음은 비음인데 비음 중에서 어떤 음이 기본음인가 하는 문제이다. 이 경우 어떤 음이든 접두사 마지막 자음인 비음이 후행 자음의 조음 위치에 동화된다고 보는 것이다. 이 경우 어떤 비음이 기본형이 될까? 우선 /ɱ/이 영어의 음소가 아니어서 /ɪɱ/을 기본적인 음운 형태로 보기는 힘들다. 반면에 /ɪm/, /ɪn/, /ɪŋ/ 중 어느 것이든 기본적인 음운 형태로 볼 수 있다. 가령, /ɪŋ/이 음운 기저형이라면 위치 동화가 발생하여 양순음 앞에서는 [ɪm]으로 발음되고 치경음 앞에서는 [ɪn]으로 발음된다고 할 수 있다. /ɪm/이나 /ɪn/을 기본 음운 형태로 설정해도 똑같이 위치 동화로 설명할 수 있다. 즉, 후행하는 형용사가 자음으로 시작하는 경우에는 어느 형태든지 기본적인 음운 형태로 설정될 수 있다. 그런데 다음과 같이 형용사가 모음으로 시작하는 경우에 부정형 접두사의 형태가 기본형을 정하는데 도움이 된다.

(5)

[ɪnæktɪv]	inactive
[ɪnædɪkwɪt]	inadequate
[ɪnəpærənt]	inapparent

이 경우에는 형용사가 자음으로 시작하지 않아서 접두사 마지막

자음이 위치 동화할 자음이 없다. 그런데 형용사가 모음으로 시작하는 경우에는 접두사가 모두 [ɪn]으로 발음된다. 따라서 /ɪn/을 기본 음운 형태로 삼으면 모음과 치경 자음 앞에서는 기본 형태가 변하지 않고 [ɪn]으로 발음되고 나머지 자음 앞에서는 각각 조음 위치가 같은 비음으로 발음된다고 할 수 있다. 이와 같이 한 형태소의 기본 음운 형태를 결정하는데 모든 환경을 검토하고 자연스런 음운 현상으로 다양한 변이형을 설명할 수 있는지가 중요하다.

다음은 영어 복수형 접미사의 음운 기저형을 알아보자. 영어 복수형 접미사는 /s, z, əz/로 실현된다. 앞에서 제시되었던 예를 다시 보자.

(6) (=(2))

	단수형		복수형	
a.	book	[bʊk]	books	[bʊks]
	cat	[kæt]	cats	[kæts]
b.	bag	[bæg]	bags	[bægz]
	bed	[bɛd]	beds	[bɛdz]
c.	bus	[bʌs]	buses	[bʌsəz]
	rose	[ɹoʊz]	roses	[ɹoʊzəz]
	bench	[bɛntʃ]	benches	[bɛntʃəz]
	badge	[bædʒ]	badges	[bædʒəz]
	dish	[dɪʃ]	dishes	[dɪʃəz]
	garage	[gəɹɑʒ]	garages	[gəɹɑʒəz]

앞서 형태소의 기저형은 한 가지 형태이고 음운 환경에 따라서 여

러 이형태소로 다르게 실현된다고 밝혔다. 그렇다면 /s/, /z/, /əz/의 세 가지 이형태소로 실현되는 복수형 접미사 형태소의 음운 기저형은 무엇일까? 만일 /z/가 음운 기저형이라면 무성음 다음에서 무성음화하는 규칙이 적용된다는 것을 말한다. 일반적으로 음운 규칙은 A → B/ C___D의 형태로 나타낸다. 여기서 A는 음운 변화를 겪게 되는 음이고 →의 오른쪽에 오는 B는 음운 변화를 겪고 난 후의 결과를 보인다. / 다음은 이러한 음운 규칙이 일어나는 환경을 보여 준다. ____은 음운 변화를 겪을 음이 놓이는 위치를 표시한다. 따라서 음운 규칙 (7)은 장애음이 무성음 다음에 올 때 무성 자음으로 된다는 것을 말해 준다.

(7) 무성음화 규칙

[−son] → [−voiced] / [−voiced] _____

만일 /s/가 영어 복수형 접미사의 음운 기저형이라면 유성음 다음에서 유성음화하는 규칙 (8)이 적용된다는 것을 의미한다.

(8) 유성음화 규칙

[−son] → [+voiced] / [+voiced] _____

(7)과 (8)에 제시한 두 규칙은 모두 간결하며 유·무성 동화규칙을 나타낸다. 그런데 두 규칙이 음운 변화에서 예측하는 바는 다르다. 우선 규칙 (7)은 무성음 다음에 오는 자음을 무성음화시키기 때문에 무성음 다음에는 유성 자음이 올 수 없다고 예측한다. *[wakd], *[tifz]

와 같은 단어가 영어에 없기 때문에 규칙 (7)은 타당해 보인다. 반면에 규칙 (8)은 유성음 다음에 오는 자음을 유성음화시키기 때문에 유성음 다음에는 무성 자음이 올 수 없다고 예측한다. 그런데 'cent' [sɛnt]와 'pulse' [pʌls]에서 보듯이 유성 자음 다음에 무성 자음이 올 수 있어서 규칙 (8)은 타당하지 않다. 이에 영어 복수형 접미사로 /z/를 설정하고 무성음 다음에서 자음이 무성음화하는 음운 규칙을 설정하는 것이 간결하면서 예측력이 있다고 할 수 있다.

영어 복수형 접미사의 기저형이 /z/라면 (6c)에 나오는 예들도 간단하게 설명할 수 있다. 가령, 'bus'[bʌs]의 복수형은 'buses'[bʌsəz]로 /s/ 다음에 모음 [ə]가 삽입되어 [əz]로 발음된다. 명사의 마지막 음이 치찰음(sibilants)인 /s, z, ʧ, ʤ, ʃ, ʒ/일 때 [ə]가 삽입되어 [əz]로 나타난다. 이에 모음 삽입 규칙은 아래와 같다.

(9) ø→ [ə]/ [+strident, +coronal] ______

그런데 'bus'[bʌs]의 복수형인 'buses'[bʌsəz]를 얻기 위해서는 (7)에 있는 무성음화 규칙과 모음 삽입 규칙인 (9)간의 순서가 중요하다. 만일 무성음화 규칙을 먼저 적용시키면 다음과 같은 방식으로 잘못된 음성형을 얻게 된다.

(10)

	/bʌs + z/ 'buses'
무성음화 규칙(7)	bʌss
모음 삽입 규칙(9)	bʌsəs
음성 표면형(surface form)	*[bʌsəs]

'buses' 복수형으로 올바른 [bʌsəz]를 도출하기 위해서는 모음 삽입 규칙이 먼저 적용되어야 한다.

(11)

	/bʌs + z/ 'buses'
모음 삽입 규칙(9)	bʌsəz
무성음화 규칙(7)	______
음성 표면형	[bʌsəz]

음운 기저형인 /bʌs+z/에 모음 [ə]가 삽입되면 /z/ 앞에 더 이상 무성 자음이 오지 않게 되어 무성음화 규칙이 적용되지 않는다. 이처럼 음운 규칙이 두 가지 이상 적용되는 경우 규칙 적용 순서가 중요하다.

이와 같이 음운 기저형에서 음성 표면형을 얻기 위해서는 음운 규칙이 적용된다. 이때 적용되는 음운 규칙이 특정 형태소에만 적용되는 것이 아니라 음운 환경이 맞으면 광범위하게 적용될 수 있다. 영어 복수형 접미사의 음성 표면형을 얻기 위해서 설정한 음운 규칙은 3인칭 단수 현재형 접미사, 소유격 접미사와 'has'와 'is'와 같은 조동사의 축약형 발음도 설명해 준다. 각 유형별 예를 제시해 보면 아래와 같다.

(12)

a. 3인칭 단수 현재형(동사)

[slips] "sleeps"	[dɪgz] "digs"	[kɪsəz] "kisses"
[hɪts] "hits"	[stæbz] "stabs"	[luzəz] "loses"

b. 소유격 접미사(명사)

[kæts] "cat's" [bægz] "bag's" [bɔsəz] "boss's"

[pæts] "pat's" [dɔgz] "dog's" [ɹoʊzəz] "rose's"

c. 'has' 조동사

명사 + has 축약형

[pæt hæz] "Pat has" [pæts] "Pat's"

[ʤɛn hæz] "Jen has" [ʤɛnz] "Jen's"

[ɹɔs hæz] "Ross has" [ɹɔsəz] "Ross's"

d. 'is' 조동사

명사 + is 축약형

[pæt ɪz] "Pat is" [pæts] "Pat's"

[ʤɛn ɪz] "Jen is" [ʤɛnz] "Jen's"

[ɹɔs ɪz] "Ross is" [ɹɔsəz] "Ross's"

형태소가 결합할 때 여러 가지 이형태소로 발음된다. 이것은 형태소의 음운 기저형에 음운 규칙이 적용되기 때문이다. 이때 여러 개의 음운 규칙이 적용되는 경우에는 규칙 적용 순서가 중요하다.

음운규칙 적용 순서는 이형태소 뿐만 아니라 이음을 설명하기 위해서도 중요하다. 4장에서 영어 /l/은 선행 모음에 영향을 주어 'meal'이 [miəɫ]로 발음된다고 하였다. 즉, /i/ 모음은 뒤에 오는 어두운 [ɫ]에 동화되어 [iə]라는 이음으로 발음된다. 이러한 이음 실현을 설명하기 위해서는 음운 규칙간의 순서를 고려해야 한다. 먼저 /l/에 연구개음화가 일어나고 그 다음에 선행 모음인 /i/가 어두운 [ɫ] 앞에서

[iə]로 발음된다.

(13) 음운 규칙 적용 순서

	/mil/
/l/→ [ɫ] 규칙	miɫ
/i/→ [iə] 규칙	miəɫ
음성 표면형	[miəɫ]

이와 같이 /mil/이라는 음운 기저형이 [miəɫ]이라는 음성 형태로 발음되려면 /l/→ [ɫ] 규칙이 /i/→ [iə] 규칙보다 먼저 적용되어야 한다. 만일 반대 순서로 적용이 된다면 [miəɫ]이라는 음성 형태를 도출해 낼 수 없다. 왜냐하면 /i/가 [iə]로 실현되기 위해서는 뒤에 나오는 자음이 어두운 [ɫ]이어야 하는데 아직 /l/이 어두운 [ɫ]로 바뀌지 않았기 때문이다. 따라서 올바른 발음을 얻기 위해서는 음운 규칙을 적용하는 순서가 중요하다.

요약

음소는 변별 자질이 모여 이루어진 집합체이다. 음소를 변별 자질로 분석함으로써 음간의 유사성 정도를 포착할 수 있다. 나아가 음운 현상을 겪는 음과 환경을 보다 간결하게 일반화할 수 있다. 음소와 마찬가지로 형태소도 화자의 머릿속에 존재한다. 형태소는 음운 환경(phonological environment)과 형태 환경(morphological environment)에 따라 다른 이형태로 실현될 수 있다. 이때 음성학적인 이유로 동화 현상이 많이 일어난다. 아울러 의미 전달을 효과적으로 하기 위해 모음을 삽입하기도 한다. 올바른 이 형태를 발음하려면 여러 음운 규칙이 적용되는 순서가 중요하다.

제 7장

미국 영어와 영국 영어
(American English and British English)

영국에서 사용되는 영어 방언은 보통 크게 세 부류로 나누어 England 남부 방언 및 북부 방언, 그리고 Scotland 방언으로 분류될 수 있다. 이 세 방언 중에서 런던을 중심으로 한 남부 지역에서 상류 사회의 교육을 받은 대다수의 사람들이 사용하는 영어가 광범위하게 표준어로 인정받고 있다. 이것은 런던 지역을 중심으로 인쇄술이 발달하여 일찍부터 이곳 방언을 문자로 인쇄하였던 것이 중요한 이유이다. 이곳의 영어 발음을 용인 발음(RP: Received Pronunciation)이라고 하며, 이것이 영국 BBC(British Broadcasting Corporation)의 아나운서와 공립학교에서 사용하는 영어 발음이다. 따라서 이 RP가 영국의 여러 지역에서 표준어로서 역할을 하고 있다.

미국 영어의 경우, 미국 영토가 영국보다 훨씬 더 크지만 방언의 차이가 심하지 않으며 어느 정도의 통일성을 가지고 있는 것이 특징이다. 미국 영어의 3대 방언은 New England를 중심으로 한 동북부의 동부 방언(Eastern Dialect), 남쪽의 남부 방언(Southern Dialect), 그리고 나머지의 넓은 지역에서 사용되는 일반 미국 영어(General American English)로 나뉜다. 이 세 방언 중에서 일반 미국 영어는 미국 영토의

5분의 4에서, 그리고 전 인구의 3분의 2가 사용한다고 볼 수 있다. 그러므로 일반 미국 영어가 가장 널리 인정받는 표준 영어라고 할 수 있다. 일반 미국 영어는 사회 경제적으로 널리 받아 들여진다는 의미에서 표준 영어라고 할 수 있다.

제 2차 세계 대전 전까지의 영어는 전 세계적으로 영국 영어가 중심을 이루었다고 볼 수 있다. 그러나 2차 세계 대전 후에 영국의 영향력이 감소되고 미국의 세력이 확대됨에 따라 세계의 영어는 미국 영어 쪽으로 점차 기울어져 갔다. 그래서 영어가 국제어로 인정받고 있는 오늘날에는 대부분의 영어 사용자가 미국 영어를 선호하고 있는 경향이며, 심지어 영국과 깊은 관계를 가진 캐나다, 호주, 뉴질랜드 등에서도 점차 미국 영어 쪽으로 옮겨가는 현상을 보여주고 있다.

GA로 대표되는 미국 영어와 RP로 대표되는 영국 영어의 차이점은 무엇인가? 문법적인 측면에서는 이 두 방언이 큰 차이를 갖지 않는다. 미국 영어와 영국 영어가 문법에서는 차이가 거의 없다. 여기서는 두 나라의 영어 철자와 발음에 집중하여 그 차이를 살펴보기로 한다.

철자 차이와 관련하여 우선 일반 미국 영어에서 'or'로 끝나는 명사가 영국 영어에서는 'our'로 사용된다.

(1) 미국 영어	영국 영어
behavior	behaviour
humor	humour
favor	favour
color	colour

그런데 (2)에 제시한 단어처럼 '-or'로 끝나면서 미국과 영국 영어에

서 철자가 같은 단어들이 있다.

(2) error, collector, glamour, terror

그리고 일반 미국 영어에서는 어말에 '-er'가 사용되는데 영국 영어에서는 '-re'가 사용된다.

(3) 미국 영어	영국 영어
center	centre
meter	metre

또한 미국 영어에서는 '-ize'로만 나타나는 단어가 영국 영어에서는 '-ise'로 사용되기도 한다.

(4) 미국 영어	영국 영어
realize	realise
organize	organise

미국 영어에서는 '-og'로 끝나는 단어가 영국 영어에서는 '-ogue'로 사용된다.

(5) 미국 영어	영국 영어
analog	analogue
dialog	dialogue

다음으로는 발음과 관련하여 미국 영어와 영국 영어를 비교해 보자. 우선 모음에 있어서 영국 영어의 [ɑ]는 미국 영어에서는 [æ]로 소리 난다. 'bath, glass, half, pass' 등에서 철자 <a>는 본래 영국에서도 [æ]로 발음되었다. 그러나 18세기 말엽부터 영국 영어는 [ɑ]로 바뀌어서 현재까지 그대로 소리 나고 있다. 한편 미국 영어에서는 [ɑ]로 변하지 않고 본래의 [æ] 발음을 그대로 사용하고 있다. 다만 동북부의 뉴잉글랜드 지역을 포함하여 몇몇 지역에서는 영국 영어의 영향을 받아 [ɑ]로 바뀌어 사용되고 있다.

둘째, 'box, dot, got, hot, shop, top'등의 모음이 영국 영어에서 [ɒ](inverted script-a)로 발음되지만 미국 영어에서는 [ɑ]로 소리 난다. 이것도 역시 영국에서 17세기에는 [ɑ]로 발음되는 경향이 있었으나 현재는 [ɒ]로 바뀌어 소리 나고 있다. 미국 영어에서는 'balm, bomb'의 모음이 [ɑ]이고 'bought'의 모음이 [ɔ]이다. 반면에 영국 영어에서는 'balm, bomb, bought'에서 각 모음을 [ɑ, ɒ, ɔ]로 구별하여 발음한다. 따라서 영국 영어에서는 미국 영어에 비해 [ɒ] 모음이 더 존재한다. 이때 [ɒ]가 [ɑ]보다 좀 더 뒷쪽에서 소리가 나며 입술을 둥글게 하여 발음한다.

셋째, 모음 뒤에 오는 /ɹ/의 경우 표준 영국 영어에서는 보통 발음되지 않으나 일반 미국 영어에서는 발음된다. 예를 들어 'ear, car, cure, work, mere, near, spear, wear'에서 미국에서는 [ɹ]음이 모음 뒤에서 소리 난다. 미국 영어에서 /ɹ/과 같은 음절에서 나타나는 모음은 권설음의 성격(retroflex quality)을 가지는데 이러한 모음은 'r-음색화(r-coloring)'되었다고 한다. 그리고 이렇게 'r-음색화'된 모음을 사용하는 언어를 'rhotic어'라고 한다. 영국에서 셰익스피어(William Shakespeare) 시절까지는 모음이 [ɹ]음과 결합하는 경향이 있었으나 18세기

말쯤에 영국 남부 방언에서는 이 [ɹ]음이 없어졌다. 그러나 스코틀랜드나 런던과 멀리 떨어진 지역에서는 아직도 'r-음색화'된 모음을 사용한다. 미국에서도 뉴잉글랜드 지역 등 몇 지역에서는 'r-음색화'된 모음을 발음하지 않지만 점차 모든 지역에서 이 /ɹ/음을 앞 모음에 붙여서 발음하는 경향이 증가하고 있다. 'non-rhotic'어인 표준 영국 영어에서는 'here, there'를 [hɪə], [ðɛə]로 발음하고 'fire'는 [faə]로 발음한다.

넷째, 어미 '-ile'의 모음이 영국 영어에서는 [aɪ]로 발음되는 경우가 많지만 미국 영어에서는 대부분 단모음으로 발음된다. 'fertile, hostile, reptile, textile, versatile'에서 미국 영어는 단모음으로 소리 나는 것이 보통이다.

다섯째, 모음의 경우 미국 영어가 비음화(nasalization)되는 경향이 영국 영어보다 심하다. 비음화는 모음 뒤에 비음(nasal)이 뒤따라 올 때 그 모음은 뒤따르는 비음의 영향을 받아 비음의 특성을 가지게 되는 음성현상이다. 예를 들어 'can'에서 모음 /æ/는 뒤의 /n/의 영향으로 비음화 되어 실제 발음은 [kæ̃n]이 된다. 또 일부 미국인은 전혀 비음이 없는 경우에도 모음을 비음화 시켜서 발음하는 경향이 있다. 'dad, dead, tide' 등에서 비음이 전혀 없지만 비음화되어 [dæ̃d], [dɛ̃d], [tãɪd]로 발음되기도 한다.

여섯째, 미국 영어의 자음은 영국 영어보다 그 발음이 좀 더 약하고 유연하다. 바꾸어 말하면 영국 영어의 발음이 좀 더 강하고 된소리이며, 파열도 심하다. 'better, computer, writer' 등에서 /t/ 음이 미국 영어에서는 유성 설난음(flap)으로 발음되어 [ɾ]음으로 바뀌어 소리 나는 반면에 영국 영어에서는 치경 파열음 [t]로 발음된다.

일곱째, 미국 영어와 영국 영어는 강세에서 차이를 보인다. 미국 영어에서는 특히 ‘-ary, -ery, -ory’ 등으로 끝나는 단어에 제 3 강세가 존재하지만 영국 영어에는 없는 경향이 있다. 그러한 단어로는 ‘bóundàry, míllinèry, nécessàry, óratòry, sécretàry, térritòry’ 등이 있다. 본래 영국 영어에도 이러한 제 3 강세가 있었으나 18세기 후반기와 19세기 초에 걸쳐서 점차 희미하게 되었다.

제 8장

영어 음절 구조(Syllable Structure of English)

단어의 음절수는 쉽게 알 수 있다. 가령, 'speak'는 1음절(syllable)이고 'speaker'는 2음절이다. 그러나 음절을 정의하기란 쉽지 않다. 이번 장에서는 자음과 모음과 같은 분절음이 결합하여 음절을 이룬다는 것을 밝히고 영어의 음절 구조가 갖는 특징을 알아본다. 그런데 음절이라는 음운 단위는 왜 필요한 것일까? 음절은 이음 변이를 일으키는 음운 규칙을 설명하는데 유용하다. 음절을 설정하지 않고서는 음운 현상이 자연스럽게 설명되지 않기 때문이다. 또한 영어 강세(English stress)를 설명하는데 필요하다. 우선 영어 음절 구조를 살펴보고 이러한 음절 구조(syllable structure)로 설명될 수 있는 음운 현상의 예를 제시하고자 한다.

8.1 음절 구조의 구성 요소(Constituents of the Syllable)

한 단어에 모두 몇 음절이 있는지는 단어에 나타나는 모음의 숫자로 알 수 있다. 즉, 'Christmas'는 모음이 두 개 있어서 2음절어이다. 이렇게 모음의 수가 음절수를 결정한다는 것은 음절 구조와 관련이 있다. 음절은 모음이 중심이 되고 앞뒤에 자음이 둘러싸는 구조이다. 따라서 모든 음절에는 모음이 있어야 하고 이 모음을 중성(nucleus)이라고 한다. 자음 없이 모음만으로 된 음절은 있을 수 있으나 자음으로만 이루어진 음절은 없다. 모음 앞의 자음을 초성(onset) 또는 음절 두음이라고 하고 모음 뒤에 있는 자음을 종성(coda) 또는 음절 말음이라고 한다. 중성과 종성은 운모(rhyme)를 이룬다. 다음은 'bed'의 음절 구조를 보여준다.

(1) 'bed'

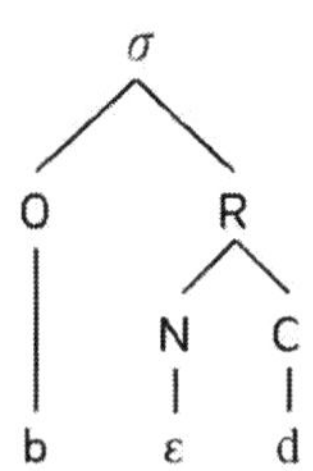

σ = 음절(Syllable)
O = 초성(Onset)
R = 운모(Rhyme, Rime)
N = 중성(Nucleus)
C = 종성(Coda)

(1)에서 σ은 그리스어의 시그마로 음절을 의미한다. 'bed'와 같이 자음이 종성에 오는 경우를 닫힌 음절(closed syllable) 혹은 폐쇄 음절이라고 하고, 'buy'와 같이 종성이 없는 경우를 열린 음절(open syllable) 혹은 개방 음절이라고 한다.

(2) 'buy'

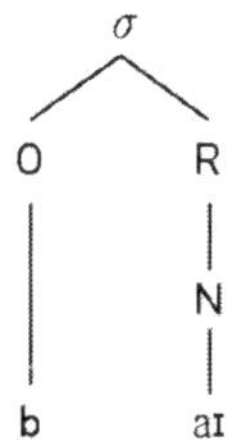

이중 모음인 [aɪ]는 중성을 한 개 갖기 때문에 'buy'는 단음절어(monosyllabic word)이다. 'buy'처럼 음절에 종성이 없을 수도 있고 'it'처럼 초성이 없을 수는 있지만 모든 음절에서 중성은 반드시 있어야 하는 구성 요소이다.

(3) 'it'

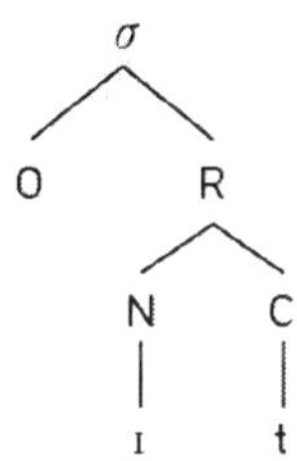

한국어에서는 초성과 종성에 자음이 한 개만 올 수 있다. 한국어에서 '값'은 [kap]으로 발음된다. 철자로는 <kaps>여서 자음 두 개가 종성에 오는 것처럼 보이지만 음절은 발음을 근거로 하는 것이다. 발음상 종성에 자음이 한 개만 오기 때문에 /ps/에서 /s/가 탈락한다고 볼 수 있다. 왜냐하면 '값이'에서는 [kaps'i]로 발음되어 /ps/가 모두 나타나기 때문이다. 한국어와 달리 영어에서는 한 음절 안에서 모음의 앞뒤로 자음이 여러 개 올 수 있다. 가령, 'Trump'/tɹʌmp/에서 /tɹ/가 초성이고 /mp/가 종성이다. 'Trump'/tɹʌmp/의 음절 구조는 아래와 같다.

(4) 'Trump'

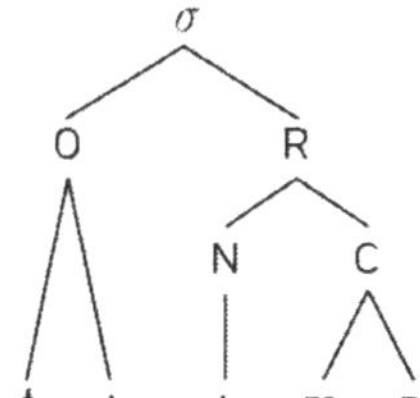

'Trump' /ɹʌmp/는 초성과 종성에 자음이 두 개씩 나타난다. 이것을 가지 친 초성과 종성(branching onset and coda)이라고 부른다.

이중 모음과 단모음은 모두 한 개의 중성을 갖는다. 그래서 'eyes' /aɪz/와 'is' /ɪz/는 단음절어이다. 그런데 이중 모음 /aɪ/는 길고 단모음 /ɪ/는 짧다. 이러한 길이 차이를 나타내기 위해 골격 층위(skeletal tier)를 설정한다. 이중모음은 두 개의 골격칸(skeletal slot)에 연결되어 가지 친 중성(branching nucleus)을 이루고 단모음은 한 개의 골격칸에 연결되어 가지가 없는 중성(nonbranching nucleus)를 이루게 된다.

(5)

a. 'eyes'

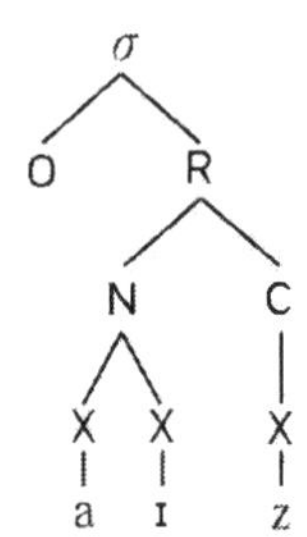

b. 'is'

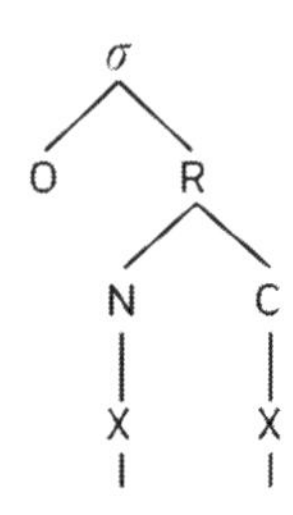

이와 같이 골격 층위를 설정함으로써 이중모음이 중성은 하나이지만 두 개의 골격칸과 연결되어 길다는 것을 표시할 수 있다. 이렇게 골격 층위를 설정하면 파찰음 /ʧ, ʤ/가 폐쇄음 요소와 마찰음 요소가 혼합되어 있지만 단일 음처럼 행동한다는 것을 표시할 수 있다.

(6) 'chat'

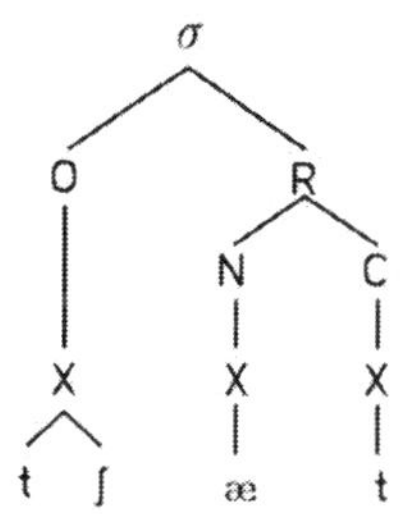

파찰음은 골격칸 한 개에 폐쇄음 요소와 마찰음 요소가 연결된 복합 분절음(complex segment)으로 표시할 수 있다.

종성을 갖거나 중성이 가지치기 구조를 가지는 음절은 무거운 음절(heavy syllable)이다. 반면에 운모 구조나 중성 구조에서 가지가 없는 음절은 가벼운 음절(light syllable)이다. 이러한 음절 무게(syllable weight)는 영어에서 강세(stress)를 부여하는데 중요하다. 영어에서는 무거운 음절이 강세를 유인한다. 이완 모음인 /ɪ, ɛ, æ, ʊ, ʌ/가 강세 음절에 나오는 경우에 모두 닫힌 음절에서만 나타날 수 있다. 이것은 단음절어는 이완 모음으로 끝나지 않는다는 것을 의미한다. 이완 모음이 강세 음절에 오려면 종성이 와서 무거운 음절을 이뤄야 한다.

8.2 음절화와 최대 초성 원칙(Syllabification and Maximal Onset Principle)

음절에서 중성은 반드시 필요한(mandatory) 구성 요소인 반면에 초성과 종성은 선택적(optional)이다. 단음절에서 중성은 하나만 있지만 초성과 종성은 여러 개의 자음이 올 수 있다. 이 때 초성에서 중성에 이를 때까지 공명도(sonority)가 점차 높아지고 종성으로 가면서는 공명도가 점차 낮아진다. 이를 공명성 연쇄 원리(sonority sequencing principle)라고 한다. (7)이 공명도 위계를 보여준다.

(7) Carr (2000: 72)
저모음 > 고모음 > 접근음> 비음> 유성 마찰음> 무성 마찰음> 유성 폐쇄음> 무성 폐쇄음

한 음의 공명도는 그 소리를 만들어 내는 동안 성도가 얼마나 열리느냐와 관련이 있다. 소리를 만들어 낼 때 성도가 많이 열릴수록 공명도가 크다. 따라서 모음을 만들어 낼 때 열리는 정도가 크므로 자음보다 모음의 공명도가 크다. 마찰음과 폐쇄음의 경우에는 상부 조음자와 하부 조음자가 좁은 공간을 만들어서 소리가 나거나 조음자가 완전히 막혀서 소리가 나기 때문이다. 또한 소리의 유·무성도 공명도와 관련이 있다. 같은 정도로 성도가 열리는 경우에 유성음이 무성음보다 공명도가 더 크다. 따라서 무성 폐쇄음은 열림도 없고 유성음도 아니어서 공명도가 가장 낮다. 반면에 저모음을 만들 때 성도가 가장 많이 열리므로 공명도가 가장 크다.

'Trump' /tɹʌmp/의 초성인 /tɹ/에서 /t/의 공명도보다 /ɹ/의 공명

도가 높다. 그러나 종성인 /mp/에서는 /m/의 공명도가 /p/의 공명도보다 높다. 'Trump'/tɹʌmp/는 모음 /ʌ/를 정점으로 앞뒤에 공명도가 점점 낮아지는 자음이 오는 음절이다. 'America'/əmɛɹɪkə/는 공명도의 정점을 이루는 모음이 네 개여서 'America'는 4음절어이다. 이와 같이 공명성의 정점이 몇 개 있는가를 알면 음절의 개수를 알 수 있다.

그런데 /s/와 폐쇄음이 연속해서 나오는 영어 어두 자음군과 /s/로 끝나는 영어 어말 자음군은 공명성 정점의 수와 음절 개수가 일치하지 않는다. 가령, 'stacks'/stæks/의 경우 /s/의 공명성이 후행하는 /t/보다 높아서 /s/가 공명성 정점을 이룬다. 그리고 어말의 경우 /k/보다 어말 자음인 /s/의 공명성이 더 높아서 공명성 정점을 이룬다. 이렇게 되면 'stacks'/stæks/의 경우 모두 세 개의 공명성 정점이 생긴다. 'stacks'/stæks/는 실제로는 1음절어 인데 위에서 논의한 바에 따르면 3음절어로 잘못 분석될 것이다. 따라서 /s/로 시작하거나 /s/로 끝나는 자음군은 공명성 정점을 음절 개수와 동일시하는 원리에 예외로 취급한다.

지금까지 단음절어의 음절 구조를 살펴보았다. 그런데 'programming'이란 단어의 음절 구조는 어떠한가? 우선 'programming'이 3음절어인 것은 쉽게 알 수 있다. 공명성 정점을 이루는 중성이 세 개가 있기 때문이다. 그런데 각 음절의 경계(syllable boundary)는 어디인가? 단어 중간에 나오는 /g/와 /ɹ/은 같은 음절에 속할까? /m/은 두 번째 음절의 종성일까 아니면 세 번째 음절의 초성일까? 이와 같이 두 음절 이상으로 이루어진 단어에서 단어 중간의 자음을 어느 음절에 속하는 것으로 분석할 지에 대한 질문이 생긴다.

이러한 질문에 답하기 위해 제안된 규칙은 '최대 초성 원칙(maximal onset principle)'이다. 'programming' /proɡɹæmɪŋ/ 에서 첫 음절의 초성은 /pɹ/ 이다. 어두에 놓여 있어 첫 음절에 속할 수밖에 없고 중성으로 가면서 공명도가 점점 증가한다. 이제 두 번째 음절의 초성이 무엇인지를 결정해야 한다. /ɡɹ/ 이 첫 음절의 종성이 될 수는 없다. 왜냐하면 /ɹ/ 의 공명도가 /ɡ/ 보다 높기 때문이다. 그럼 /ɡ/ 는 첫 음절의 종성에 속하고 /ɹ/ 은 두 번째 음절의 초성으로 분석할 수 있다. 이때 '최대 초성 원칙'이 작용한다. 이 원칙에 따르면 영어에서 허용되는 초성을 우선적으로 최대화한다. 즉, 'grow'라는 단어에서 보듯이 /ɡɹ/ 는 영어에서 가능한 초성이어서 /ɡɹ/ 가 두 번째 음절의 초성으로 음절화가 된다. 그리고 /m/ 도 두 번째 음절의 종성이 아니라 세 번째 음절의 초성으로 음절화가 된다. 이렇게 해서 만들어진 음절화는 다음과 같다.

(8) 'programming'

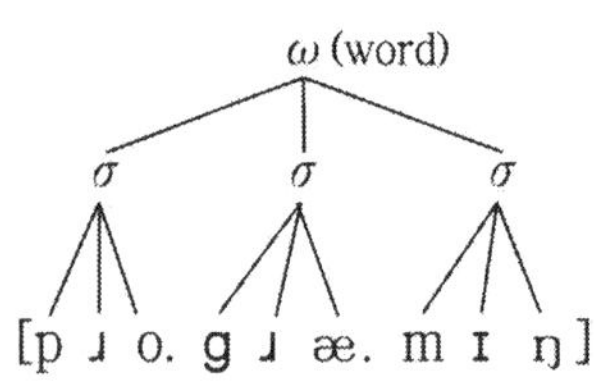

이와 같이 단어 안에서 모음 사이에 오는 자음을 음절화 할 때 초성을 최대화하는 것은 초성이 종성보다 더 기본적이라는 사실에 근거를 둔다. CV 음절 유형이 기본적인 음절 구조라는 증거는 많다. 첫째, 많은 언어에서 VC 음절 즉, 닫힌 음절은 없을 수 있지만 CV 음절은 기본적으로 존재한다. 둘째, 아이가 언어를 배울 때 성인이 어떠한 음절 유형을 말해도 아이는 CV 음절 유형으로 익힌다(예: [ba], [ma]).

셋째, 초성과 종성을 모두 허용하는 언어 체계를 살펴보면 초성에서 허용하는 자음이 종성에서 허용하는 자음보다 수가 많다. 가령, 한국어에서 /ŋ/을 제외한 모든 자음이 초성에 나타날 수 있지만 종성에는 [p, t, k, m, n, ŋ, l]만이 올 수 있다. 넷째, 초성에 비해 종성 자음이 조음적으로 약화될 수 있다. 예로 영어 /ɹ/이 초성에서는 발음되나 종성에서는 발음이 안 될 수 있다. 미국 영어와 같은 rhotic어에서는 /ɹ/이 종성에서 발음되나 영국 영어에서는 종성에서 /ɹ/이 발음되지 않는다. 이러한 이유로 종성에 비해 초성 자음이 좀 더 조음적으로 강하고 인지도 더 잘 된다고 볼 수 있다.

8.3 영어 음절의 음소배열 제약(Phonotactic Constraints)

음소가 결합할 때 생기는 제약을 음소배열 제약(phonotactic constraints)이라고 한다. 음절 구조와 관련하여 음소배열 제약은 음절을 이루고 있는 내부 구성 요소에 속하는 음의 숫자와 그 분포에 대한 제약을 의미한다. 음소배열 제약은 모든 언어에 존재하지만 그 내용은 각기 다르다. 보편적으로 음절 구조는 공명도에 기반을 두어 이루어진다. 이에 더해서 개별 언어는 언어마다 고유한 음절 구조 제약을 갖는다. 영어에서는 모음의 앞뒤로 자음군이 올 수 있다. 이에 비해 한국어에서는 모음의 앞뒤로 자음이 한 개만 올 수 있다. 그래서 영어의 "McDonald's"는 원래 3음절어이지만 한국어에서는 [맥도날드]로 4음절 단어로 차용된다. 한국어는 종성으로 자음군인 [ld]를 허용하지 않기 때문이다. 이에 비해 비음과 겹자음을 제외하고는 종성을 전혀 허용하지 않는 일본어에서는 [ma.gɯ.do.na.ɹɯ.do]로 발음되어 6음절어로 차용된다. 이처럼 영어 학습자들은 영어 원음을 그대로 발음하지 않고 모국어의 음절 구조에 맞춰 모음을 삽입한다.

영어에서 'try'처럼 /tɹ/이 단어초에 나타나지만 초성에 /tl/이 오는 단어는 존재하지 않는다. 즉, /t/ 다음에는 /l/이 따라오지 않는 제약이 있다. 반면에 'slow'에서 보듯이 /sl/로 시작하는 영어 단어는 있지만 /sɹ/로 시작하는 단어는 없다. 단어초에 */sɹ/과 */tl/이 나타나지 않는 영어 음소배열 제약은 소리를 인식하는데도 영향을 준다. /ɹ/인지 /l/인지가 애매한 음 [?]을 [t^h?a]로 영어 화자에게 들려주면 [t^hɹa]로 듣고 [s?a]로 들려주면 [sla]로 듣는다(Pitt and McQueen, 1998). 이와 같이 모국어에 없는 연속음을 제대로 인식하지 못한다.

외국인 영어 학습자가 모국어에 따라 영어 원음을 다르게 인식하거나 다르게 발음하는 원인 중에서 매우 중요한 요인은 영어의 음절 구조 제약과 모국어의 음절 구조 제약이 다르다는 것이다.

8.3.1 초성 제약(Onset Constraints)

영어 화자는 'blen'이란 단어는 실제로는 없는 단어인데 가능한 단어라고 인식하지만 'tlen'은 전혀 가능하지 않은 단어라고 생각한다. 이와 같이 다르게 생각하는 것은 두 단어가 모두 실제로 쓰이지 않는 단어이지만 'blen'은 음소배열 제약을 어기지 않는데 반해서 'tlen'은 영어에 /tl/ 연속음이 초성으로 올 수 없다는 음소배열 제약을 어기기 때문이다.

영어는 'strength'[stɹɛŋθ]에서 보듯이 모음 앞에 자음이 세 개까지 올 수 있다. 이처럼 세 자음이 오는 경우는 반드시 첫 음으로 [s]가 오고 그 뒤는 [p, t, k] 중의 한 음이어야 하며 그 뒤는 [l, ɹ, j, w] 중 한

음이 와야 한다; spring, splash, spew, string, screen. 그런데 /s/ 다음에 자음이 오는 경우는 음절 구조에 대한 보편적인 제약인 공명성 연쇄 원리를 어기고 있다. 즉, 보편적으로 음절은 초성에서 중성에 이르기까지 공명도가 점차 증가하는데 /s/와 다음 폐쇄음의 연결체는 이러한 보편적인 원리를 지키지 않는다. 폐쇄음이 /s/보다 공명도가 더 낮기 때문이다. 이에 이러한 /st, sp, sk/의 연결체를 복합음으로 취급하기도 하고, /s/를 잉여 음절음(extrasyllabic)으로 취급하기도 한다(Selkirk, 1982).

영어에서는 최대 3개의 자음이 초성에 올 수 있지만 한국어에서는 초성에 자음이 한 개만 올 수 있다. 영어와 한국어 모두 초성에는 [ŋ]가 올 수 없다: $*_{\sigma}$[ŋ_ 제약.

8.3.2 중성 제약(Nucleus Constraints)

영어의 중성에는 단모음과 이중모음이 오고 간혹 /l, m, n, ɹ/과 같은 자음이 오기도 한다. 이제까지는 음절의 내부 구조 안에서의 제약을 언급하였다. 그러나 음절 내부 구조 사이에 걸쳐있는 제약도 있다. 가령, 영어에서 'bid, bed, bad, good, bud'에 나오는 [ɪ, ɛ, æ, ʊ, ʌ]와 같은 이완 모음은 강세를 받을 때 반드시 종성이 와야 한다. 즉, 이완 모음은 종성 없이 강세 음절에 올 수 없다. 또한 영어에서는 /ji/와 /wu/의 연속체가 가능하나 한국어에서는 이와 같은 연속음은 허용되지 않는다. 따라서 한국인 영어 학습자는 대부분 'year'와 'ear'를 구분하여 듣고 말하는데 어려움을 갖는다.

8.3.3 종성 제약(Coda Constraints)

/h/는 영어의 종성에 나타날 수 없다. 그리고 'twelfths'[twɛlfθs]나 'attempts'[ətɛmpts]에서 보듯이 영어의 종성은 네 개 까지 자음이 가능하다. 이 때 세 번째 자음부터는 치경음 내지는 치간음으로 설정성(coronal) 자음이라는 것을 알 수 있다. 그런데 'twelfths'[twɛlfθs]에서 /θ/와 /s/는 각각 서수 형태소와 복수 형태소이다. 단일 형태소에서는 종성에 자음이 최대한 세 개가 가능하다. 이 때 첫 자음은 유음이나 비음이고 두 개의 장애음이 더 올 수 있다; exempt, jinx, first, against. 그런데 이 경우에도 'extinct'[ɛkstɪŋkt]에서 보듯이 마지막 세 번째 자음이 치경음이다. 이와 같은 사실은 아래의 예를 통해 알 수 있다.

(9) a. clamp b. clamps c. *filmp

(9a)처럼 종성에 자음이 두 개 오는 것이 가능하고 (9b)처럼 세 번째 자음이 치경음이 오는 경우는 적형(well-formed)이다. 그런데 (9c)처럼 세 번째 자음이 치경음이 아닌 경우는 부적형(ill-formed)이다.

일반적으로 잘 인지되는 강한 위치인 초성보다는 약한 위치인 종성에 나타날 수 있는 자음은 그 숫자와 종류에서 제한을 받는다. 가령, 영어를 사용하는 일부 지역에서는 (RP, Australian English, South African English 등) 음절 말음에서 [ɹ]을 실현하지 않는, r-음색이 없는(non-rhotic) 액센트를 사용한다. 한편 한국어는 여러 개의 자음을 음절 말음에 허용하는 영어와는 달리 한 개의 자음만을 허용한다. 또한 음절 말음에 나타나는 자음은 [p, t, k, m, n, ŋ, l]로 한정된다. 예를 들어 /낮/, /낫/, /낱/, /낮/, /났/, /낳/은 모두 [nat]으로 발음된다. /ㅊ, ㅅ, ㅌ, ㅈ, ㅆ, ㅎ/이 모두 두음에서는 나타날 수 있지만 음절 말음에서는 나타날 수 없기 때문이다. 이렇게 초성에서는 /ŋ/을 제외한 모든 자음이 나올 수 있는 것과는 대조적으로 종성으로 가능한 음은 제한적이다. 나아가 한국어에서 종성에 나타나는 자음은 모두 비개방음이다. 이것은 영어의 폐쇄음이 어말에서 개방음으로도 실현되는 것과 대조를 이룬다.

영어의 음절은 초성에 세 개의 자음이 올수 있고, 종성에 네 자음이 올 수 있다고 하였다. 그런데 자음으로 시작하는 단어가 나오면 앞 단어 종성에서 이 자음들이 모두 발음되지는 않는다. 이 현상을 자음군 단순화(consonant cluster simplification) 현상이라고 부르며 (10)에 예가 제시되어 있다.

(10) first three [fɝsθɹi]
last night [læsnaɪt]
spend money [spɛnmʌni]
next month [nɛksmʌnθ]

자음군 단순화는 접미사 앞에서도 일어난다.

(11) handsome [hænsəm], textless [tɛksləs]

그런데 앞 단어가 이미 접미사가 붙은 경우에는 자음군 단순화가 잘 일어나지 않는다.

(12) mixed grain [mɪkst gɹeɪn], planned trip [plænd tɹɪp]

자음군 간소화 현상은 자연 발화에서 많이 일어난다. 아울러 강세 박자 언어인 영어에서는 강세가 없는 음절에서 약화 모음 [ə]가 자연 발화에서 발음되지 않을 수 있다. 그 결과 실제 발음에서는 모음이 없이 자음만 연결되어 발음된다. 예를 들어 'chocolate'의 경우 강세를 받지 않는 두 번째 축약 모음이 생략되면 /-kl-/의 연속 자음이 남게 된다. 영어의 음절 두음에서 /kl/ 연속이 가능하므로 (예, 'claim, climb') /kl/는 두 번째 음절의 초성으로 발음된다. 마찬가지로 'police'에서는 강세 없는 첫 번째 약화 모음이 생략되면 /pl/이 첫 음절의 초성으로 발음된다. 그런데 이와 같이 약화 모음 생략으로 인해 반드시 허용되는 초성만 나오는 것은 아니다. 'potato'와 'because'에서 첫 번째 약화 모음이 생략되면 /pt/, /bk/와 같은 영어에서 허용되지 않는 초성을 만들어 내기도 한다. 한편 'support'에서 첫 번째 약화 모음이 생략되면 /sp/가 연속해서 나온다. 그런데 이 경우의 /p/는 비록 /s/ 다음에 오더라도 비기식음으로 발음되지 않고 [p^h]로 발음된다. 이것은 'sports'에서 단어초 /sp/의 발음과 다르다. 'sports'에서는 /s/ 뒤에 나오는 /p/가 비기식음인 [p]로 발음되기 때문이다.

8.3.4 음절 접촉 제약(Syllable Contact Constraints)

영어에서는 음절 내부의 제약을 만족시키면 각 음절이 결합하여 전체 단어를 만들어 낸다. 가령, 'Atlas'/æt.ləs/의 경우 /æt/와 /ləs/라는 두 음절로 이루어져 있다. 비록 영어에서는 */tl/이 초성에 올 수 없지만 [ætləs]는 적형으로 발음된다. 이것은 /t/와 /l/이 서로 다른 음절에 속하게 되어 *$_σ$[tl과 같은 제약을 피하게 되기 때문이다. 반면에 한국어에서는 각 음절이 내부 구조 제약을 만족시킨다고 하더라도 음절과 음절이 결합될 때 지켜야 할 새로운 종류의 음절 접촉 제약이 있다. 즉, 음절 내부 음간의 제약뿐만 아니라 다른 음절에 속하는 자음이 연속해서 나오는 경우에도 제약이 작동한다. 예를 들어 한국어에서는 /n/과 /l/이 인접해서 올 수 없다. 형태소가 결합하여 이와 같은 연속체가 나오면 [ll]로 실현된다; '신라'[실라], '설날'[설랄]. 또한 종성의 공명도가 초성의 공명도보다 낮을 수 없다. 따라서 '국민'이 [궁민]으로 발음된다. 첫 음절 종성인 [k]의 공명도가 뒷 음절 초성인 [m]에 비해 낮으므로 뒷 자음인 비음에 동화되어 [ŋ]으로 실현됨으로써 공명도를 높인 것이다. 이와 같이 음절 접촉 제약을 만족시키기 위해서 음운규칙이 일어나게 된다.

8.4 음절 기반 음운 규칙(Syllable-based Phonological Rules)

음절을 음운 단위로 설정함으로써 많은 음운 현상을 일관성 있게 설명할 수 있다. 영어 설측 유음 /l/은 밝은(clear) [l]과 어두운(dark) [ɫ]로 서로 다른 이음으로 실현된다.

(13) 영어 /l/ 실현

a. clear [l]: like, light, look
b. dark [ɫ]: milk, filter, owl

어두운 [ɫ]은 자음 앞이나 단어말에서 발음된다. 자음 앞이라는 환경과 단어말이라는 환경의 공통점은 무엇일까? 이제 음절 단위를 설정하면 /l/-연구개음화가 일어나는 환경은 바로 음절말이라고 할 수 있다. 반면에 음절 초성에 있는 /l/은 밝은 [l]로 발음된다.

음절로 음운 규칙의 경계를 나타낼 수 있는 또 다른 예는 런던 영어에서 볼 수 있는 [ɒʊ]와 [ʌʊ]의 교체 현상이다.

(14) 런던 영어에서 [ɒʊ]와 [ʌʊ] 발음 (Carr, 2013: 65)

a. [ɒʊ] 실현		b. [ʌʊ] 실현	
[ɹɒʊl]	roll	[kʌʊlʌ]	cola
[stɹɒʊl]	stroll	[lʌʊd]	load
[ɒʊld]	old	[tɒmbʌʊlʌ]	tombola

(14a)를 보면 음소 /ʌʊ/가 /l/ 앞에서 [ɒʊ]로 실현된다. 그런데 (14b)에서 'cola'와 'tombola'의 예를 보면 /l/ 앞인데도 /ʌʊ/가 [ɒʊ]로 실현되지 않고 [ʌʊ]로 발음된다. 이것은 /l/이 음소 /ʌʊ/과 같은 음절(tautosyllabic)에 속하는 경우에 [ɒʊ]로 실현된다는 것을 의미한다. 'cola'/kʌʊlʌ/에서는 /l/이 두 번째 음절의 초성으로 음절화가 되어 /ʌʊ/과 /l/이 다른 음절(heterosyllabic)에 속해서 [ɒʊ]로 실현되지 않은 것이다. 이와 같이 음절은 음운 현상을 일반화하는데 필요한 음운 단위이다.

어두 자음군에서 역사적으로 자음이 소실되는 것도 음절 구조로 설명할 수 있다.

(15) a. knight[naɪt], Ptolemy[tɑləmi], psalm[sɑm], pneumatic[numætɪk]

b. acknowledge[əknɔlɪdʒ], diagnosis[daɪəgnoʊsɪs]

(15a)를 보면 단어초 자음이 발음되지 않는다. 17세기 자음의 변화로 /kn, gn/에서 /k, g/가 생략되었다. 그러나 모음이 자음을 선행하면 (15b)의 예처럼 /k, g/가 살아남는다. 이것은 곧 음절 초성에서는 공명도 연쇄 원리에 맞지 않는 어두 자음이 소실되지만 후행 모음으로 인해 음절 초성이 되는 경우에는 소실되지 않고 발음되는 것을 의미한다.

단어말 자음군 간소화 현상도 음절 구조로 설명할 수 있다.

(16) (Kang and Oh, 2004)

[n]-[gn]: sign-signature, resign-resignation

[m]-[gm]: paradigm-paradigmatic, phlegm-phlegmatic

[m]-[mn]: column-columnar, hymn-hymnal

[ŋ]-[ŋg]: long-longer, young-younger

[m]-[mb]: bomb-bombard, dumb-dumbo

'sign, paradigm, column, long, bomb'에서 [gn], [gm], [mn], [ŋg], [mb]은 음절말 위치에서 공명성 연쇄 원리에 맞지 않거나 공명도 거리가 너무 가까워서 두 자음이 모두 발음될 수 없다. 이에 한 자음이 소실되어 각각 [n], [m], [m], [ŋ], [m]으로 발음된다. 이처럼 단어말에서 일어나는 자음군 간소화는 음절말에서 일어나는 현상으로 일반화 할 수 있다. 그런데 뒤에 모음으로 시작하는 접미사가 오게 되면 두 자음이 모두 발음된다. 단일 형태소인 'long'이 일단 음절화를 겪은 상태에서 접미사가 뒤 따라 오면 재음절화가 일어나 두 번째 자음인 /g/가 후행 음절의 초성으로 음절화가 일어난다. 이러한 순서를 다음 예시가 보여준다.

(17)

a. 어간: 'long' / lɔŋg /

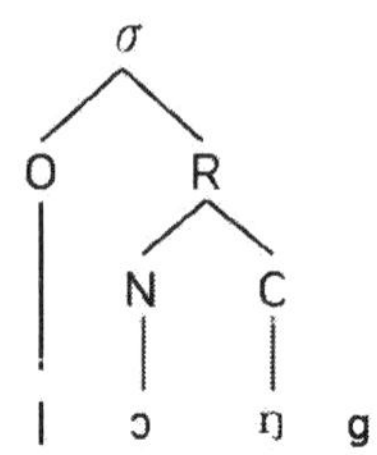

b. -er 접미사 형성

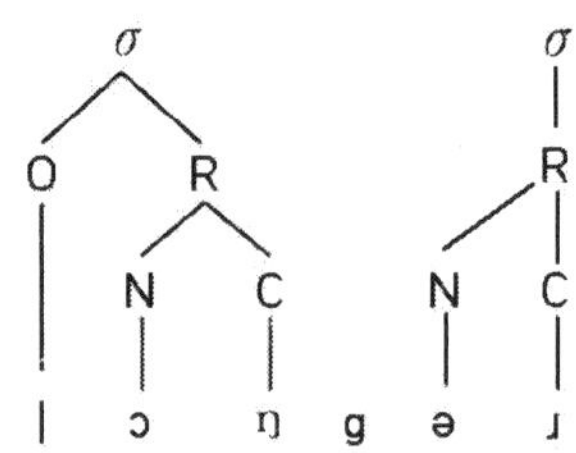

c. 재음절화

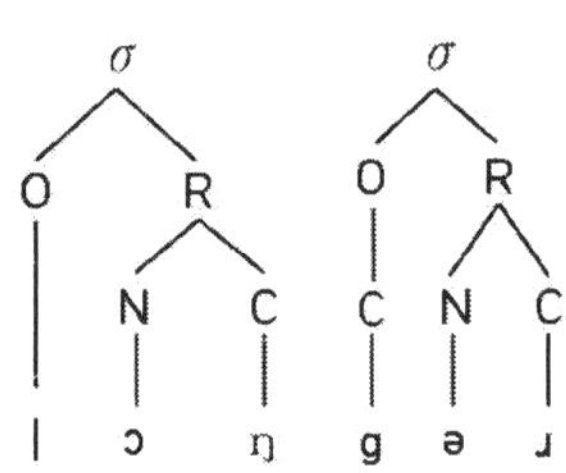

(17a)에서는 단어말 자음인 /g/가 음절화가 되지 않았다가 모음으로 시작하는 접미사가 오면서 재음절화가 이루어지면 /g/가 최대 초성 원칙에 따라 뒷 음절의 초성이 되어 발음된다. 'long'이 단독으로 사용되면 [lɔŋ]으로 발음된다. 그러나 모음으로 시작하는 접사가 뒤

따라 오면 /g/가 다음 음절로 재음절화 되어 발음된다. 이처럼 음절화는 단어 형태 구조에 영향을 받는다.

요약

음절은 초성과 운모로 이루어져 있고 운모는 다시 중성과 종성으로 구성되어 있다. 음절을 음운 단위로 설정하면 서로 무관해 보이던 음운 환경을 일반화할 수 있고 음운 현상을 규칙적으로 설명할 수 있다. 이에 음절화 과정이 중요하다. 최대 초성 원칙에 따라 허용할 수 있는 범위 내에서 초성을 극대화시켜 음절화를 이룬다. 영어 음절의 각 내부 구성 성분은 제각기 제약을 갖는다. 음소배열 제약과 더불어 음절 내부 제약을 영어 모국어 화자는 내재된 지식으로 갖는다. 음절 구조와 음소배열 제약은 언어마다 다르다. 이러한 이유로 근원어에서 동일한 단어를 차용할 때 언어마다 다른 형태로 차용어를 만들게 된다.

제 9장

강세와 억양(Stress and Intonation)

영어 단어의 'stress'(스트레스, 강세)는 외국인 영어 학습자에게는 스트레스(stressful)이다. '(an) ínsult'와 '(to) insúlt'에서 'insult'가 명사를 의미할 때는 앞 음절에 강세가 오고 동사를 의미할 때는 뒷 음절에 강세가 온다. 이처럼 강세는 영어에서 초분절음으로 두 단어의 뜻을 구별시키는 역할을 하므로 음소이다. 영어에서 강세가 의미의 차이를 가져 오므로 강세 유무와 강세 위치가 중요하다. 만일 영어 단어에서 강세의 위치를 예측할 수 있다면 영어 학습자는 그 규칙을 익히면 된다. 그런데 과연 영어 강세 규칙이 존재하는가? 존재한다면 그 규칙은 무엇일까? 이번 장에서는 영어 강세에 대한 질문에 답하고자 한다. 화자와 청자 간의 의사소통에서 이루어지는 발화는 보통 여러 개 단어가 연결되어 이루어진다. 화자가 어느 단어에 초점을 두는지 그리고 어느 부분에 더 강세를 두는지에 따라 청자는 주어진 맥락 속에서 발화의 의미를 정확하게 이해하게 된다. 이번 장에서는 단어 강세뿐만 아니라 문장의 억양에 대해서도 알아보고자 한다.

9.1 영어 단어 강세(English Word Stress)

음절이 정확하게 무엇인지 몰라도 특정 단어에 음절이 몇 개 있는지를 말할 수 있다. 마찬가지로 강세를 설명할 수 없어도 영어 화자는 특정 단어에서 어느 음절에 강세가 있는지를 말할 수 있다. 그렇다면 강세란 무엇인가? 'Honolulu'[hɔ̀nəlúlu]에서 가장 돋들리는 음절은 끝에서 두 번째 음절(penultimate syllable)이다. 그리고 끝에서 세 번째 음절(antepenultimate syllable)은 강세를 받지 않고 단어 첫 음절은 끝에서 두 번째 음절 보다는 약하지만 끝에서 세 번째 음절보다는 도드라진다. 여기서 우리는 세 가지 사실을 알 수 있다. 첫째, 강세는 돋들림(prominence, salience)과 관련이 있다. 그런데 돋들린다는 인지적 속성은 음성적으로는 대개 해당 강세 음절이 길고, 음의 세기(intensity)가 크고 피치가 높은 것과 관련이 있다. 둘째, 영어 단어에서 제 1강세는 단어 끝에서부터 세어 세 음절 안에 놓인다. 셋째, 강세가 연이어서 나타나지 않는다. 즉, 영어 단어의 강세는 'Honolulu'*[hənɔ̀lúlu]처럼 제 1 강세와 제 2 강세가 연이어서 나타나지 않는다. 이것은 강세가 바로 이어서 오는 것을 막는 강세 충돌 회피(stress clash avoidance) 때문이다. 넷째, 영어 단어 강세는 리드미컬하게 나타난다(rhythmic principle). 'Honolulu'[hɔ̀nəlúlu]에서 제 1강세가 끝에서 두 번째 음절에 있고 그 앞 뒷 음절은 강세가 없으며 끝에서 네 번째 음절은 제 2 강세를 갖는다. 이것은 'Honolulu'*[hənəlúlu]처럼 어두에 비강세 음절이 연속해서 나타날 수 없다는 것을 의미한다. 또한 영어 단어 강세에서 리듬 규칙은 비강세 음절이 세 네 음절이 연속해서 나타나지 않도록 제한한다.

'Japanése'는 마지막 음절에 강세가 있고, 'tomáto'는 끝에서 두 번째 음절에 강세가 있고 'cápital'은 끝에서 세 번째 음절에 강세가 있다. 모두 3음절어인데 강세 음절의 위치가 다르다. 그렇다면 영어 단어 강세는 규칙성이 없고 따라서 영어 화자는 모든 단어의 음소 배열과 함께 강세 위치를 암기하여 머릿속에 저장하는 것일까? 그렇다면 개별 단어에 대한 강세 정보가 주어지지 않으면 낯선 단어를 영어 화자는 제각기 다르게 강세를 주어 발음할 것이다. 그런데 영어 화자는 'Gigondas'(프랑스의 도시 이름)와 'Verona'(이탈리아의 도시 이름)와 같은 낯선 도시 이름을 해당 국어의 강세 위치와 달리 모두 끝에서 두 번째 음절에 강세를 주어 발음한다. 이것은 무엇을 의미하는가? 영어 단어 강세에 규칙성을 찾기가 힘들 수 있지만 어느 정도 예측할 수 있다는 것을 의미한다. 또한 5장에서 강세 음절이 비강세 음절로 교체되는 경우를 논한 바 있다. 가령 'expláin'에서는 마지막 음절에 강세가 오지만, 'èxplanátion'에서는 강세가 끝에서 두 번째 음절로 변한다. 'expláin'에서 강세를 받았던 /eɪ/ 모음이 'èxplanátion'에서는 비강세 음절에만 나타나는 약화 모음 [ə]로 변한다. 이와 같이 같은 어근(root)을 가지고 형태적으로 연관 있는 단어에서 주강세 위치가 다르다는 것은 강세가 매우 유동적이고 예측하기 힘들다는 것을 보여준다고 할 수 있다. 그러나 한편으로는 영어 단어의 강세에 강한 경향성이 있어서 이러한 경향 때문에 강세 위치가 변하는 것이라고 볼 수도 있다. 그리고 'photograph'[fóʊtəɡɹæf], 'photography'[fətáɡɹəfi], 'photographic'[foʊtəɡɹǽfɪk]과 같이 접사가 연결되어 단어 길이가 달라지는 경우에 단어의 앞쪽이 아니라 뒷쪽 음절로 강세 음절이 변한다는 것을 알 수 있다. 이와 같은 이유로 강세 음절을 언급할 때 단어 끝에서부터 세어서 몇 번째 음절인지를 말한다. 마지막 음절은 'ultimate', 끝에서 두 번째 음절은 'penultimate', 그리고 끝에서 세 번째 음절은 'antepenultimate'이라고 부른다.

영어 단어에서 강세 음절의 위치가 항상 규칙적으로 일정한 것은 아니다. 그럼에도 불구하고 앞서 언급한 바와 같이 영어 화자가 낯선 단어를 접했을 때 일관성 있게 강세를 일정한 위치에 부여한다는 것은 영어 단어 강세의 일반적인 경향성이 있다는 것을 의미한다. 영어 강세에서는 단어의 문법 범주(grammatical category)와 음절 무게(syllable weight)가 중요한 역할을 한다. 'insult'와 'permit'이 명사일 때에는 끝에서 두 번째 음절에 강세가 오지만 'insult'와 'permit'이 동사일 때에는 끝 음절에 강세가 온다. 그리고 무거운 음절(heavy syllable)이 강세를 유인한다. 무거운 음절은 운모 구조나 중성이 가지치기를 한 경우이다. 즉, 단모음과 종성이 오는 경우와 중성이 가지치기를 한 긴장 모음이나 이중 모음이 오는 경우이다. 영어 강세에서 특히 단어 끝 세 음절의 음절 무게가 중요하다.

9.2 명사와 형용사의 강세(Stress of Nouns and Adjectives)

영어 명사와 형용사는 강세 위치에서 공통점이 많다. 단음절어는 강세를 받는 음절이 하나밖에 없어서 당연히 강세를 받는다. 'shampoo, kangaroo, antique, July'와 같은 2음절어 명사와 'robust, remote, complete, succinct'와 같은 2음절어 형용사에서는 강세가 마지막 음절에 온다. 그러나 Hammond (1999)에 따르면 20,000개의 단일 형태소로 이루어진 단어 중에서 2음절로 이루어진 명사와 형용사의 경우 80% 이상이 끝에서 두 번째 음절에 강세가 온다. (1)에 제시된 예는 2음절어에서 강세가 끝에서 두 번째 음절에 오는 것을 보인다.

(1) 2음절어

명사	형용사
motive	active
cabbage	honest
carol	common
husband	stupid
comment	precious
doctor	candid

대부분의 2음절어 명사와 형용사는 끝에서 두 번째 음절에 강세가 온다. 이것은 명사와 형용사에서 마지막 음절을 강세 부여에서 제외시키는 '율격외성 규칙'(extrametricality rule)으로 설명할 수 있다(Hayes, 1981). 강세를 부여할 때 마지막 음절이 없는 것처럼 취급하면 자연스럽게 2음절어 명사와 형용사는 끝에서 두 번째 음절에 강세가 오게 된다. 3음절 이상 명사와 형용사에서도 대부분 마지막 음절에 강세가 오지 않고 끝에서 두 번째 음절이나 끝에서 세 번째 음절에 강세가 온다. (2a)에 제시한 예처럼 끝에서 두 번째 음절이 무거운 음절(heavy syllable)이면 강세가 그 음절에 오고 아니면 (2b)에 제시한 예처럼 끝에서 세 번째 음절에 강세가 놓인다.

(2) 3음절 이상 단어

a. 끝에서 두 번째 음절에 강세

명사	형용사
agénda	relúctant

horízon	afféctive
diplóma	romántic

b. 끝에서 세 번째 음절에 강세

명사	형용사
élement	símilar
áccident	prímitive
expériment	signíficant
páragraph	régular

이와 같이 일단 마지막 음절을 율격외성으로 제외하고 끝에서 두 번째 음절이 무거운 음절이냐 여부에 따라 강세를 부여하면 명사와 형용사의 경우 90% 정도를 설명할 수 있다(Hammond, 1999). 물론 이러한 일반적인 영어 단어 강세 규칙에 예외가 있어서 'banána'의 경우에는 끝에서 두 번째 음절이 가벼운 음절(light syllable)임에도 불구하고 'cámera'와 달리 끝에서 두 번째 음절에 강세가 온다. 또한 'robúst, succínct, mundáne, remóte'는 마지막 음절에 강세가 와서 마지막 음절을 율격외성으로 제외시키지 않는다.

9.3 동사의 강세(Stress of Verbs)

명사와 형용사에서는 강세가 마지막 음절을 제외하고 그 앞 두 음절 중 한 위치에 놓였다. 반면에 동사는 마지막 음절에 강세가 오는 것이 많다. 이때 마지막 음절의 음절 형태가 강세를 결정하는 중요한 요인이 된다. 동사에서는 마지막 자음이 있으면 그 것을 율격외성으로 제외하고 마지막 음절이 무거운 음절인지 여부가 중요하다.

(3) a. 마지막 음절이 자음을 제외하고 중음절이 아닌 경우

vísit	astónish
súrface	devélop
imágine	inhíbit
díscuss	fúrnish

b. 마지막 음절이 자음을 제외하고 중음절인 경우

remínd	obéy
predíct	pursúe
supplý	decíde
suggést	refíne

(3a)에서 보듯이 마지막 음절에서 자음을 제외하면 무거운 음절이 아닌 경우에는 끝에서 두 번째 음절에 강세가 온다. 마지막 음절에서 자음을 제외하고 무거운 음절인 경우에는 (3b)에서 보듯이 마지막 음질에 강세가 온나. 그러나 동사의 경우도 이러한 일반적인 규칙에 예외가 되는 단어는 존재한다. 가령, ‘differ’와 ‘defer’는 모두 동사인데 ‘differ’는 끝에서 두 번째 음절에 강세가 오지만 ‘defer’는 끝 음절에 강세가 온다.

이제까지 살펴본 바와 같이 명사와 동사의 강세 유형은 서로 다르다. 이러한 이유로 철자로는 같으나 명사와 동사로 사용되는 단어가 서로 강세가 다른 것이 많다. 그 예를 보면 다음과 같다.

(4) abstract, address, export, import, increase, insult, object, permit, present, produce, progress, protest, refuse, subject

명사로 쓰이는 경우에는 모두 끝에서 두 번째 음절에 강세가 오고 동사로 사용되는 경우에는 마지막 음절에 강세가 온다. 그런데 같은 철자를 가지는 단어가 명사와 동사로 사용되는 경우에 반드시 강세 위치가 변하는 것은 아니다. 명사이든 동사이든 품사에 상관없이 일정한 위치에 강세가 오는 경우가 있다(예, sílence, hárvest, prómise, éstimate, assóciate, consént, surpríse, resúlt).

9.4 접사가 있는 단어의 강세(Stress of Affixed Words)

단일 형태 어근에 접사가 붙어서 형태적으로 다른 단어가 나온다. 이때 도출된 단어는 분절음 수가 많아진다. 이에 따라 단어의 강세 위치가 변할 수 있다. 어근 앞에 오는 접두사는 단어 강세의 변화를 일으키지 않으므로 이제부터 접미사에 집중하여 단어 강세와의 연관성을 논할 것이다. 영어에서 어근 뒤에 올 수 있는 접미사는 두 종류이다. 한 종류는 굴절 접미사(inflectional suffix)인데 이것은 어근의 품사를 변하게 하지 않는다. 다음 예시가 이를 보여 준다.

(5)

접미사	예시
-s (3인칭 단수)	'He looks young'
-s (소유격)	'Mary's hat'
-s (복수)	'three bags'

-ed (과거)	'He studied linguistics'
-ing (진행형)	'He is driving a taxi'
-er (비교급)	'He is younger than you'
-est (최상급)	'He is the youngest'

굴절 접미사가 붙어도 어근의 품사가 변하지 않을 뿐만 아니라 어근의 강세도 변하지 않는다.

어근 뒤에 올 수 있는 또 다른 접미사는 파생 접미사(derivational suffix)이다. 파생 접미사는 어근의 품사를 변화시킨다. 이에 굴절 접미사에 비해 파생 접미사는 어근에 붙어서 별개의 단어(word)를 도출한다. 단어 강세와 관련하여 세 가지 유형의 파생 접미사가 있다. 우선, 어근의 강세에 영향을 주지 않는 파생 접미사가 있다. '-ly'(rápid-rápidly), '-al'(arríve-arríval), '-ness'(háppy-háppiness), '-er'(devélop-devéloper), '-ize'(spécial-spécialize), '-ment'(devélop-devéloment), '-ty'(cértain-cértainty), '-ful'(píty-pítiful) 등이 이에 속한다. 예를 들어 'rápid'라는 형용사에 '-ly'가 붙어서 부사인 'rápidly'를 만들지만 단어 강세는 그대로 유지된다.

한편 파생 접미사 자체에 강세가 오는 경우가 있다. 예를 들면 '–ation'(confrónt-confrontátion), '-ee'(empóly-employée), '-ific'(hónor-honoríﬁc), '-eer'(éngine-enginéer), '-ade'(lémon-lemonáde), '-ese'(compúter-computerése)와 같은 접미사는 그 자체에 강세가 온다.

또 다른 파생 접미사는 어근의 강세 위치를 단어 뒷 쪽으로 변화시킨다. 이에 해당하는 파생 접미사의 예를 들면 다음과 같다.

(6)

-al	ánecdote-anecdótal
-an	líbrary-librárian
-ical	ecónomy-económical
-ic	ecónomy-económic
-ify	pérson-persónify
-ous	móment-moméntous
-ity	húmid-humídity

접미사 '-ic, -ity, -ical, -ify'가 붙으면 바로 그 앞 음절에 강세가 온다. 그러나 '-al' 접미사의 경우에 바로 앞의 음절이 무거운 음절이면 그 곳에 강세가 오지만 앞 음절이 가벼운 음절이면 강세가 한 음절 앞으로 간다. 예를 들면 'paréntal'은 '-al' 접미사의 바로 앞 음절이 무거운 음절이어서 그 음절에 강세가 간다. 그러나 'pérsonal'은 '-al' 접미사의 바로 앞의 음절이 가벼운 음절이어서 강세가 한 음절 앞으로 가게 된다. 이와 같이 접미사가 단어의 강세에 영향을 줄 때 접미사 바로 앞 음절의 무게가 중요한 역할을 한다. 이것은 영어 강세에서 음절이 음운 단위로서 필요하다는 것을 말해 준다.

요약하면 파생 접미사는 단어 강세에 영향을 주지 않는 것과 접미사 자체에 강세가 오는 것과 접미사가 붙었을 때 단어 강세에 영향을 주는 것이 있다. 따라서 이러한 파생 접미사를 파악하여 단어의 강세에 유의하여야 한다. 한국인 영어 학습자는 접미사가 붙은 영어 단어를 발음할 때 접미사가 붙기 전 어근의 강세를 그대로 유지하여 잘못 발음하는 경향이 있다. 한국어에는 강세가 없기 때문이며 같은 어근에서 파생한 단어가 접미사에 따라 강세 위치가 변한다는 사실에 익숙하지 않기 때문이다.

9.5 제 1 강세와 제 2 강세(Primary and Secondary Stress)

한 단어 안에 음절이 여러 개 있는 긴 단어에서는 제일 도드라지는 음절이 있고 그만큼은 아니지만 비강세 음절보다 도드라지는 음절이 있다. 가령, 'diplómacy'와 'dìplomátic'을 비교해 보면 첫 단어는 끝에서 세 번째 음절에 강세가 하나 오지만 두 번째 단어는 끝에서 두 번째 음절에 강세가 오고 끝에서 네 번째 음절에도 강세가 온다. 강세는 상대적인 개념으로 사용된다. 따라서 한 단어에서 두 음절이 모두 같은 강도로 강세가 있기보다 한 음절이 제 1 강세를 갖고 다른 음절이 제 2 강세를 갖는다. 'dìplomátic'에서 끝에서 두 번째 음절의 강세가 끝에서 네 번째 음절에 비해 더 두드러진다. 끝에서 두 번째 음절의 강세가 제 1강세이고 끝에서 네 번째 음절의 강세가 제 2 강세이다. 앞 장에서 논의한 영어 단어 강세는 제 1 강세에 관한 것이었다. 제 1 강세가 대부분 단어 끝 세 음절 중 어딘가에 놓인다면 제 2 강세는 리듬 규칙에 따라 제 1 강세 앞 쪽으로 놓인다. 그런데 제 1 강세 음절 앞에 음절이 하나만 있으면 그 음절은 일반적으로 제 2 강세를 갖지 않고 비강세 음절이다. 왜냐하면 두 음절이 연속해서 강세 음절이 되는 것은 리듬 규칙에 위배되기 때문이다. 그러나 이러한 일반화에 'bàmbóo, hòtél, sùpréme'과 같은 단어는 예외이다. 제 1 강세 음절 바로 앞 음절에 제 2 강세가 오기 때문이다.

제 1 강세와 제 2 강세 간의 차이는 그 단어가 단독으로 사용되었거나 문장 안에서 마지막 구절(phrase)에 나타날 때 나타난다. 가령,

"The ′diplo′matic ′effort was ′useless"라는 문장에서는 'diplomatic'에서 끝에서 두 번째 음절과 끝에서 네 번째 음절의 강세가 그다지 차이 나지 않는다. 이와 같이 단어가 단독으로 사용되는 경우와 문장 안에서 위치에 따라 강세의 강도가 달라지는 것은 강세가 문장 단위에서 발생하는 억양(intonation)의 영향을 받기 때문이다. 억양 단위 안에서 가장 의미 있는 정보를 전달하는 단어의 강세 음절에 주강세를 주게 되는데 이러한 강세를 '성조 액센트'(tonic accent)라고 한다(Ladefoged and Johnson, 2016: 114). 성조 액센트가 없는 위치에서는 단어가 단독으로 사용될 때 가졌던 제 1 강세와 제 2 강세 간의 차이가 없어진다. 따라서 'The ′diplo′matic ′effort was ′useless'라는 문장에서 끝에 있는 'useless' 단어의 첫 음절에 성조 액센트가 가게 되어 'diplomatic'이 단독으로 발음될 때 가졌던 제 1강세와 제 2강세의 차이가 거의 없어지게 된다.

단어 강세와 성조 액센트 그리고 모음 실현간의 관계를 정리해 보자. 영어 단어에 있는 음절은 강세를 받을 수도 있고 강세를 받지 않을 수도 있다. 강세를 받은 음절은 성조 액센트를 가질 수도 있고 갖지 않을 수도 있다. 그리고 강세가 없는 음절은 온전 모음 (full vowel)으로 실현될 수도 있고 약화 모음(reduced vowel)으로 발음될 수 있다. 이러한 관계를 'explain, explanation, exploit, exploitation'이 단독으로 억양구를 이루어 발음된 경우를 들어 설명해 보겠다.

(7) Ladefoged and Johnson (2016: 116)

	Explain	Explanation	Exploit	Exploitation
tonic accent	– +	– – + –	– +	– – + –
stress	– +	+ – + –	– +	+ – + –
full vowel	– +	+ – + –	– +	+ + + –

'explain'과 'exploit'는 동사로 강세가 마지막 음절에 하나씩 있다. 여기에 명사형을 만드는 접미사 '-ation'이 붙어서 단어가 형성된 'explanation'과 'exploitation'은 첫 번째와 세 번째 음절에 강세가 있다. 성조 액센트는 억양구에서 마지막 강세 음절에 놓인다. 단어가 단독으로 사용되는 경우에 각 단어는 하나의 억양구를 이룬다. 이에 각 단어에서 세 번째 음절에 성조 액센트가 온다. 'èxplanátion'과 'èxploitátion'에서 제 1 강세는 끝에서 두 번째 음절에 오고 제 2 강세는 첫 음절에 온다. 'èxplanátion'과 'èxploitátion'에서 두 번째 음절은 모두 비강세 음절이지만 모음의 질은 다르다. 'èxplanátion'의 두 번째 음절은 약화 모음 [ə]로 실현되는데 반해 'èxploitátion'에서는 두 번째 모음이 온전 모음 [ɔɪ]로 발음되기 때문이다.

접미사가 붙어서 단어가 길어지면 제 1 강세의 위치가 달라질 수 있다. 이때 접미사가 붙기 전의 어간이 가졌던 강세 음절을 어느 정도 유지하고자 제 2 강세를 주는 경향이 있다. 이것을 파생 원리(derivational principle)라고 한다. 예를 들어 'cháracter'에 동사형 접미사 '-ize'가 붙어서 'cháracterize'가 되고 이것이 다시 명사형 접미사 '-ation'과 결합하여 'chàracterizátion'이 만들어 진다. 'cháracterize'에서는 제 1 강세가 첫 번째 음절에 있다가 'chàracterizátion'에서는 제 1 강세가 끝에서 두 번째 음절에 오게 된다. 네 음절이 연속해서 강세가 없으면 리듬 규칙에 어긋나게 된다. 이때 '-ation'과 결합하기 전의 단어인 'cháracterize'에서 제 1 강세가 있었던 첫 번째 음절에 제 2강세를 주게 된다. 'pronóunce'에 명사형 접미사 '-ation'이 붙어서 'pronùnciátion'이 만들어진다. 이때 제 1 강세 앞에 세 음절이 연속해서 강세를 받지 못하면 리듬 규칙에 위배된다. 이 경우에 파생 원리에 따라 'pronóunce'에서 제 1 강세를 받았던 음절에 제 2 강세가 오게 되어

'pronùnciátion'으로 발음된다. 'chàracterizátion'과 'pronùnciátion'에서 제 2 강세를 받는 음절의 위치가 다른 것은 접미사가 붙기 전의 어간에서 원래 가졌던 제 1 강세의 위치가 다르기 때문이다.

그런데 'Japanese'는 'Japán'에서 파생되었으나, *Japànése가 아니라 'Jàpanése'이다. 이것은 원래 어간이 가졌던 강세를 유지하는 파생 원리보다 강세 음절이 연속해서 나오는 것을 막는 '강세 충돌 회피'(stress clash avoidance)가 더 우선적으로 작용한다는 것을 의미한다. 이와 같이 단어 강세에 대한 일반적인 제약 간의 적용 서열이 다르다. 강세 충돌 회피 제약과 파생 원리가 상충하는 경우에 강세 충돌 회피 제약이 파생 원리보다 더 우선적으로 적용되어야 한다. 이와 같이 강세 충돌 회피 제약이 파생 원리보다 더 우선적으로 적용되어 제 2 강세가 정해지는 단어의 예는 다음과 같다.

(8) explóit èxploitátion
relâx rèlaxátion
condénse còndensátion
compúte còmputátion

그런데 'Chinese'의 경우에는 제 1 강세와 제 2 강세가 연속해서 나오는 것을 피하도록 제 2 강세가 옮겨갈 음절이 없으므로 'Chìnése'로 발음되어 제 1 강세와 제 2 강세가 연속해서 나타난다.

제 1 강세를 받던 음절이 강세가 약한 음절로 바뀌는 경우에 생기는 모음의 음질에 대해 좀 더 알아보기로 한다. 'pronùnciátion'에서 제 2 강세는 'pronóunce'에서 제 1 강세를 받았던 음절에 오게 된다. 이때 어간인 'pronóunce'에서 제 1 강세를 받은 음절 모음은 이중 모음

[aʊ]였지만 'pronùnciátion'에서 강세가 약화되어 제 2 강세를 받을 때는 단모음 [ʌ]로 변한다. 이 경우는 제 1 강세를 받았던 음절이 여전히 강세를 받는 경우이다. 그런데 'èxplanátion'은 어근인 'expláin'에서 제 1 강세를 가졌던 모음이 이제 강세가 없어져 약화 모음 [ə]로 실현된다. 그렇다면 이와 같이 강세 모음이 비강세 음절에 오게 되면 모두 약화 모음인 [ə]로 실현되는가? 'èxplanátion'과 달리 (8)에 제시한 단어는 명사 파생형에서는 동사 어근에서 제 1 강세를 가졌던 모음에 더 이상 강세가 없지만 여전히 원래 모음 음가를 유지한다. 가령, 'explóit'에서 파생된 'èxploitátion'에서는 끝에서 세 번째 음절 모음이 [ɔɪ]이다. 'còndensátion'에서 끝에서 세 번째 음절의 모음은 [ɛ]이다. 반면에 'còmpensátion'에서 끝에서 세 번째 음절의 모음은 [ə]이다. 'còmpensátion'의 어근인 'cómpensàte'에서 끝에서 두 번째 음절인 'pen'의 모음은 약화 모음 [ə]이었기 때문이다. 즉, 원래 어근에서 약화 모음이었던 모음은 비강세 음절에서 [ə]로 실현된다. 이제 비강세 모음이 모두 [ə]로 실현되는 것은 아니며 어근의 강세 음절이 가졌던 음가가 유지될 수 있다는 것을 알았다. 그런데 'èxploitátion'과 달리 'èxplanátion'에서는 끝에서 세 번째 모음이 온전 모음이 아니라 약화 모음 [ə]로 실현된다. 'expláin'에서 강세를 받았던 모음이 더 이상 강세를 받지 않게 되어 약화 모음 [ə]로 실현된 것이다. 이것은 모음의 성격에 따라서 비강세 음절에서 약화 모음으로 실현될 수도 있고 온전 모음으로 그대로 실현될 수도 있다는 것을 말해 준다. 가령, 이중 모음 [ɔɪ]는 비강세 음절에서 약화하지 않으나 [eɪ]는 약화할 수 있기 때문이다.

9.6 합성어의 강세(Stress of Compounds)

두 단어로 이루어진 단어를 합성어(compounds)라고 한다. 대부분의 합성어는 명사처럼 기능을 한다. 'a darkroom, a freeway, the White House'처럼 형용사와 명사로 이루어진 경우도 있고 'a phonecard, a teapot'처럼 명사와 명사로 이루어진 경우도 있다. 합성어에서 주 강세는 첫 번째 합성 요소(first component)에 온다. 그런데 같은 단어가 결합하였지만 합성어가 아니라 구절(phrase)을 형성할 때에는 두 번째 단어에 주 강세가 온다. 예를 들면 'the Whíte Hòuse'에서는 주 강세가 'White'에 온다. 그러나 'a whìte hóuse'에서는 주 강세가 'house'에 온다. 그리고 '-ing'이 동명사형 접미사이면 합성어를 이루고 '-ing'이 현재 분사형 접미사이면 구절을 이룬다. 가령, 'a sléeping bàg'은 합성어 강세를 가지지만 'a slèeping dóg'은 구절 강세를 갖는다.

영어는 강세 박자 언어(stress-timed language)이다. 이에 강세 음절과 비강세 음절이 일정한 간격을 두고 나타난다. 강세 충돌 회피(stress clash avoidance)가 바로 이러한 경향을 반영한다. 'èxplanátion'에서 어근인 'expláin'에서 주 강세를 받은 음절의 강세를 지키지 않고 제 2 강세가 단어 첫 음절로 옮겨 간 것은 강세가 충돌하는 것을 피하기 위한 것이라고 언급한 바 있다(*explànátion). 이러한 강세 충돌 회피는 단어가 결합할 때에도 일어난다. 가령, 'thirtéen'이 단독으로 발음되면 마지막 음절에 제 1 강세가 온다. 그러나 'thirtéen'과 'mán'이 결합하여 명사구가 되면 'thìrteen mán'처럼 두 번째 단어에 주 강세가 놓인다. 만일 두 단어가 주강세를 유지한 채 결합하면 'thirtéen'과 'mán'의 주 강세가 바로 인접하여 오게 되어 충돌하게 된다. 이때' thirtéen'의 강세는 첫 음절인 'thir'로 옮아간다. 'àntique déaler'도 비슷한 예를 보여 준다. 이것은 강세 충돌 회피가 단어 단계에서 어휘적 강세가 충돌하는 현상을 넘어서서 발화 단계에서 일어나는 액센트 간의 충돌을 피하기 위한 것이라는 것을 말해 준다.

9.7 억양(Intonation)

문장을 발화할 때 주로 피치를 변화시켜 정보를 전달하게 된다. 이때 문장 전반에서 나타나는 피치의 흐름을 억양(intonation)이라고 한다. 억양은 문장 단위에서 일정한 구조를 갖고 화용론적인 의미를 전달한다. 억양은 음장이나 강세, 음절과 같이 초분절적인 음운 자질이다. ‘Is she your teacher?’는 피치가 상승조로 끝나는 의문문 억양을 가진다. 그런데 형태적으로는 서술문인 ‘She is your teacher’를 상승조의 의문문 억양으로 발화해도 마찬가지로 질문하는 내용을 전한다. 이처럼 문장 형태상으로는 서술문이지만 의문문의 억양으로 발화하면 의문문이 된다. 따라서 피치의 흐름이 분절음 연쇄와는 독립적으로 의미를 전달한다. ‘Thank you’를 앞쪽의 피치를 높이고 뒷쪽은 하강조로 발음하면 ‘감사합니다’의 의미를 지닌다. 그런데 ‘Thank you’에서 ‘you’에 성조 액센트를 주어 피치를 높이면서 발음하면 ‘감사합니다’라고 상대방이 언급한 것에 대한 답변으로 ‘제가 감사하죠’라는 의미를 갖게 된다. ‘I’m sorry’를 서술문 억양으로 문미를 하강조로 발음하면 ‘미안합니다’의 의미를 지닌다. 그런데 ‘I’m sorry’에서 문미를 약간 상승조로 발음하면 ‘뭐라고요? 다시 한 번 말씀해 주실래요?’의 의미가 된다. ‘Excuse me’도 마찬가지 경우이다. ‘Excuse me’를 서술문 억양으로 문미를 하강조로 발음하면 ‘실례하겠습니다’의 의미를 지닌다. 그런데 'Excuse me'에서 문미를 약간 상승조로 발음하면 '뭐라고요? 다시 한 번 말씀해 주실래요?'의 의미가 된다. 이러한 예는 철자와 단어 배열과는 독립적으로 억양이 일정한 의미를 전달하는 것을 의미한다. 이와 같이 공통적으로 사용되는 억양은 발화에서 공유되는 의미를 전달한다. 이러한 이유에서 억양은 초분절적 음운 자질인 것이다.

영어 단어가 단독으로 사용되어 발화가 이루어지면 단어 하나가 억양 단위를 이룬다. 그러나 대개는 여러 개의 단어가 모여서 구나 문장을 이루는데 이것의 의미를 전달하는 문장 단위의 자질이 억양이다. 억양 단위에서 휴지(pause)의 길이와 통사적 강도는 서로 연관성이 있다(Cooper and Paccia-Cooper, 1980). 그러나 억양 단위가 반드시 통사 구조와 일치하지는 않는다. 가령, Chomsky and Halle(1968)가 지적한 것처럼 'This is the dog | that chased the cat | that killed the rat | that ate the malt | that lay in the house that Jack built'에서 | 로 나타낸 억양 단위 경계가 오른쪽 가지 치기한 명사구(right-branching noun phrase) 사이에 계속 놓인다. 이와 같이 억양과 통사 구조(syntactic structure)가 반드시 일치하지는 않는다. 이에 억양 단위는 통사 단위로 정해지기보다는 정보 단위로 규정될 수 있다.

발화에서는 전달하고자 하는 정보가 중요한데 화자가 어떠한 내용을 전달하고자 하느냐에 따라서 억양이 달라질 수 있다. 가령, 'Four books'라는 대답이 'What do you have?'에 대한 질문에 답하는 것이라면 'Four'보다 'books'의 피치가 더 올라가고 하강조로 끝난다. 그러나 'Four books'라는 대답이 'Did you say five books?'에 대한 질문에 답하는 것이라면 'books'보다 'Four'의 피치가 더 올라가고 하강조로 끝난다. 즉, 전달하고자 하는 내용에 따라서 성조 액센트가 오는 위치가 달라진다.

억양 단위 안에서 전달 내용에 따라서 성조 액센트가 나타나는 곳이 다를 수 있지만 일반적으로 사용되는 영어 억양 구조가 있다. 영어에서 의문사 없는 가부 의문문은 문미 억양이 상승조로 끝난다. 그런데 같은 상승조여도 피치의 높이가 살짝만 올라가는 억양은 발화 중간에 계속해서 대화를 이어가겠다는 표시로 사용된다. 가령, 'Yes'를 'Go on'과 같은 의미로 말하는 경우에는 끝에서 피치를 살짝 올리게 된다. 그리고 가부 의문문과는 달리 'who, when, where, what, why, how'와 같은 의문사로 시작하는 의문문은 하강조로 끝난다.

영어에서 일반적으로 발화 처음에 나오는 단어는 구정보(old information)이고 마지막 위치에 나오는 단어는 신정보(new information)이다. 억양은 전달하는 정보량에 따라 결정된다. 이에 대개는 발화 마지막 위치에 오는 단어에서 중요한 피치 변화가 일어난다; 'Spinach is a *vegetable.' 예로 든 문장에서 *표시가 되어 있는 'vegetable'이 이 문장에서 성조 액센트를 받는다. 그런데 이렇게 발화 끝부분에 성조 액센트가 가는 것은 일반적인 경우일 뿐이다. '야채'에 속하는 것을 찾다가 '아보카도'가 야채라는 의미로 발화할 때에는 'Avocado'에 성조 액센트가 붙게 된다; '*Avocado is a vegetable.' 이와 같이 전달하고자 하는 내용에 따라서 성조 액센트의 위치가 변할 수 있다. 초점(focus)을 주어 강조하고자 하는 단어에 성조 액센트가 붙게 된다.

앞에서는 전체 문장에 걸친 피치 모양으로 억양을 기술하였다. 그런데 Silverman et al. (1992)에서 제안한 ToBI(Tone and Break Indices) 체계에서는 일단 발화를 분절층(segmental tier)과 성조층(tonal tier)으로 분리하고 성조층은 피치 액센트(pitch accents)와 발화의 경계를 표시하는 가장자리 성조(edge tones)로 이루어 진 것으로 분석한다. 다시 말해서 억양 곡선을 전반적인 흐름으로 고려하지 않고 하나 이상의 피치 액센트와 중간구(intermediate phrase) 액센트와 억양구(Intonational phrase) 경계톤(boundary tones)으로 구성된 것으로 분석한다. 발화에서 가장 돋들리는 음절에 피치 액센트를 부여하는데 피치 액센트는 H* 성조나 L* 성조 같이 단일 성조나 이중 성조(강세 받은 음절이 낮은 단계에서 상승하면 L+H*, 그리고 강세 받은 음절 다음에 높은 단계로 상승하면 L*+H)로 구성된다. 그리고 구 액센트와 경계톤도 피치 액센트와 마찬가지로 H나 L 성조로 발화의 경계를 표시한다. ToBI 체계에서는 기본 주파수의 목표점이 단순히 피치의 움직임이 시작하고 끝나는 지점이 아니라 H톤과 L톤의 기조 성조가 음성적으로 표현된 것이라고 가정하고 있기 때문이다. 위에서 언급한 'Spinach is a *vegetable'과 '*Avocado is a vegetable'이라는 문장을 ToBI 방식으로 표기하면 아래와 같다.

(1) a. Spinach is a *vegetable.
    [H*   H* L-L%]
  b. *Avocado is a vegetable.
    [H*   L-L%]

억양을 표기하는 방식은 다양할 수 있다. 억양에서 중요한 점은 화자가 어떠한 의도로 발화하느냐에 따라 억양 구조가 달라질 수 있다는 것이다. 일반적으로 하강 억양 유형은 보통 서술문에서 사용된다. 상승 억양 유형은 의문문에서 사용되는데 상승조가 약한 경우에는 계속 발화를 한다는 뜻을 전달한다. 그런데 일반적으로는 성조 액센트를 받지 않는 단어도 초점을 받는 경우에는 성조 액센트를 받게 된다.

요약

강세는 영어에서 단어의 뜻을 구별하게 하는 역할을 하므로 초분절적 음소이다. 영어 강세는 대체로 품사와 접사의 종류에 따라서 정해진다. 한국어에는 강세가 없기 때문에 한국인 영어 학습자는 영어 강세를 정확하게 익히지 않으면 뜻을 전달하는데 어려움이 생긴다. 특히 어근의 강세 위치를 변화시키는 파생 접미사를 파악하여 단어의 강세를 정확하게 발음하는 것이 중요하다. 화자와 청자 간의 의사소통에서 사용하는 발화는 보통 단어가 여러 개 연결된 문장으로 이루어진다. 이때 발화의 의미를 전달하기 위해서 억양을 사용한다. 억양은 문장의 종류 그리고 발화에서 정보량에 따라서 결정된다. 강세와 억양은 피치, 음의 세기, 그리고 음의 길이 등을 통해 나타난다. 이때 음성 단서는 절대적인 값이 아니라 단일 음 또는 단어 사이에서 서로 간의 상대적인 값이 중요하다.

제 10장

제 2 언어 음운론
(Second Language Phonology)

언어는 제각기 고유한 음운 체계를 갖고 있다. 모국어의 음운 체계를 익히 알고 있다고 해도 다른 언어의 음운 체계를 이해하고 습득하는 것은 쉬운 일이 아니다. 외국인 영어 학습자는 영어를 익히는데 흔히 어려움을 느낀다. 무엇이 어려우며 무엇 때문에 외국어로서 영어가 어려운 것일까? 이번 장에서는 영어와 한국어를 중심으로 다른 언어 사이의 음운 체계를 비교함으로써 이에 대한 답을 구하고자 한다. 자음 체계를 중심으로 우선 분절음 체계를 비교하고 음운 현상의 차이도 알아본다. 외국어 학습자는 흔히 모국어의 영향을 받아 목표어를 습득하는데 어려움을 겪는다. 외국어 습득과 관련된 많은 연구에서는 '간섭(interference)' 혹은 '전이(transfer)'와 같은 용어를 사용하여 이러한 모국어의 영향을 기술하였다. 목표음이 모국어에는 없는 경우에 목표음을 습득하기가 어렵다. 예를 들어 영어의 /f, v, z, θ, ð/와 같은 음소는 한국어에 없다. 한국인 영어 학습자가 이러한 음소를 익히는데 어려움을 가질 것이라고 쉽게 예측할 수 있다. 이와 같이 모국어와 목표어 간의 음소 차이뿐만 아니라 각 언어에서는 동일한 음운 대립을 보이는 음이 언어마다 음성적으로 실현되는 양상이 다르다. 따라서 음운 대립뿐만 아니라 음성적 실체를 의식적으로 학습해야 외국어의 목표음을 온전하게 익힐 수 있다. 앞 장에서 영어의 분절음과 음절 그리고 강세를 논의하였다. 이번 장에서는 이러한 논의들을 필요한 경우에는 반복하여 언급하겠다. 따라서 이번 장은 앞의 논의를 전제로 하지 않고도 영어와 다른 언어의 음성·음운 체계를 이해하도록 구성하였다.

10.1 영어 자음과 한국어 자음(Englilsh Consonants and Korean Consonants)

영어와 한국어의 자음 음소를 비교해 보면 아래와 같다.

표 10.1 영어와 한국어 자음

조음방식 \ 조음위치		양순음		순치음		치간음		치경음		치경구개음		연구개음		후두음	
		무성	유성	무성	유성	무성	유성	무성	유성	무성	유성	무성	유성	무성	유성
폐쇄음	E	p	b					t	d			k	g		
	K	p(ㅂ) p'(ㅃ) p^h(ㅍ)						t(ㄷ) t'(ㄸ) t^h(ㅌ)				k(ㄱ) k'(ㄲ) k^h(ㅋ)			
마찰음	E			f	v	θ	ð	s	z	ʃ	ʒ			h	
	K							s(ㅅ) s'(ㅆ)						h(ㅎ)	
파찰음	E									ʧ	ʤ				
	K									ʧ(ㅈ) ʧ'(ㅉ) $ʧ^h$(ㅊ)					
비음	E		m						n				ŋ		
	K		m(ㅁ)						n(ㄴ)				ŋ(ㅇ)		
유음	E								l, ɹ						
	K								l(ㄹ)						

음소는 변별 자질로 이루어져 있다. 그렇다면 영어와 한국어에서 같은 음성 기호로 표기된 음소가 같은 방식으로 자질 표기가 될 것인가? 아니면 각 언어의 음운 체계에 비추어 다른 방식으로 표기 되는가? 이러한 질문과 관련하여 다음 장에서는 영어와 한국어의 폐쇄음을 어떻게 음운적으로 표기하는지를 살펴보기로 한다.

음운 표기와 더불어 영어와 한국어의 폐쇄음이 음성적으로 어떻게 구현되는지에 대해서도 알아보고자 한다. 즉, 표 10.1에서 같은 기호로 표시된 음은 같게 발음되는 것일까? 가령, 영어와 한국어에서 모두 /p/로 표기된 음소는 실제로 같게 발음되는가? 만일 이들이 음성 기호로는 같게 표시되지만 다르게 발음된다면 그 이유는 무엇일까를 생각해 보기로 한다.

각 음은 그 음 자체의 음향적 특성뿐만 아니라 인접 환경에 따라서 다르게 실현된다. 폐쇄음을 기술하는데 있어서 성대진동 개시 시간(VOT: Voice Onset Time)이 중요한 역할을 한다. VOT는 자음이 파열한 후 유성음이 시작할 때까지 걸리는 시간을 말한다. VOT는 폐쇄음의 조음 위치와 음성 환경에 따라 다르다. 가령, VOT는 자음이 연구개음>치경음>순음 순으로 높으며 저모음 앞에서 보다 고모음 앞에서 높다(Smith, 1978; Iverson, 2008). 언어 보편적으로 이렇게 음성적인 환경으로 인해 음이 다르게 실현된다. 그러나 같은 음성 환경이라도 언어에 따라서 다르게 실현되기도 한다. 예를 들어, 스페인어의 무성음은 짧은 VOT를 가져서 비기식음인데 반해 영어의 무성음은 긴 VOT를 가져서 기식음으로 실현된다. 이와 같이 같은 무성음 음소로 표기되더라도 이들이 다르게 실현되는 것은 각 언어 고유의 속성으로서 학습해야 한다.

10.1.1 폐쇄음의 음운 표기(Phonological Representation of Stops)

폐쇄음을 기술하는데 있어서 후두 자질이 변별적인 역할을 담당한다. 그런데 현대 음운 이론에서 후두 자질을 나타내는 데에는 크게 두 가지 방식이 있다. (1)이 이러한 두 가지 방식을 보여 준다.

(1) 후두 자질 표기방식

a. (Lombardi, 1991)

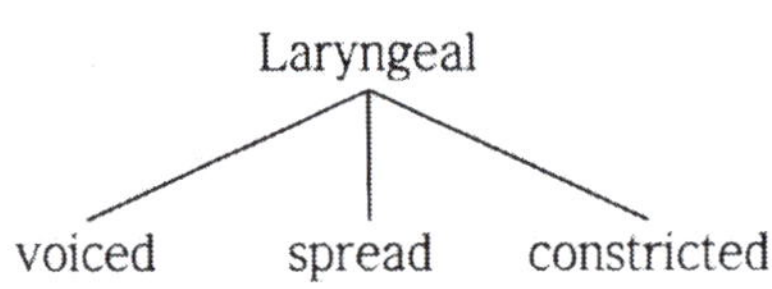

b. (Avery and Idsardi, 2001)

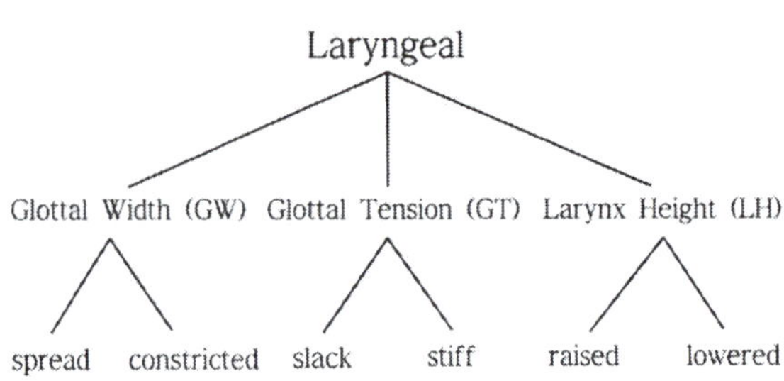

영어 폐쇄음을 예로 들어 이 두 가지 방식을 살펴본다. 우선, Lombardi (1991)는 [voiced], [spread glottis], 그리고 [constricted glottis]의 세 가지 후두 자질을 제시한다. 이러한 분석에서는 영어 폐쇄음이 유성음과 무성음의 대립으로 분석되었다. 이때 무성음이 무표적(unmarked)이고 유성성이 표기되는 유성음이 유표적(marked)이다. 편의상 이러한 분석을 '유 · 무성 분석'이라고 부르기로 한다. 반면에 (1b)에서 보듯이 Avery and Idsaldi (2001)는 후두 자질의 대립을 성문 넓이, 성문 긴장, 후두 높이의 세 가지 차원으로 설명한다. 각 차원은 서로 양립할 수 없는 제스처로 이루어져 있다. 이 분석에서는 영어의 유·무성 자음이 비기식음과 기식음의 대립으로 분석된다. 즉, 영어의 t, d를 /t, d/의 유·무성 대립으로 분석하지 않고 무성 자음은 기저형에서 [spread glottis]로 표기되고 유성 자음은 아무런 후두 자질이 표기되지 않는다고 본다. 따라서 유·무성 분석에서와는 달리 무성음이 유표적이다. 편의상 이러한 분석을 '기식성 분석'이라 부르기로 한다. 영어 폐쇄음의 소위 유·무성 대립이 두 분석에서 어떻게 다루어지는지를 비교해 보면 다음과 같다.

(2) 영어 폐쇄음의 음운 표시

a. 유 · 무성 분석 (Lombardi, 1991; Kingston and Diehl, 1994)

t d

|

[voiced]

[무성음] → [기식음] / $_{F}[\_\_\_\_$

b. 기식성 분석 (Iverson and Salmons, 1995)

t d s t

| \/

[spread glottis] [ ] [spread glottis]

두 분석의 차이점을 살펴보면 기식음화에 대한 입장이 다르다. 영어의 폐쇄음을 유·무성 대립으로 분석할 때는 영어의 무성 폐쇄음의 경우 [spread glottis] 자질이 음운 기저형(underlying representation)에서는 없으나 음보(foot)의 첫 자리에 무성 폐쇄음이 올 때 기식음화 규칙에 의해 생겨나게 된다. 한편 기식성 분석에서는 [spread glottis] 자질이 영어 무성 자음에 내재적으로 기저에 존재하므로 기식음화가 별도로 필요하지 않다. 그런데 영어에서 /s/ 뒤에 오는 무성 폐쇄음은 비기식음으로 실현된다. 두 분석은 이러한 폐쇄음의 비기식성도 다르게 설명한다. 유·무성분석에서는 무성 폐쇄음이 /s/ 뒤에 나오므로 더 이상 음보의 첫 음이 아니어서 비기식음으로 실현된다고 본다. 반면에 기식성 분석에서는 /s/ 다음의 무성 자음에도 [spread glottis] 자질이 존재하지만 이 경우 일정한 길이의 [spread glottis]를 /s/와 공유하여 폐쇄음이 기식음으로 실현되지 못하는 것으로 분석한다. 이와 같이 폐쇄음을 어떻게 기저 단계에서 표시하느냐에 따라서 음운 현상을 설명하는 방식도 달라진다. 다음에서는 한국어의 예를 통해서 이와 같이 각 음에 대한 음운 표기가 이론적 주장에 따라서 달라질 수 있다는 것을 보고자 한다.

한국어의 폐쇄음은 평음(ㅂ, ㄷ, ㄱ), 경음(ㅃ, ㄸ, ㄲ), 격음(ㅍ, ㅌ, ㅋ)의 세 가지 대립을 보인다. 모두 무성음인 한국어의 폐쇄음에 대한 분석도 영어의 경우와 마찬가지로 크게 두 가지 분석이 있다. 첫째는 평음을 무표적인 자음으로 보고 경음은 [constricted glottis]로 격음은 [spread glottis]가 표기된 것으로 분석하는 것이다. 반면에 Avery and Idsardi (2001)는 영어의 유·무성 대립을 성문 넓이(GW: glottal width) 차원으로 분석하고 한국어에서 평음, 경음, 격음의 세 가지 대립을 Ø/long/GW차원에서 대립하는 것으로 분석한다. 다음 (3)은 두 가지 분석이 가정하는 한국어 폐쇄음의 기저 단계를 보여준다.

(3) a. 한국어 자음의 후두 자질 표기 분석(Ahn, 1985)

```
i. 평음        ii. 경음                  iii. 격음
  C              C                         C
                 |                         |
  [constricted glottis]   [spread glottis]
```

b. 한국어 자음의 후두음 차원 분석(Avery and Idsardi, 2001)

```
i. 평음        ii. 경음        iii. 격음
 [stop]        [stop]          [stop]
   |            /  \              |
   C           C    C             C
                                  |
                                  GW
```

(3a)의 전통적인 후두 자질 분석에서는 경음은 [constricted glottis] 자질이 명시되고 격음은 [spread glottis] 자질이 표시된다. 한편 Avery and Idsardi (2001)의 기식성 분석에서는 (1b)에서 보듯이 음운적 대립을 이루는 것은 성문넓이(glottal width), 성문긴장(glottal tension) 그리고 후두높이(laryngeal height)의 차원이다. 그리고 성문넓이 차원이 [spread glottis]와 [constricted glottis] 제스처로 이루어져 있다. 그런데 이 분석에서 [spread glottis]와 [constricted glottis] 등의 제스처들은 음운 표기에서 서로 양립하여 대립 관계를 나타낼 수 없다. 따라서 전통적인 방식에서처럼 [spread glottis]와 [constricted glottis] 자질로 음

운 대립을 표시할 수는 없다. 이에 한국어의 경음은 평음의 겹자음으로 분석하고 [constricted glottis]는 음성적 차원에서 실현된다고 본다.

이제까지 영어와 한국어의 폐쇄음 표기를 통해서 폐쇄음을 음운적으로 나타내는데 다양한 방식이 존재한다는 것을 보았다. 따라서 후두 자질 기술 방식에 따라서 각 언어의 폐쇄음을 다르게 비교할 수 있다. 그런데 이렇게 다른 음운 표기는 음성적 실현에 기초를 두고 있다. 가령, 영어 무성 폐쇄음은 기식성 자질이 있고 유성 폐쇄음은 아무런 표기가 없다고 보는 기식성 분석은 다음과 같은 음성적 실현에 근거를 두고 있다. 영어 무성 폐쇄음의 경우 기식성이 일정한 길이로 실현되는데 반해 후두 자질이 적극적으로 작용하지 않는 유성 자음인 경우는 음성적 환경에 따라 완전히 유성음으로 실현되기도 하고 부분적으로 무성음이 되기도 하고 완전히 무성음화를 겪기도 한다는 음성적 실현을 반영하고자 한다. 또한 한국어의 경음은 폐쇄구간 길이가 길며 [constricted glottis]의 자질도 갖는다. 이러한 음성 자질 가운데 어느 것이 우선적으로 음운 표기에 나타나는지에 대해 서로 다른 분석을 하고 있는 것이다. 가령, 후두 자질 분석에서는 [constricted glottis]의 자질을 갖는 것으로 분석하는 반면에 후두 차원 분석에서는 겹자음으로 분석하고 [constricted glottis]의 자질은 음성적 실현 단계에서 구현되는 것으로 보는 것이다.

이와 같이 어떤 변별 자질로 각 음을 표시할 것인지는 음운 이론에 따라 달라질 수 있다. 그리고 이렇게 서로 다른 음운 표기는 환경에 따라서 분절음이 음성적으로 달리 구현된다는 사실과 관련이 있다. 이에 다음 장에서는 각 언어의 폐쇄음을 변별 자질로 비교하기보다 구체적인 음성적 단서로 비교함으로써 각 언어의 폐쇄음의 음운 체계를 좀 더 이해하기로 한다.

10.1.2 폐쇄음의 음성적 실현(Phonetic Realizations of Stops)

앞 장에서 영어의 폐쇄음을 유·무성의 대립으로 보는 분석과 기식성의 유무로 분석하는 두 가지 분석을 살펴보았다. 본 장에서는 전통적인 방식을 따라 영어의 폐쇄음을 유·무성 대립이 있는 음으로 분류하여 논의를 이어 나가겠다. 영어 폐쇄음의 경우 양순음 /p, b/와 치경음 /t, d/ 그리고 연구개음 /k, g/가 각각 유성음과 무성음의 대립을 이룬다. 폐쇄음은 그 자체의 내적 음향 단서(internal acoustic cues)뿐만 아니라 선행 모음과 후행 모음으로의 전이(transition)에서 중요한 외적인 음향 단서(external acoustic cues)로 나타난다. 따라서 각 언어에서의 폐쇄음 실현이 영어 폐쇄음과 어떻게 다른지를 각 음향적 단서들을 비교하여 살펴보기로 한다.

10.1.2.1 성대진동 개시 시간(Voice Onset Time: VOT)

폐쇄음을 음성적으로 기술하는데 성대진동 개시 시간(VOT)이 중요한 역할을 한다. VOT는 구강에서 막혔던 자음이 파열된 후 후행하는 모음이 발성될 때까지 걸리는 시간으로 무성음이 유성음보다 VOT가 더 길다. 영어와 마찬가지로 일본어, 중국어 그리고 스페인어에서도 폐쇄음이 유·무성 대립을 갖는다. 즉, [voiced] 자질이 대립적인 변별적 자질로 작용하여 유성음과 무성음이 의미를 구분 짓는데 중요한 역할을 담당한다. 그런데 각 언어의 폐쇄음은 유성음과 무성음의 대립을 똑같이 갖더라도 VOT가 같지 않다. 예를 들어 어두에서 스페인어의 /b/는 입술을 닫고 발성하는 상태에서 이미 성대가 진동하지만 영어의 /b/는 입술이 열린 뒤 30ms 후에 모음이 시작된다.

마찬가지로 무성음의 VOT 또한 언어에 따라 다르다. 가령, 스페인어의 무성음 /k/의 VOT는 20ms이지만 영어의 /k/의 VOT는 50-60ms이다(Ladefoged, 2005: 136-137). Lacharité and Paradis(2005)는 다음과 같이 스페인어와 영어 자음의 VOT 값을 비교하고 있다.

표 10.2 스페인어와 영어 자음의 VOT

	음성적인 실현	
	스페인어	영어
유성 자음 /b, d, g/	–VOT (–40~0ms)	+VOT (0~30ms)
무성 자음 /p, t, k/	+VOT (0~30ms)	+VOT (> 50ms)

표 10.2를 보면 영어 유성 자음과 스페인어의 무성 자음은 음운적으로는 다르지만 VOT 값에서는 겹치는 것을 알 수 있다. 자음이 후두 자질에서 유·무성의 두 가지 대립을 이루는 영어나 스페인어와 달리 한국어와 태국어는 세 가지 대립을 보인다. 그런데 한국어와 태국어는 다른 방식으로 세 가지 대립을 보인다. 한국어는 영어와 일본어와는 달리 폐쇄음이 모두 무성음으로 평음, 격음, 경음의 세 가지 대립음을 보인다(예, /p, p^h, p'/). 한편 태국어는 폐쇄음이 유성음, 비기식 무성음, 그리고 기식 무성음의 대립을 보여준다(예, /b, p, p^h/). 다음 예는 한국어와 태국어에서 세 가지 유형의 폐쇄음이 의미의 차이를 만든다는 것을 보여준다.

(4) a. 한국어 폐쇄음의 세 가지 대립

/pul/ '불', /p^hul/ '풀', /p'ul/ '뿔'

b. 태국어 폐쇄음의 세 가지 대립

/bâ/ 'crazy', /pâ/ 'aunt', /p^hâ/ 'cloth'

다음 표는 위에서 논의한 유·무성의 두 가지 대립만을 보이는 언어와 세 가지 대립을 보이는 언어에서 어두 자음의 성대진동 개시 시간을 비교하여 보여준다.

표 10.3 폐쇄음의 성대진동 개시 시간 비교
(Kenstowicz and Suchato, 2006; Ito et al., 2006; Shimizu, 1999; Silva, 2006; Ladefoged, 2005)

a. 유·무성의 두 가지 대립 폐쇄음 체계

자음 \ 언어	영어	일본어
/p, t, k/	78 ms	46 ms
/b, d, g/	0~30 ms	20~30 ms

b. 세 가지 대립 폐쇄음 체계

자음 \ 언어	한국어	태국어
/p, t, k/	40~70 ms	0~25 ms
/b, d, g/	해당 없음	3 ms
/p^h, t^h, k^h/	85~105 ms	100 ms
/p', t', k'/	6~18 ms	해당 없음

표 10.2에서는 영어 유성 자음이 스페인어의 무성 자음과 VOT 값에서 비슷하였다. 표 10.3을 보면 태국어의 비기식 무성음과 영어의 유성 자음의 VOT 값이 비슷하다는 것을 알 수 있다. 이와 같이 한 언어의 무성음과 다른 언어의 유성음이 VOT에서 유사할 수 있다. 이렇게 특정한 음소가 각 언어에서 음운적으로는 다르지만 음성적으로는 유사하기 때문에 외국어 학습자는 목표어의 폐쇄음을 익히는데 어려움을 겪게 된다. 그런데 이러한 VOT의 차이는 음운 자질 체계에서 드

러나지 않는 음향 단서이다. 따라서 목표음을 정확하게 학습하려면 음향 단서를 정확하게 익힐 필요가 있다.

10.1.2.2 자음 폐쇄 구간 길이(Consonant Closure Duration)

폐쇄음은 성문에서 성도 사이의 어느 한 조음 장소에서 공기가 완전히 막혔다가 터지는 소리이다. 따라서 단어초에서 무성 폐쇄음이 발성될 때는 조음이 언제 시작하는지를 알기 어렵기 때문에 그 자음의 폐쇄 구간 길이를 알 수 없다. 조음 기관이 폐쇄되는 동안에는 어떠한 음향적 단서도 나타나지 않기 때문이다. 그러나 폐쇄음이 유성음 사이에 오면 자음의 폐쇄 구간(closure duration)을 알 수 있다. 폐쇄음 전후의 모음은 공기의 흐름이 있는 반면에 폐쇄음은 그렇지 않기 때문에, 폐쇄음이 모음 사이에 놓이는 경우에 공기가 막혔다가 다시 흐르는 구분을 명확히 알 수 있다. 일반적으로 유성음의 폐쇄 구간이 무성음보다 짧다. 이것은 유성 자음을 만들기 위해서는 성문을 통하는 기류가 있어야 하는데 이 기류가 성도의 어딘가에서 막혀있는 상황에서 성문 하압(subglottal pressure)과 같은 수준에 도달하게 되어 더 이상 유성성을 유지하지 못하게 되기 때문이다. 이러한 공기 역학적인 문제 때문에 영어의 'rib, rid, rig'에서 단어말 유성 폐쇄음이 부분적으로 무성음화를 겪게 된다.

일본어는 영어와 마찬가지로 폐쇄음이 유·무성대립을 갖는다. 그런데 일본어는 이러한 유성음과 무성음뿐만 아니라 모음 사이에서는 겹자음이 나타난다. 일본어 고유어에서는 무성 겹자음만이 가능하다. 겹자음은 길이가 무성 홑자음보다 2배 이상 길다. 다음 표는 홑자음과 겹자음의 폐쇄 구간 길이를 보여 준다.

표 10.4 일본어에서 모음간 자음의 평균 폐쇄 구간 길이(Homma, 1981)

/b/	55 ms	/p/	77 ms	/pp/	183 ms
/d/	35 ms	/t/	62 ms	/tt/	170 ms
/g/	41 ms	/k/	61 ms	/kk/	175 ms

폐쇄음은 위치에 따라서 후두 자질이 음성적으로 달리 실현될 수 있다. 예를 들어 영어의 유성 자음은 어두와 어말에서는 부분적으로 무성음화를 보이나 어중에서는 유성성을 유지한다. 한편 한국어의 평음은 어두에서는 무성음이지만 모음 사이에서는 유성음화를 겪는다. 이렇게 위치에 따라 후두자질이 다르게 실현될 뿐만 아니라 폐쇄 구간의 길이 또한 변한다. 한국어의 평음은 모음 사이에서 유성음화를 겪어 그 폐쇄 구간 길이가 짧은데 반해서 경음은 음성적으로 겹자음으로 실현된다. 다음은 모음 사이에서의 한국어 자음 길이를 보여준다.

표 10.5 한국어에서 모음간 자음의 평균 폐쇄구간 길이
(Oh and Johnson, 1997)

평음	70 ms
격음	100 ms
경음	180 ms

이처럼 한국어의 경음은 모음 사이에서 음성적으로 길어지기 때문에 음운론적으로 겹자음으로 분석하기도 한다(Han, 1996). (3b)에서 그러한 분석을 살펴본 바 있다. 한편 전통적인 방식에서는 (3a)에서 보았듯이 한국어의 경음을 [constricted glottis]의 자질을 가진 하나의 자음으로 분석한다.

요약하면 음운적으로는 같은 방식으로 분류되는 음소라고 해도 언어에 따라서 음성적으로 달리 실현될 수 있다. 폐쇄음은 언어에 따라서 후두 자질뿐만 아니라 폐쇄음 자체의 폐쇄 구간 길이와 성대진동 개시 시간에서 차이를 보인다.

10.1.2.3 후행 모음(Following Vowels)

폐쇄음의 폐쇄 구간이나 성대진동 개시 시간에서뿐만 아니라 후행 모음의 피치 또한 폐쇄음의 음성적 성격을 말해준다. 영어의 경우 어두 유성 자음의 후행 모음 피치가 무성 자음 뒤에서 보다 낮다(House and Fairbanks, 1953). 가령, 영어 /d/ 다음에 오는 모음의 피치는 175Hz 인데 반해 /t/ 다음에 오는 모음의 피치는 215Hz이다(Ishihara, 1998). 이에 반해 모두 무성음이면서 후두 자질에서 세 가지 대립을 보이는 한국어의 폐쇄음은 영어와는 다른 모습을 나타낸다. 즉, 평음 다음에서는 후행 모음의 피치가 낮지만 격음과 경음 다음에서는 후행 모음의 피치가 높은데 후두 자음 중에서는 격음 다음에서 피치가 경음 다음에서 보다 더 높다. 여성 화자의 경우 평음의 피치는 200Hz인데 경음의 피치는 265Hz이고 격음의 피치는 290Hz이다(Silva, 2006). 이렇게 영어 유성 자음과 마찬가지로 한국어 평음 다음에서 모음의 피치가 낮다는 이유로 한국어의 평음을 유성음으로 분석하기도 한다(Kingston and Diehl, 1994; Kim and Duanmu, 2004). 그런데 자음 뒤에서 피치가 높아지는 경우에도 영어의 경우에는 무성 자음 다음에 오는 모음의 초반부에서 피치가 높은데 비해 한국어의 경우에는 후두 자음 다음에 오는 모음의 중간까지도 피치가 높게 지속된다(Jun, 1996).

10.1.2.4 선행 모음(Preceding Vowels)

폐쇄음은 인접 모음에 음향적인 영향을 주는데 특히 선행 모음의 길이에 주는 영향이 크다. 영어 모음은 단어말 무성 자음 앞에서 보다 유성 자음 앞에서 더 길다(Ladefoged, 2006). 따라서 영어의 단어말 유성 자음이 비록 무성음화를 겪어도 그 선행 모음의 길이에 의존하여 유성 자음을 인식한다(Raphael, 1970). 또한 음절 구조에 따라서 모음 길이가 변한다. 가령, 영어의 경우 열린 음절(open syllable)의 모음이 닫힌 음절(closed syllable)에서 보다 길다.

한국어에서도 음절 구조에 따른 모음의 길이 차이를 볼 수 있다. 한국어 경우에 모음 사이의 자음이 평음인 경우 그 선행 모음은 길지만 경음과 격음 앞에서는 모음이 짧아진다. 이러한 이유에서 한국어의 경음을 겹자음으로 분석하기도 한다(Han, 1992). 겹자음의 첫 번째 자음이 선행 음절을 닫힌 음절로 만들기 때문에 선행 모음이 짧아지는 것을 잘 설명해 주기 때문이다.

일본어에서도 유성 자음을 선행하는 모음은 무성 자음을 선행하는 모음보다 길다. 다음의 표가 이를 보여준다.

표 10.6 일본어에서 자음을 선행하는 모음 길이 (ms) (Kawahara, 2005)

무성음	홑자음	36
	겹자음	54
유성음	홑자음	45
	겹자음	71

한국어에서 경음이 모음 사이에서 길고 경음을 선행하는 모음은 짧다는 이유로 경음을 겹자음으로 분석할 수 있다. 그런데 표 10.6을

보면 일본어에서는 겹자음 앞의 모음이 홑자음을 선행하는 모음보다 길다.

이와 같이 언어에 따라서 음운적으로 같은 식으로 표시된다 하더라도 음성적으로는 다르게 실현될 수도 있고 음운적으로는 다른 음일지라도 음성적으로는 같게 실현될 수 있다. 이에 각 언어의 폐쇄음을 이해하기 위해서는 음운적인 표기뿐만 아니라 폐쇄음 자체의 음향 단서와 인접음에 나타나는 외재적인 음성 단서를 이해하고 체득화해야 한다.

10.1.3 마찰음(Fricatives)

영어 장애음에서는 유·무성 대립이 중요한 역할을 한다. 마찰음도 폐쇄음과 마찬가지로 조음 위치에 따라 순치음 /f, v/, 치간음 /θ, ð/, 치경음 /s, z/ 그리고 치경구개음 /ʃ, ʒ/가 각각 무성음과 유성음의 대립을 이룬다. 마찰음이 풍부한 영어와 달리 한국어의 마찰음은 /s, s', h/만 있다. 영어 마찰음은 다양한 조음 위치에서 나타나며 또한 유·무성 대립을 갖는 반면에 한국어에서는 마찰음의 수가 적어 한국인 영어 학습자는 영어 마찰음을 학습하는데 어려움을 갖는다. 특히 순치음 /f, v/와 치간음 /θ, ð/는 한국어에 없는 음소여서 익히기 어려우며 철자로는 무성 치간음과 유성 치간음이 <th>로 동일하여 특히 유성 치간음을 익히는 것이 어렵다. 한국어에서는 폐쇄음과 파찰음이 유성음 사이에서 유성음으로 실현되지만 한국어의 마찰음은 유성음 사이에서 유성음화를 겪지 않으므로 영어 /z/는 한국어에서 전혀 나타나지 않는 음이다. 반면에 한국어의 /ㅈ/은 유성음 사이에서 유성 자음인 [ʤ]로 실현된다. 이에 한국인 영어 학습자는 영어 /z/를 [ʤ]로 대치하는 실수를 범하기 쉽다.

일본어와 중국어에서도 영어의 마찰음과 마찬가지로 마찰음이 유·무성 대립을 이룬다. 그 예로 치경음 /s/와 /z/가 있다. 반면에 한국어에서는 치경 마찰음이 /s, s'/로 이뤄져 있다. 이 두 음은 모두 무성음인데 /s'/는 경음이다. /s/는 대부분 평음으로 분석되지만 격음으로 분석되기도 한다. 가령, /s/ 다음에 오는 모음의 피치가 높다는 사실과 /s/가 기식성을 갖는 음향적 특성으로 말미암아 /sʰ/와 같이 격음으로 분류되기도 한다(Iverson, 1983).

앞서 폐쇄음의 경우에서 보았듯이 영어에는 무성 자음이 각 조음위치에서 한 음만 있으나 한국어에서는 /p, pʰ, p'/와 같이 세 가지 음이 존재한다. 마찬가지로 영어에서 무성 치경 마찰음도 /s/만 있으나 한국어에는 /s, s'/가 있다. 이와 같이 무성 자음간의 비대칭으로 말미암아 영어를 한국어에 차용할 때 그리고 거꾸로 한국어를 영어로 차용할 때 음간의 대응에서 흥미로운 사실을 보인다. 이러한 음의 대응은 다음 장에서 자세하게 논의하기로 한다.

10.1.4 활음(Glides)

영어의 활음(glides)에는 /j, w/가 있다. /w/는 영어에서 순음 이외의 폐쇄음 뒤에서 나타난다. 즉, */pw, bw/는 나타날 수 없지만 'twin, queen'의 예에서 보듯이 /tw, dw, kw, gw/는 나타날 수 있다. 한국어에서도 기저 단계에서 순음 다음에서는 /w/가 나타날 수 없다. 영어에서는 'wool'/wul/에서 보듯이 /wu/가 가능하다. 반면에 한국어에서는 이러한 음 연쇄는 가능하지 않다. 또한 한국어에서는 자음 뒤에 나타나는 /w/가 음성적으로 실현되지 않는 경우가 많다. 가령, '확실히'가 [학씨리]로 그리고 '괜찮아'가 [갠차나]로 발음된다. 이처럼 자음 뒤에서 [w]가 탈락하는 현상이 한국어에서는 두드러진다. 이렇게 자음 뒤에서 [w]가 탈락한다고 했을 때 영어의 폐쇄음과 /w/ 연쇄음을 같은 식으로 인식하리라고 예측된다. 그런데 영어의 /tw/와 /kw/를 차용하는 양식을 보면 그러한 예측이 빗나간다는 것을 알 수 있다. 즉, 'twin'은 [트윈]으로, 'queen'은 [퀸]으로 차용한다. 한국어에서도 '퇴비, 쾌락'에서 보듯이 음절 초성에서 /tw, kw/가 가능한데 영어 /tw/를 차용할 때는 두 자음 사이에 모음을 삽입하지만 /kw/를 차용할 때는 한 음절의 초성 자음군으로 받아들여 모음을 삽입하지 않는다. 이것은 외래어를 차용할 때 음절 구조와 같은 음운 구조뿐만 아니라 근원어의 음성적 실현과 수용어의 음성적 실현을 비교하여 비슷한 음으로 차용하려는 데에서 비롯된다. 이와 관련하여 좀 더 자세한 설명은 다음 장에서 다루기로 한다.

10.1.5 유음과 비음(Liquids and Nasals)

영어에서 /l/과 /ɹ/은 모두 음소이다. 즉, 'lice'와 'rice'는 /l/과 /ɹ/음 때문에 뜻이 달라진다. 그런데 영어 /l/은 음성적 환경에 따라 [l]과 연구개음화된 [ɫ]로 실현된다. [ɫ]은 음절 말음에서 실현된다. 반면에 한국어에서는 /l/만이 음소이다. 그런데 음성적으로는 [l]과 [ɹ]이 모두 나타난다. 즉, '물'은 [mul]로 발음되지만 '물이'는 [muɹi]로 발음되어 음절 초성에서 [ɹ]이 발음된다. 다시 말해 한국어에서도 [ɹ]이 실현되지만 이것은 /l/이 음절 초성에서 발음되는 이음으로 존재한다. 그런데 일본어에서는 /ɹ/만이 있고 이것은 결코 [l]로 실현되는 경우가 없다. 논의한 바를 정리하면 다음과 같다.

(5)

	영어		한국어	일본어
음소 단계:	/l/	/ɹ/	/l/	/ɹ/
이음 단계	[l] [ɫ]	[ɹ]	[l] [ɹ]	[ɹ]

영어의 비음은 한국어와 마찬가지로 /m, n, ŋ/ 으로 순음, 치경음과 연구개음이다. 이들은 모두 음절 말음에 올 수 있지만 영어와 한국어에서 모두 /ŋ/ 음은 음절초에 올 수 없다. 반면에 일본어에서는 비음이 /ɴ/음으로 한 음소만 존재한다. 이 비음은 후행하는 자음의 위치에 동화되어 [m, n, ŋ]으로 실현된다. 가령, /saɴpo/ [sampo] '산보', /kaɴtan/ [kantan] '간단', /kaɴgae/ [kaŋgae] '생각'로 실현된다.

10.2 영어 모음의 특성(Characteristics of English Vowels)

앞 장에서는 영어의 자음을 다른 언어의 것과 비교하였다. 특히 폐쇄음의 경우 각 언어에서 음운적으로는 같은 방식으로 분석되는 음이 음성적으로는 다르게 구현되는 것을 여러 음향적인 단서들을 통해 비교하였다. 이번 장에서는 영어의 모음을 다른 언어와 비교하기로 한다.

자음을 분류하는 세 가지 기준은 성대의 울림, 조음 위치 그리고 조음방법이다. 반면에 모음은 모두 유성음이며 조음 방법도 일정하다. 따라서 자음과는 다른 기준에서 모음을 분류해야 한다. 이에 혀의 높낮이, 전후, 그리고 입술의 원순성으로 구별한다.

10.2.1 단모음(Monophthongs)

영어의 단모음은 크게 긴장 모음과 이완 모음으로 구별된다. 긴장 모음은 성도 근육 조직이 전반적으로 긴장하여 발성된다. 따라서 긴장 모음은 이완 모음에 비해 좀 더 가장자리에서 발성되고 음이 더 길다. 가령, 미국 영어에서 이완 모음은 'bit'와 'full'에서 나타나는데 이에 대응하는 긴장 모음은 'beat'와 'fool'에서 나타난다. 이때 긴장 모음과 이완 모음을 기술하는데 대표적으로 세 가지 방식이 있다. 우선 긴장 모음과 이완 모음이 길이에서 차이가 난다는 관점이 있다. 기호로는 [ː]의 장음 표시를 더하여 긴장 모음을 표기한다. 두 번째 방식은 이들 음이 질적으로 다르다는 방식으로 긴장 모음과 이완 모음을 전혀 다른 발음기호로 나타낸다. 예를 들어 Ladefoged(2006)는 영어의 긴장 모음과 이완 모음이 질적으로 다른 음이며 길이의 차이는 질적인 차이에서 나온 결과라고 본다. 나머지 방식에서는 영어의 긴장 모음과 이완 모음이 서로 양과 질에서 모두 다른 것으로 표시한다. 다음의 예시가 이 세 가지 방식을 보여 준다.

표 10.7

표기방식 / 영어단어	음장으로 구분 (YBM English Korean dictionary, 1999)	음질로 구분 (Ladefoged, 2006)	음장과 음질로 구분 (Longman Pronunciation Dictionary, 2000)
bit	/bit/	/bɪt/	/bɪt/
beat	/biːt/	/bit/	/biːt/
full	/ful/	/fʊl/	/fʊl/
fool	/fuːl/	/ful/	/fuːl/

이러한 영어의 모음 표기 방식은 두 가지 사실을 보여 준다. 첫째, 영어의 긴장 모음과 이완 모음은 음성적으로 길이와 조음 위치가 모

두 다르게 발음된다는 것을 알 수 있다. 둘째, 외국어로서 영어를 습득할 때 이러한 음성적 실현이 달리 영향을 줄 수 있다.

한국어에서는 긴장 모음과 이완 모음의 구별이 없다. 따라서 한국인 영어 학습자는 흔히 'bit'와 'beat'를 이완 모음과 긴장 모음으로 구분하는 대신에 음의 장단으로 구별하려는 경향이 있다. 젊은 세대의 서울 화자들은 한국어 모음에서 장단 구분을 더 이상 하지 않는다. 그런데 영어를 학습할 때에는 긴장 모음과 이완 모음을 대체로 음의 길이로 구별한다. 한국어에는 긴장 모음과 이완 모음의 구별뿐만 아니라 음의 장단 구별도 없는데 반해 일본어는 긴장 모음과 이완 모음의 구별은 없지만 모음의 장단이 별개의 음소를 이룬다. 가령, /obasaɴ/ '아줌마' vs. /oba:saɴ/ '할머니'은 모음 길이에 따라 의미가 다르다. 이처럼 모음을 발성할 때 모음에 따라서 혀의 위치가 다를 뿐만 아니라 긴장성 그리고 음의 장단이 언어에 따라 다르게 작용한다.

10.2.2 이중모음(Diphthongs)

영어의 이중모음은 활음인 /j, w/가 모음 앞에서 일어나는 전전이음(onglide)과 활음이 모음 나음에서 일어나는 후전이음(offglide)으로 두 종류가 있다. 이 두 가지 유형의 이중 모음은 모두 하나의 모음으로 간주되어 음절수를 늘리지 않는다. 이에 반해 한국어에서 이중모음은 대부분 전전이음이고 후전이음은 [의]가 유일하다. 이에 한국어의 [의]는 음운적으로 지극히 불안정하여 나타나는 위치에 따라 다른 단모음으로 실현된다. 즉, 어두에서는 [으] ('의사'[으사]), 어중에서는 [이] ('장의사'[장이사]) 그리고 소유격 조사로 사용되는 경우는 [에] ('사고의'[사고에])로 각각 단모음으로 발음된다. 이처럼 한국어에서는 후전이음이 실현되지 않는다. 따라서 한국인 영어 학습자는 영어의 후전이음을 각각의 모음으로 간주하는 경향이 있다. 가령, 'sign'은 영어에서는 한 음절이지만 이중 모음 [aɪ(aj)]가 한국인 영어 초급학습자에게는 [a]와 [i]의 두 모음으로 인식되어 [sa.in]으로 두 음절어로 발음될 수 있다. 영어 원어민 화자는 후전이음 [aj]를 발음할 때 [a] 부분이 길고 명확하며 [j] 부분은 짧고 약한데 비해 한국인 영어 학습자는 [a]에 비해 [j] 부분의 길이 비율이 길어지는 것이다 (최혜란 & 오미라, 2016).

10.2.3 강세와 모음(Stress and Vowels)

강세의 위치에 따라 영어 단어의 품사가 달라진다. 예를 들어 'produce'가 '생산하다'라는 동사로 사용되면 [pɹədjús]로 마지막 음절에 강세가 놓이고 '농산품'이라는 명사로 사용되면 [pɹádjus]로 첫 음절에 강세가 온다. 이처럼 영어에서는 강세가 단어의 뜻을 결정하는 변별적 자질이다. 그리고 강세는 여러 개의 분절음으로 이루어지는 음절에 걸쳐 나타나는 초분절적 자질이다. 그런데 한국어에서는 강세로 단어의 뜻을 구별하지 않아 한국인 영어 학습자가 영어에서 강세의 위치를 제대로 파악하여 발음하는 것이 힘들다. 그런데 영어의 강세를 제대로 구현하지 않으면 뜻을 전달하기 힘들다. 'wine'[waɪn]을 'vine'[vaɪn]으로 발음하면 전혀 다른 단어를 말하게 되어 의사소통이 어려워지는 것과 마찬가지로 강세를 제 위치에서 구현하지 않으면 오해를 낳을 수 있다. 따라서 영어 단어에서 강세를 맞는 위치에 두어 발음하는 것이 중요하다.

영어 모음은 강세 유무에 따라 다르게 발음된다. 즉, 같은 모음이라 하더라도 강세가 주어지면 비강세 모음에 비해 일반적으로 소리가 크고 피치가 높으며 더 길게 발음된다. 다음 예에서 보듯이 영어 단어는 강세 음절과 비강세 음절로 이루어진다.

(6)

강세	e^{4}xplai^{1}n	e^{2}xpla^{4}na^{1}tio^{4}n	e^{4}xploi^{1}t	e^{2}xploi^{3}ta^{1}tio^{4}n
분절음	ɪkspleɪn	ɛkspləneɪʃən	ɪksplɔit	ɛksplɔɪteɪʃən

(6)에서 모음 뒤에 윗 첨자로 된 숫자가 1은 제 1 강세를 의미하고 숫자가 커질수록 강세가 약한 것을 의미한다. 'explain'과 'exploit'에서는 마지막 음절이 주강세를 받는다. 그러나 'explanation'과 'exploitation'으로 파생 명사가 되면 주강세가 접미사 '-átion'으로 옮겨 가고 동사에서 주강세를 받았던 음절은 이제 더 이상 강세를 받지 않게 된다. 이에 따라 동사에서 주강세를 받았던 음절의 모음 음가가 변하게 된다. 강세 음절의 모음은 온전 모음(full vowel)이지만 비강세 모음은 약화 모음(reduced vowel)으로 실현될 수도 있고 약화되지 않을 수도 있다. (6)에서 보듯이, 비강세 모음은 'explanation'[ɛkspləneɪʃən]의 끝에서 세 번째 음절에서처럼 약화 모음 [ə]로 실현될 수도 있고 'exploitation'[ɛksplɔɪteɪʃən]에서처럼 온전 모음 [ɔɪ]로 발음될 수도 있다. 한편 한국어에서는 강세로 단어의 뜻을 구별하지 않아서 강세 모음과 비강세 모음을 구별하기가 쉽지 않다. 따라서 한국인 영어 학습자가 영어의 강세를 학습할 때 강세의 위치를 의식적으로 학습해야 할 뿐만 아니라 강세 여부에 따라서 영어 모음의 음가가 달라진다는 사실에 주목해야 한다. 한국인 영어 학습자는 특히 영어의 비강세 모

음을 익히는데 어려움을 많이 갖는다(Kim et al., 2007).

10.3 음소와 이음(Phonemes and Allophones)

한 언어에서 음소인 것이 다른 언어에서는 이음이 될 수 있고 그 반대의 경우도 가능하다. 이러한 음소와 이음간의 관계를 명확히 이해하고 그 환경을 익히는 것이 바로 외국어 발음을 정복하는 지름길이라고 말할 수 있다. 영어의 장애음 음소는 모든 조음 위치에서 무성음과 유성음이 쌍을 이룬다. 예를 들면 영어의 /p, b/는 'pie, buy'의 최소 변별쌍(minimal pair)에서 의미를 구분시키는 음이어서 각각이 별개의 음소이다. 그러나 한국어에서 [p, b]음은 한 음소인 /p/의 이음이다. 즉, '이불'은 /ipul/이라는 음소 연속체로 이루어지나 실제 발음에서는 [ibul]로 실현된다. 한국어에서는 폐쇄음이 유성음 사이에서 유성음으로 실현되는 음운 규칙에 따라 무성 폐쇄음 /p/가 [b]로 발음되기 때문이다. 따라서 [b] 음이 한국어에 없는 것이 아니라 그 음이 영어와는 달리 이음으로 존재한다. [b] 음은 영어에서는 음소 /b/가 음성적으로 실현된 음이지만 한국어에서는 /p/가 유성음 사이에서 나타나는 이음인 [b]로 존재하는 것이다.

영어의 유음인 /l/과 /ɹ/은 별개의 음소이다; 'light'와 'right'는 첫음이 /l/과 /ɹ/로 서로 달라서 뜻이 구별된다. 반면에 /l/은 한국어에서 음절 초성에서는 [ɹ]로 발음된다. 따라서 영어의 /l/과 /ɹ/은 같은 음성 환경에서 나타나면서 뜻을 구별시키지만 한국어에서 이들 음은 서로 나타나는 환경이 다르다. 특히 음절 초성에서 [l]이 나타나지 않는 한국어와 일본어 화자는 어두의 영어 /l/을 발음하는데 어려움을 겪는다. 어두에 나타나는 영어 /l/은 음절 초성이어서 한국인과 일본인 영어 학습자가 [ɹ]로 잘못 발음하기 쉽다. 이에 초급 영어학습자는 'live' [lɪv]를 *[ɹɪv]로 잘못 발음할 수 있다. 이러한 오류를 피하기 위해서는 영어 어두 /l/을 발음할 때 혀끝이 치경에 닿게 하여 발음하는 것이 중요하다.

영어에서 /ʃ/는 음소이다. 그러나 한국어에서는 /s/가 [i, y]음 앞에서 [ʃ]로 실현되어 해당 음의 이음으로 존재한다. 즉, '사실'에서 첫 /ㅅ/ 음과 두 번째 /ㅅ/음은 음성적으로 다르게 실현된다. 첫 번째 /ㅅ/은 [s]로 실현되나 두 번째 /ㅅ/은 [ʃ]로 발음되기 때문이다.

이와 같이 영어에서는 별개의 음소인 것이 한국어에서는 이음으로 존재하는 경우도 있으나 반대로 한국어에서는 별개의 음소가 영어에서는 이음으로 존재할 수도 있다. 가령, 한국어에서는 /ㅅ/과 /ㅆ/이 별개의 음소로 존재한다. '살'과 '쌀'은 그 첫 음인 /ㅅ/과 /ㅆ/이 뜻을 구별해 준다. 한국어에서 /ㅅ/에 비해 /ㅆ/의 길이가 길다. 영어에서는 무성 치경 마찰음으로 /s/만이 존재한다. 그런데 하나의 음으로 보이는 영어의 /s/는 사실은 두 가지의 이음으로 실현된다. 하나는 단일음으로 사용된 /s/이고 다른 하나는 자음 앞에 있는 /s/이다. 한국어에서 영어를 차용하는 방식을 보면 이러한 사실을 뒷받침한다. 한국어에서 'sign'은 [싸인]으로 차용하는데 'star'는 [스타]로 차용한다. 이것은 단일음 [s]는 자음군에 나타나는 [s]보다 길이가 길기 때문이다. 이처럼 영어 화자에게는 인지되지 않는 영어 /s/의 이음을 한국인 화자는 쉽게 구별하는데 이것은 /s/와 /s'/가 한국어에서 별개의 음소로 존재하기 때문이다.

영어의 [ɹ]과 [ʃ]는 한국어에서는 음소가 아니지만 이음으로 존재한다. 그런데 비록 이 두 음이 영어와 한국어에서 모두 실현되더라도 실제 발음에서는 두 언어에서 차이가 난다. 영어의 [ɹ]은 권설음 (retroflex)인데 반해서 한국어에서는 /l/의 이음으로 실현되는 이 음은 영어의 설탄음 [ɾ]과 유사하다. 그리고 영어의 [ʃ]는 입술을 둥글게 하여 내는 소리인데 반해서 한국어에서는 이 음을 발음할 때 입술을 둥글게 하지 않는다. 이와 같이 두 언어에서 비록 표면형에서 모두 실현될지라도 그 구체적인 음성적 실현에서는 차이가 있다.

10.4 음절 구조(Syllable Structure)

영어 분절음이 어떻게 실현되는 지를 한국어를 중심으로 다른 언어와 비교하였다. 이제는 영어 음절이 다른 언어의 음절과 어떻게 유사하며 또 어떻게 다른지에 대해 논의하기로 한다. 영어에서 음절은 음운 현상을 기술할 때뿐만 아니라 단어 강세를 결정하는데 중요한 역할을 한다.

음절은 초성, 중성, 종성으로 이루어진다. 그러나 음절을 구성하는 방식은 언어마다 다르다. 8장에서 영어 음절 구조에 대해 살펴본 바와 같이 영어에서는 음절 초성에 자음이 세 개까지 가능하다. 그리고 음절 종성에는 자음이 네 개가 올 수 있다. 이와 같이 영어는 음절 초성과 종성에 자음군을 허용하지만 한국어에서는 초성과 종성에 자음이 한 개만 올 수 있다. 이러한 이유로 영어 초성 자음군과 종성 자음군을 발음할 때 한국인 초급 영어 학습자는 모음을 삽입하는 오류를 범하기 쉽다. 예를 들어 'pump'를 발음할 때 단어말에 모음을 삽입하여 *[p^hʌmp^hɨ]로 잘못 발음할 수 있다.

또한 영어에서는 /h/를 제외하고 초성에 나타나는 모든 자음이 종성에 나타날 수 있다. 그러나 한국어에서는 종성에 [p, t, k, m, n, ŋ, l]만 나타날 수 있다. 따라서 /s, ʧ/ 등 한국어 종성에서 허용하지 않는 음으로 끝난 영어 단어를 한국인 초급 영어 학습자가 발음할 때 단어 끝에 모음을 삽입하는 오류를 범할 수 있다. 가령, 'miss'를 발음할 때 단어말에 모음을 삽입하여 *[misɨ]로 잘못 발음할 수 있다. 이와 같이 목표어인 영어와 학습자의 모국어 음절 구조를 이해하면 영어 학습자가 잘못 발음할 것으로 예상되는 구조를 알아낼 수 있다. 나아가 제대로 발음하는 방법을 익힐 수 있다.

10.5 음운 현상(Phonological Processes)

소리 언어는 청자와 화자를 전제로 한다. 청자의 입장에서는 화자가 또박 또박 발음을 하여 좀 더 음이 분명하고 뚜렷하게 구분되길 원한다. 그러면 소리를 듣고 의미를 파악하기 쉽기 때문이다. 반면에 화자의 입장에서는 힘을 덜 들이면서 좀 더 쉽게 발음하는 것을 선호한다. 그래도 입을 편하게 벌려서 [아아아아아]식으로 발음하여서는 일정한 의미를 전달할 수 없다. 소리 언어는 이렇게 서로 다른 입장을 가진 화자와 청자의 요구를 적절하게 만족시킨 결과라고 볼 수 있다. 이에 각 언어에서 일정한 수의 음소를 결합하여 뜻을 전달한다. 그러면서도 가급적 편하게 발성하려는 화자의 바램을 전혀 무시하지도 않는다. 많은 경우에 인접음과 비슷해지려는 동화(assimilation) 현상을 허용하기 때문이다. 영어에서 많은 접미사가 유성음과 무성음으로 실현된다. 예를 들어, 복수형, 현재시제 동사의 3인칭 단수형, 소유격 접미사가 [s, z, əz] 중의 한 음으로 발음된다. 그리고 동사 과거형 접미사는 [t, d, əd] 중의 한 음으로 발음된다. 이때 접미사는 유성 자음으로 어간이 끝나면 유성음 접미사가 사용되고 무성 자음으로 어간이 끝나면 무성음 접미사가 나타난다. 예를 들면 'clubs[z]'이나 'cups[s]'이다. 이와 같이 한 음소가 일정한 환경에서 다른 음으로 실현되는 현상을 음운 변화 현상이라고 한다. 음운 변화 현상을 설명하기 위해 음운 규칙을 설정한다. 음운 규칙을 적용하는 것은 모국어 화자에게는 매우 자연스러운 것이다. 그러나 외국어 학습자에게는 별도로 학습해야 하는 규칙인 것이다. 또한 모국어의 음운 현상이 목표어의 음운 변화 현상과 다를 때는 더욱 더 학습하기 어려워진다. 이에 몇 가지 음운 현상을 통해 영어와 한국어의 음운 체계를 비교하기로 한다.

10.5.1 기식음화(Aspiration)

음소는 모든 환경에서 같은 음으로 실현되지 않고 그것이 나타나는 환경에 따라서 이음으로 나타난다. 영어의 무성 자음 /p, t, k/는 음보의 첫 자리에서는 기식음으로 실현되지만 /s/ 뒤에서와 음보의 중간 위치에서는 기식음으로 실현되지 않는다. 'pie'와 'spy'에서 /p/의 발음을 비교해 보면 /p/가 어두에서는 강한 기식음으로 발성되지만 /s/ 다음에서는 비기식음으로 발음된다. 이렇게 한 음소가 일정한 환경에서 구체적인 이음으로 실현되는 현상을 음운 현상이라고 한다. 기식음화 현상을 음운 자질을 사용하여 규칙으로 나타내면 다음과 같다.

(7) [-voiced, -cont] → [aspirated] / $_F$[______...]

영어에서의 기식음화는 무성 폐쇄음이 음보 안에서 나타나는 위치에 따라 결정된다. 한편 한국어에서 기식음화는 /h/와 무성 폐쇄음의 두 음소가 인접할 때 일어난다. 예를 들면 '놓다'는 /noh/+/ta/의 연속체에서 /h/와 /t/가 인접해서 [노타] ([not^ha])로 실현된다. '못 하나'는 /mot/+/hana/의 연속체에서 /t/와 /h/가 인접해서 [모타나] ([mot^hana])로 실현된다. 이와 같이 영어에서 기식음화는 음보와 같은 운율 단위내 위치로 결정되고 한국어에서는 분절음간의 인접성으로 결정된다.

10.5.2 구개음화(Palatalization)

영어 'last[ʧ] year'에서 /t/와 /j/가 연속하여 발음될 때 [ʧ]로 발음된다. 이처럼 치경 자음 [t]와 [j]음이 형태소 경계 너머로 결합될 때 경구개 파찰음인 [ʧ]로 되며 치경 마찰음 /s/와 /j/음이 결합하면 경구개 마찰음인 [ʃ]로 실현된다; 'this[ʃ] year.' 마찬가지로 한국어에서도 치경 폐쇄음 뒤에 오는 [i]와 [j]가 구개음화를 일으킨다; 굳이 [구지], 붙여 [부처]. 두 언어에서 보듯이 구개음화 현상은 상당히 보편적으로 일어난다. 그러나 그 적용 양식은 개별 언어마다 다르다. 우선, 구개음화 현상을 유발하는 음이 다르다. 영어에서 형태소 경계 너머에서 일어나는 구개음화는 치경 자음 뒤에 [j]음이 올 때만 일어난다; 'last[ʧ] year vs. must[t] eat.' 반면에 한국어에서는 [i]와 [j]가 모두 구개음화를 일으킨다. 그리고 영어에서 구개음화는 /t, d, s, z/가 /j/ 앞에서 각각 구개음인 /ʧ, ʤ, ʃ, ʒ/로 변화하며 이것은 형태소 경계를 넘어서뿐만 아니라 난어 사이에서도 일어나는 규칙이다. 반면에 한국어에서는 치경음 /t, t^h/와 /i, j/ 사이에 형태소 경계가 올 때에만 구개음인 [ʧ, $ʧ^h$]로 변한다. '마디 [마디]'는 형태소 안이어서 구개음화가 일어나지 않지만 '맏이 [마지]'에서는 /t/와 /i/ 사이에 형태소 경계가 있어서 구개음화를 겪는다. '밭이랑'에서는 '이랑'이 조사의 의미로 쓰이는 경우에는 [바치랑]으로 발음된다. 그러나 '밭 이랑'과 같이 '밭'과 '이랑'이 결합한 복합어에서는 [반니랑]~[바디랑]으로 발음되고 *[바치랑]으로는 발음되지 않는다. 또한 영어와 한국어에서 구개음화의 적용 정도가 다르다. 영어에서는 구개음화가 반드시 강제적으로 일어나야 하는 것은 아니다. 즉, 'last year'에서 /t/와 /j/가 연속하여 발음될 때 [ʧ] 또는 /t/와 /j/의 연속음으로 선택적으로 발음될 수 있다. 이에 비해 한국어에서는 /t, t^h/와 /i, j/가 형태소 경계를 사이에 두고 연속으로 오게 되면 반드시 구개음으로 발음된다. 따라서 음운 체계는 보편성과 개별성이 함께 공존하는 체계임을 알 수 있다.

10.5.3 조음 위치 동화(Place of Articulation Assimilation)

인접 자음의 조음 위치 동화도 언어 보편적으로 일어나는 현상이지만 언어에 따라서 적용 양식이 다르다. 영어와 한국어에서 모두 치경음이 후행 자음의 조음점에 동화된다. 그러나 영어에서는 순음이 연구개음에 잘 동화되지 않는데 반해 한국어에서는 순음이 연구개음에 동화된다. 영어에 비해 한국어에서 위치 동화가 좀 더 광범위하게 일어난다고 볼 수 있다. 다음은 영어와 한국어의 위치 동화의 예를 보여준다.

(8) 영어의 조음 위치 동화

a. 치경음 → 순음
that pen [ðæppɛn], ten pounds [tɛmpaundz]

b. 치경음 → 연구개음
hot cake [hɑkkeɪk], ten cups [tɛŋkʌps]

c. *순음 → 연구개음
leap quickly [lipkwɪklɪ] *[likkwɪklɪ]

(9) 한국어의 조음 위치 동화

a. 치경음 → 순음
곧바로 [곱빠로], 신발 [심발]

b. 치경음 → 연구개음
받고 [박꼬], 한강 [항강]

c. 순음 → 연구개음
감기 [강기], 업고 [억꼬]

이와 같이 자음의 위치 동화는 보편적으로 일어나는 현상이지만 영어와 한국어에서 적용 양식은 다르다. 이로 인해 한국어 학습자는 영어를 배울 때 위치 동화를 잘못 일으키는 오류를 범하게 된다. ‘map color’를 발음할 때 초급 영어 학습자는 [mækk^{h}ʌlɚ]로 잘못 발음할 수 있다. 이와 같이 모국어의 음운 현상은 목표어에 부정적으로 간섭(interference)을 일으킬 수 있다.

10.5.4 비음 동화(Nasal Assimilation)

영어에서는 모음이 인접한 비음의 영향으로 비음화된다. 예를 들면 'sing'/sɪŋ/이 [sɪ̃ŋ]으로, 그리고 'him'/hɪm/이 [hɪ̃m]으로 발음된다. 그러나 영어에서 자음은 인접 비음에 동화를 보이지 않는다. 반면에 한국어에서는 음절말의 폐쇄음이 뒤에 오는 비음에 동화되어 같은 조음 위치를 갖는 비음으로 바뀌게 된다. 다음은 그 예를 보인다.

(10)

a. /p, p^h/ → [m] / ___ [m, n]
잡는 → [잠는], 앞마당 → [암마당]

b. /t, t^h/ → [m, n] / ___ [m, n]
믿는 → [민는], 밭농사 → [반농사]

c. /k, k^h/ → [ŋ] / ___ [m, n]
먹는 → [멍는], 부엌만 → [부엉만]

각 언어의 음운 규칙이 서로 달라서 목표어 습득이 어려워진다. 따라서 한국어에 존재하는 비음 동화(nasal assimilation)가 영어를 학습할 때 부정적으로 적용될 수 있다. 가령, 'topman'/tɑpmən/은 *[tɑmmən]으로, 'good morning'/gʊd mɔɹnɪŋ/이 *[gʊn mɔɹnɪŋ]으로 잘못 발음되기 쉽다. 이처럼 목표어인 영어를 학습할 때 생기는 발음 오류는 많은 경우 모국어의 음운 현상을 그대로 적용시킨 결과라고 할 수 있다. 이때는 모국어의 음운 현상이 적용되는 것을 억제해야 한다. 따라서 목표어의 발음을 제대로 학습하려면 목표어의 음운 현상과 모국어의 음운 현상을 모두 이해해야 한다.

10.5.5 /nl/과 /ln/-연속음 실현(Phonetic Realizations of /nl/ and /ln/)

nl/ln-연속음은 영어에서 모두 가능하다. 따라서 'on line'과 'all night'에서 /n/과 /l/이 모두 음가 그대로 발음된다. 반면에 한국어에서는 /n/과 /l/의 연속체가 모두 [ll]로 발음된다. 예시로 '신라'[실라]와 '길눈'[길룬]을 들 수 있다. 이러한 음운 규칙의 영향으로 한국인 초급 영어 학습자는 'on line'을 [ollain]으로, 'all night'를 [ollait]으로 발음하는 것을 볼 수 있다. 이때 단어 첫 /l/은 두음 법칙에 따라 일단 [n]으로 실현되기도 하여 'on line'이 [onnain]으로 실현되기도 한다. 이와 같이 각 언어의 음운 현상이 서로 다르기 때문에 두 언어가 비록 같은 음소를 갖고 있어도 두 음소의 연속체는 달리 발음될 수 있다.

요약

이번 장에서는 영어의 음운 체계와 다른 언어의 음운 체계를 비교하였다. 음운 체계를 비교하기 위하여 특정한 음운 표기 방식에 의존하지 않고 각 언어의 자음과 모음이 보이는 음성적 특징을 비교하였다. 같은 방식으로 음운 표기가 되어도 실제 발음에서 차이가 나는 것은 바로 음성적 특징이 다르기 때문이다. 이러한 이유 때문에 외국인 영어 학습자는 영어를 익히는데 어려움을 갖는 것이다. 나아가 한국어의 음운 현상이 목표어인 영어 발음을 습득하는데 부정적으로 영향을 주는 사례를 살펴보았다. 이것은 음운 체계가 보편성과 개별성이 함께 공존하는 체계라는 것을 말해준다.

제 11장

차용어 음운론(Loanword Phonology)

모국어에 없는 연속음을 들으면 해당 음을 정확하게 인식하지 못한다. 영어 화자는 음을 인식할 때 단어초에 */sɹ/과 */tl/이 나타나지 않는 영어 음소배열 제약의 영향을 받는다. 그래서 /ɹ/인지 /l/인지가 애매한 음 [?]을 [tʰ?a]로 영어 화자에게 들려주면 [tʰɹa]로 듣고 [s?a]로 들려주면 [sla]로 듣게 된다(Pitt and McQueen, 1998). 외래어 차용은 근원어의 출력형(output)에 충실하면서도 수용어(borrowing language)의 분절음, 음소배열 제약 그리고 음절 구조에 맞추도록 이루어진다. 그런데 수용어에 없는 음이나 연속음을 어떻게 차용하는지를 알아보면 영어 음성·음운 체계를 보다 깊이 이해할 수 있다. 영어가 다른 음운 체계를 가진 언어에 차용되는 양식을 살펴봄으로써 영어 발음에 대한 이해를 깊게 할 수 있는 것이다.

비록 근원어(source language)의 음에 상응하는 음이 수용어에 없더라도 상당히 체계적이고 일정한 양식으로 차용된다. 이렇게 음이 체계적으로 대치되는 것은 어떤 원리에 의해 이루어지는 것일까? 외래어 차용 양식을 이해하려면 근원어의 음성·음운 체계와 더불어 수용어의 음성·음운 현상도 파악해야 한다. 영어 차용을 이해하기 위해 우선 외래어 차용 이론을 살펴본다. 그리고 영어가 한국어, 태국어, 일본어에 차용되는 양식을 통해 각 차용 이론의 장·단점을 검토한다. 특히 영어 폐쇄음이 각 언어에서 어떻게 차용되는지를 통해 서로 다른 언어의 음성·음운체계가 어떻게 상호 작용하는지를 알아본다.

11.1 외래어 차용(Loanword Adaptation)

11.1.1 음운적 접근 방식(The Phonological Approach)

외래어 차용이 근원어와 유사한 수용어 음으로 대치되는 것이라고 할 때 과연 근원어의 어느 단계의 음이 차용되는지에 따라서 외래어 차용 음운론의 접근 방식이 달라진다. 우선 근원어의 음소 단계가 수용어로 차용된다고 보는 음운론적 접근 방식이 있다(LaCharité and Paradis, 2005). 이 접근 방식에서는 수용어와 근원어의 두 개 언어를 구사하는 이중 언어 화자가 외래어를 차용한다고 본다. 이중 언어 화자는 자연히 근원어와 수용어 모두의 음운 체계에 대한 지식이 있게 마련이다. 이에 이들 이중 언어 화자는 근원어와 수용어의 이음 같은 음성적인 실현은 무시하고 음소 단계에서 비슷한 음으로 차용한다. 따라서 근원어의 음소 단계가 수용어에 입력형(input)으로 작용한다. 가령, 영어 이완 모음 중에서 고모음인 /ɪ/와 /ʊ/가 멕시코에서 사용되는 스페인어에 차용될 때 이들 음이 멕시코에서 사용하는 스페인어에서 /e/와 /o/에 음성학적으로는 좀 더 비슷하지만 각각 /i/와 /u/로 차용된다. 이것은 실제 음성적 실체보다 음운 자질에 근거하여 차용이 이루어지기 때문이다(LaCharité and Paradis, 2005).

그런데 이러한 음운적 접근 방식은 근원어에서는 한 음소가 수용어에서는 두 개 이상의 음으로 차용되는 경우를 설명하지 못한다. 예를 들어서 영어의 /s/ 음소는 한국어에 차용될 때 [ㅆ] ([s']과 [ㅅ] ([s])의 두 음으로 차용된다; song [s'oŋ] vs. style [sitʰail]. 이것은 자음군에서 나타나는 /s/는 모음 앞의 /s/에 비해 길이가 짧다는 것을 한국인 화자가 인지하고 이를 한국어에서 상응하는 음으로 대치한 결과이다(Kim and Curtis, 2002). 그런데 음운적 접근 방식에서는 차용음을 만들 때 이렇게 근원어의 음소 체계에는 존재하지 않는 [+long]이라는 잉여적인 자질을 이용할 수가 없다.

11.1.2 음성적 접근 방식(The Phonetic Approach)

음성적 접근 방식은 음운적 접근 방식과 달리 근원어의 표면 음성형(surface form)이 외래어를 차용할 때 입력형이 된다고 주장한다(Silverman, 1992; Peperkamp and Dupoux, 2003). 음성적 접근 방식에서는 주로 음향적인 신호나 보편적인 음성학에 근거한 표면 음성형을 수용어 화자가 어떻게 인지하느냐에 따라 차용어가 결정된다. 영어의 'bus'와 'stamp'를 캔토니즈어(Cantonese, 광둥어) 화자가 차용할 때 [pasi]와 [sitam]으로 차용하는데 이 때 두 가지 사실을 알 수 있다. 첫째, 첫 번째 단어에서 /s/가 수용어의 음절 구조 제약을 어기지만 그 음향적 단서가 강하므로 인지된다. 그 후 수용어의 음운 과정을 통해 모음이 삽입되어 [pasi]로 차용된다. 둘째, 'stamp'에서 마지막 자음인 [p]도 수용어의 음절 구조 제약을 어기지만 그 음향적 단서가 강하지 않아서 인지되지 않고 탈락된다. 따라서 'stamp'는 [sitam]으로 차용된다. 다음은 이러한 차용 양식을 보여준다.

(1) 'bus'와 'stamp' 차용 (Silverman, 1992)

입력형	'bus'	'stamp'
인지 단계	[pas]	[stam]
작동 단계	[pasi]	[sitam]

그런데 Silverman (1992)의 다단계 차용 방식(multiple scansions model)에서는 자음이 일단 인지된 후 모음 삽입이 이루어지는 반면에, Peperkamp and Dupoux (2003)는 수용어 화자가 근원어를 들을 때 이미 모음이 삽입된 것으로 인지한다고 주장한다. 가령, 'ebzo'처럼 허용되지 않는 자음군을 들었을 때 일본인은 인지 단계에서 이미 모음이 있는 [ebuzo]로 인지한다는 것이다. 이처럼 음성적 접근 방식 중에서도 모음 삽입이 어느 단계에서 이루어지는지에 있어서 차이가 있다. 그러나 음성적 접근 방식에서는 근원어의 음성 표면형이 중요하고 수용어의 음운론이 그다지 중요한 역할을 담당하지 않는다.

11.1.3 통합적 접근 방식(The Integrated Approach)

Kang (2003)과 Kenstowicz (2001, 2004)는 근원어의 음성적 실현뿐만 아니라 수용어의 음운 체계가 중요한 역할을 담당하는 통합적 분석 방식을 주장한다. 이들은 음성적 유사성만으로 차용음을 만들어 내는 것과 근원어의 음운 체계에만 의존하는 방식으로는 외래어 차용을 설명할 수 없다고 본다. 통합적 접근 방식에서는 수용어의 음운 체계뿐만 아니라 형태론적 정보 그리고 철자의 영향에 의해서도 외래어가 형성된다고 본다. 외래어 차용에서 형태론적 정보가 작용을 하는 예시를 Kang (2003)의 연구 결과를 통해 살펴보기로 한다. 영어의 단어말 무성 폐쇄음은 한국어에서 흔히 모음 삽입을 일으키는데 이것은 영어 폐쇄음의 개방성(release)을 유지하고자 하는 것으로 본다. 그런데 영어의 단어 말 /t/는 영어 원음에서 다른 위치의 자음에 비해 개방성의 정도가 가장 약하지만 모음 삽입을 가장 잘 일으킨다. 가령, 연구개 폐쇄음이 개방되어 발음되는 것은 89%이나 모음 삽입은 34%인데 비해, 치경음의 경우 개방 정도는 51%인 반면에 모음 삽입은 72%로 많이 일어난다; 'kick'[킥], 'tip'[팁] vs. 'knit' [니트]. 이렇게 영어의 단어 말 /t/가 개방되는 정도는 약하지만 모음 삽입이 가장 잘 일어나는 이유는 한국어의 형태 음운론적 제약으로 설명할 수 있다. 한국어에선 [t]로 끝나는 명사가 없다. 만일 영어 단어말 /t/가 모음 삽입을 일으키지 않으면 /s/로 끝난 단어로 인식될 것이다; 'internet-을(Obj) [인터네슬]'. 한국어의 단어 말음이 /t, t^h, ʧ, $ʧ^h$, s, s', h/인 경우 모두 [t]로 중화되어 다음에 모음으로 시작하는 조사가 오는 경우 [s]로 실현되기 때문이다; '꽃이' [꼬시]. 따라서 'knit'에서 마지막 자음이 /t/로 차용된다면 [s]로 실현될 것이어서 모음을 삽입함으로써 영어 원음인 치경 폐쇄음 성질을 유지하고자 하는 것이다; knit [니트] *[닛]. 이처럼 외래어를 차용할 때 수용어인 한국어의 형태 음운론적 제약이 근원음의 개방성이라는 음성적 특성을 유지하는 제약보다 중요하게 작용한다는 것을 알 수 있다. 영어 단어말 /t/를 한국어에 차용할 때에는 수용어인 한국어의 형태 음운론적 제약이 영향을 주어서 모음 삽입이 빈번하게 일어난다는 것을 보았다.

근원어의 형태적 정보 또한 외래어 차용에 영향을 준다. 영어의 복수형 접미사는 한국어에 차용될 때 생략된다. 반면에 /s/나 /z/가 단일 형태소의 일부일 때는 결코 생략되지 않는다. (2)를 살펴보자.

(2) a. 형태소 내부의 /s/나 /z/

bus [버스], rose [로즈]

b. 복수형 접미사의 차용

sunglasses [선글라스] *[선글라시즈], stockings [스타킹] *[스타킹즈]

수용어인 한국어에서는 복수형 접미사가 절대적으로 필요한 것이 아니어서 영어의 복수형 접미사가 비록 근원어의 음성 표면형에 나타나도 흔히 생략된다. 이와 같이 단어 끝 음이 /s/나 /z/로 끝나도 이것이 근원어에서 어떤 형태적 역할을 하느냐에 따라 차용 여부가 결정된다. 이것은 근원어의 형태적 정보 또한 외래어 차용에서 중요한 역할을 한다는 것을 보여준다.

영어의 /s/가 한국어에 차용될 때 자음군에 나타나는 짧은 [s]는 [ㅅ]으로 그리고 모음 앞에 나타나는 긴 [s]는 [ㅆ]으로 차용된다. 이것은 음운론적 접근 방식으로는 설명할 수 없고 음향적인 길이에 충실한 경우로 음성적 접근 방식이 우월하다는 것을 보인다. 한편 일본어의 /s/는 그 위치에 상관없이 한국어에 [ㅅ]으로 일관되게 차용된다; J. sakura-> K. sak'ura, J. susi -> K. sɨsi. (Ito et al., 2006). 이것은 음성적 접근 방식만으로는 외래어 차용을 설명할 수 없다는 것을 보여준다. 일본어에는 자음군이 없으므로 /s/가 결코 자음군에서 나타나지 않는다. 일본어 /s/는 음향적 길이로는 영어의 모음 앞의 /s/에 상응하는 길이로 길게 실현되지만 한국어에서 [ㅅ] ([s])로 차용된다. 만일 음향적 길이만으로 차용음을 결정한다면 이렇게 근원어에 따라서 다르게 차용되는 것을 설명할 수 없다. 그런데 일본어에서는 어중에서 /ss/가 존재한다. 가령, 'simply' /assaɹi/는 한국어에서 [as'aɹi]로 차용되어 경음 [ㅆ] ([s']) 로 차용된다. 이것은 곧 외래어 차용이 어느 특정 음을 단독으로 평가하여 수용어에서 상응하는 음으로 대치하기보다 표면에 나타난 음성적인 체계를 평가하여 차용음을 결정한다는 것을 의미한다. 즉, 영어가 근원어인 경우에는 표면에서 자음군에 나타나는 짧은 /s/는 한국어의 [s]로 차용되나 모음 앞에 나타나는 긴 /s/는 한국어의 [s']로 차용한다. 그러나 일본어의 /s/는 /ss/에 비해 짧으므로 한국어에서 [s]로 대치되고 일본어의 /ss/는 한국어의 [s']로 대치된다. 이와 같이 절대적인 음향적인 길이의 대응으로 차용음을 결정하지 않는다. 이것은 곧 차용음을 결정할 때 근원어와 수용어의 전체적인 음운 체계를 비교한다는 것을 의미한다.

11.2 외래어 차용 원리(Principles for Loanword Adaptation)

"McDonald's"는 한국어에서는 [맥도날드]로 일본어에서는 [magɯdonaɹɯdo]로 차용된다. 왜 똑 같은 영어 단어가 언어마다 이처럼 다르게 차용되는 것일까? 이번 장에서는 차용어의 형태를 결정하는데 있어서 중심적인 역할을 하는 원리를 알아보기로 한다.

11.2.1 음절 구조 제약(Syllable Structure Constraints)

외래어 차용에서 가장 중요한 역할을 담당하는 것은 음절 구조이다. 영어의 경우, 음절 초성과 종성에 각각 자음군이 올 수 있지만, 한국어에서는 음절 초성과 종성에 자음이 하나만 올 수 있다. 나아가 음절 종성에서는 [p, t, k, m, n, ŋ, l]만 나타날 수 있다. 따라서 'Christmas' [kɹɪsmas]는 영어에서 2음절이지만 한국어 음절 구조에 맞추어야 하므로 [크리스마스]라는 5음절 단어로 차용 된다. 이처럼 수용어의 음절 구조 제약은 외래어 차용에서 절대적으로 지켜져야 하는 제약이다. 제약간의 위계로 음운 현상을 설명하는 최적성이론(Optimality Theory) 분석에서는 음절 구조 제약이 가장 상위의 제약이라고 말할 수 있다.

그런데 이러한 음절 구조 제약이 모음 삽입을 모두 설명할 수는 없다. 'twin'은 [트윈]으로 차용되는데 반해서 'queen'은 [퀸]으로 차용된다. 영어의 /tw/를 차용할 때는 모음 삽입이 일어나지만 영어 /kw/에서는 모음 삽입이 일어나지 않기 때문이다. 한국어에서 /tw, kw/가 음절 초성에서 모두 가능하지만 영어를 차용할 때 모음 삽입이 다르게 일어난다는 것은 두 언어 사이의 대응을 설명할 때 음절 구조 제약과 더불어 역할을 하는 제약이 더 있다는 것을 의미한다.

11.2.2 모음 삽입(Vowel Epenthesis)

근원어의 단일음이나 자음군이 수용어에서 허용되지 않으면 수용어의 음절 구조 제약을 어기게 된다. 영어의 자음군을 차용할 때 음절 구조 제약을 지키기 위해서 일반적으로 모음이 삽입된다. 가령, 'bus'를 한국어에 차용할 때 [s]가 한국어의 음절 말음에 나타날 수 없어서 단어 끝에 [으]를 삽입한다: [버쓰]~[뻐쓰]. 또한 'steam'은 [st]가 한국어 음절 두음에 올 수 없어서 [s]와 [t] 사이에 [으]를 삽입하여 [스팀]으로 차용된다. 이에 근원어가 수용어의 음절 구조 제약을 어기는 경우에 차용어는 일반적으로 근원어보다 음절수가 많아지게 마련이다.

일반적으로는 모음 삽입(vowel epenthesis)을 통해 근원어의 모든 음을 충실하게 차용하고자 하는 방식을 택한다. 그런데 이와 같이 모음을 삽입하는 대신에 자음을 탈락시킴으로써 모국어의 음절 구조 제약을 만족시킬 수도 있다. 가령, 영어의 'contact'의 경우 한국어에서는 [콘택트]뿐만 아니라 [콘택]으로도 차용된다. 첫 번째 형태인 [콘택트]는 모음을 삽입하여 음절수를 늘린 반면에 두 번째 형태인 [콘택]은 단어 말음인 /t/를 탈락시킨 경우이다. 아울러 모음 삽입의 위치도 일정하지 않다. 대부분 자음 뒤에 모음을 삽입하여 열린 음절을 만들지만 단어말 자음군을 차용할 때는 단어말 자음의 성격에 따라 모음이 삽입되는 위치가 달라진다. 가령, 'belt'처럼 단어말 자음이 폐쇄음인 경우는 [벨트]로 단어말 자음 뒤에 모임이 삽입되지만 'film'과 'cycle'의 경우처럼 단어말 자음이 공명음일 때에는 [필름] (*[필므]), [싸이클] (*[싸이크르])로 단어말 두 자음 사이에 모음이 삽입된다.

11.2.3 근원음 최대보존 원리(Maximal Preservation of Source Sounds)

수용어의 음절 구조 제약을 어기는 근원어를 차용할 때 분절음을 탈락시키기보다 대부분 모음을 삽입시킨다. 이것은 근원음을 최대로 보존하기 위한 것이다. 영어에서 불어의 비강 모음을 차용할 때 비음성을 삭제하기보다 모음과 비음의 연속체로 차용한다. 가령, 불어의 chiffon [ʃifɔ̃]은 영어에서 [ʃɪfan]으로 차용된다(Paradis and Prunet, 2000). 이것은 근원어가 갖고 있는 모든 자질을 충실하게 차용하고자 하는 노력의 결과로 볼 수 있다. 영어의 'boots'는 한국어에서 [부츠]로 차용되나 'bench'는 [벤치]로 차용된다. 이것은 치경 파찰음 /ts/와 경구개 파찰음 /ʧ/가 모두 한국어에서 [ㅊ]으로 차용되지만 원음이 갖고 있는 조음점 정보가 삽입 모음에서 나타나는 것이다. 즉, 치경 파찰음 /ts/ 다음에서는 [으] 모음이 삽입되지만 경구개 파찰음 /ʧ/ 다음에서는 [이]가 삽입된다. 이렇게 근원어에서 조음 위치가 다른 자음이 수용어에서 비록 같은 자음으로 차용되어도 다른 모음을 삽입하여 근원어 자음의 조음 위치를 충실하게 차용하려고 한다. 또한 'boots'를 [부츠]로 차용하는 것은 음성적 접근 방식을 옹호한다. 왜냐하면 영어에서 /ts/는 음운론적으로는 자음군으로 취급되지만 음성적으로는 치경 파찰음(alveolar affricate)이기 때문이다. 이러한 음성적 실현을 충실히 반영하여 한국어에 차용될 때 한 음으로 취급되어 [부츠]로 차용되는 것이다. 이와 같이 외래어 차용을 통해 근원어인 영어의 음성·음운 체계를 보다 깊이 이해할 수 있다.

영어의 /l/과 /ɹ/은 별개의 음소이지만 한국어에서는 /l/이 음절초에서는 [ɹ], 음절말에서는 [l]로 실현된다. 즉, 영어의 이 두 음은 한국어에서는 이음으로 존재한다. 그러면 영어의 /l/과 /ɹ/은 한국어에 차용될 때 같은 식으로 차용될까 아니면 각 원음에 따라서 각기 다르게 차용될까? 영어의 /l/과 /ɹ/은 그 위치에 따라서 다르게 차용된다. 우선 영어의 /l/과 /ɹ/은 어두에서 모두 [ɹ]로 차용된다; 'light'[라이트], 'right'[라이트]. 그러나 음절 초성이어도 모음 사이에서는 다르게 행동한다. 모음 사이에 나오는 영어 /l/은 한국어에서 [ll]로 차용되고 영어 /ɹ/은 [ɹ]로 차용된다; 'feeling'[필링] vs. 'ferry'[페리](*[펠리]). 음절말에 오는 영어의 /l/과 /ɹ/도 다르게 차용된다. 영어 /l/은 한국어에서 [l]로 실현되나, 영어 /ɹ/은 실현되지 않거나 모음으로 실현된다; 'call'[콜] vs. 'car'[카], 'beer'[비어]. 이와 같이 근원어의 두 음소가 비록 수용어에서 음소로 존재하지 않고 이음으로 존재하더라도 근원어의 음소에 따라 달리 차용됨으로써 근원음이 갖고 있는 음을 구별하여 차용한다는 것을 알 수 있다.

삽입 모음이 한국어에서는 [으, 이, 우]이고 일본어에서는 [ɯ, i]이다. 이들 음은 모두 고모음으로 길이가 짧다. 이것은 수용어의 음절 구조 제약을 만족시키기 위해 모음을 삽입하지만 가급적이면 짧은 모음을 삽입하여 원음에 근접하려고 하기 때문이다. 영어 'heart'는 [하트]로 차용되고 'beach'는 [비치]로 차용되고 'blouse'는 [블라우스]로 각각 한국어에 차용된다. 이와 같이 한국어의 음절 구조 제약을 위배하는 근원어를 차용할 때 위배하는 자음이 치경구개음이면 [i]가 삽입되고 순음이면 [u]가 삽입되고 나머지 경우에는 [ɨ]가 삽입된다. 일본어에서는 일반적으로 [ɯ] 모음이 삽입 모음이다. 그런데 영어 'hot'는 [hotto]로 일본어에 차용된다. 이렇게 [ɯ] 대신에 [o] 모음이 삽입되는 이유는 자음 [t]를 유지하려고하기 때문이다. 만일 [ɯ]가 삽입된다면 /tɯ/는 일본어 음운 규칙에 따라 [tsɯ]로 변하게 된다. 따라서 근원어의 자음을 유지하고자 하는 제약으로 인해 삽입 모음이 변하는 것이다.

11.3 영어 폐쇄음 차용(Adaptation of English Stops)

영어 폐쇄음이 아시아권 나라에서 어떻게 차용되는 지를 비교함으로써 근원어와 수용어간의 음성·음운체계가 어떻게 상호 작용하는

지를 살핀다. 우선 영어와 일본어는 유성음과 무성음의 두 가지 대립을 보인다. 한편 한국어와 태국어는 후두 자질에 따라 세 가지 대립을 보인다. 이와 같은 음운적 대립과 아울러 어떻게 음성적으로 다르게 실현되는지를 10장에서 알아본 바가 있다. 표 11.1에 다시 제시한다.

표 11.1 영어와 다른 언어의 자음 VOT 비교

(Kenstowicz and Suchato, 2006; Ito et al., 2006; Shimizu, 1999; Silva, 2006; Ladefoged, 2005)

a. 유·무성의 두 가지 대립 폐쇄음 체계

자음 \ 언어	영어	일본어
/p, t, k/	78 ms	46 ms
/b, d, g/	0~30 ms	20~30 ms

b. 후두 자질에서 세 가지 대립 폐쇄음 체계

자음 \ 언어	한국어	태국어
/p, t, k/	40~70 ms	0~25 ms
/b, d, g/	해당 없음	3 ms
/pʰ, tʰ, kʰ/	85~105 ms	100 ms
/p', t', k'/	6~18 ms	해당 없음

영어의 유성 폐쇄음과 무성 폐쇄음은 한국어와 태국어의 자음과 음운적으로뿐만 아니라 음성적으로도 그 대응음을 쉽게 정할 수 없다. 표 11.1에서 보듯이 VOT라는 음향 단서로 보면 영어 유성 폐쇄음은 한국어의 경음과 유사하지만 한국어에서 평음으로 차용된다; base [베이쓰]. 한국어에서 영어 차용어는 VOT 유사성에 근거하여 음성적

으로 유사한 음으로 대응음을 정하지 않는 것으로 보인다. 이에 영어 유성 폐쇄음과 무성 폐쇄음이 한국어와 태국어에서 어떻게 차용되는지를 통해 근원어와 수용어의 음이 갖고 있는 다양한 음성적 단서가 어떻게 상호 작용하는지를 알아본다.

우선, 단어초의 영어 무성 폐쇄음은 (3)에서 보듯이 한국어와 태국어에서 모두 무성 기식음으로 차용된다.

(3) a. 한국어에서 영어 무성 자음 차용 (Oh, 1996)
단어초: pie [p^hai]

b. 태국어에서 영어 무성 자음 차용 (Kenstowicz and Suchato, 2006)
단어초: pin [p^hin]

태국어에서는 영어 무성 폐쇄음의 VOT와 비슷한 음으로 무성 기식음이 대응된 것이다. 그런데 한국어의 경우에서는 영어 무성 폐쇄음의 VOT와 비슷한 음으로 격음과 평음이 모두 대응될 수 있다. 왜냐하면 한국어에서 격음과 평음의 VOT가 비슷하기 때문이다(Silva, 2006). 따라서 한국어에서 단어초의 영어 무성 폐쇄음이 항상 격음으로 차용되는 것은 VOT뿐만 아니라 자음 다음 모음의 피치 실현에서 격음이 비슷한 양상을 보이기 때문이다. 즉, 영어 무성 폐쇄음 다음에서 피치가 상승하는데 한국어 격음 다음에서는 그러한 피치 상승이 일어나지만 평음 다음에서는 피치 상승이 일어나지 않기 때문이다. 이와 같이 단어초에서 영어 무성 폐쇄음을 격음으로 차용하는 것은 VOT와 피치 상승과 같은 음성적 요인이 결정한다.

단어초 영어 무성 폐쇄음은 한국어와 태국어에서 모두 무성 기식음으로 차용되었다. 그러나 /s/ 다음의 영어 폐쇄음은 한국어에서는 격음으로 차용되지만 태국어에서는 무성 비기식음으로 차용된다. (4)가 이를 보여준다.

(4) a. 한국어에서 영어 무성자음 차용 (Oh, 1996)
/s/ 다음 위치: spay [sɨpʰai]

b. 태국어에서 영어 무성자음 차용 (Kenstowicz and Suchato, 2006)
/s/ 다음 위치: spy [səpēe]

영어에서 폐쇄음은 /s/ 다음에서 비기식음으로 실현된다. (4b)에서 보듯이 태국어에서는 이러한 비기식음을 그대로 차용한다. (3b)와 (4b)에서 보듯이 태국어에서는 이렇게 근원어인 영어의 이음을 서로 다른 음소로 차용한다. 이것은 차용 음운론에서 음성학적인 접근방식으로 잘 설명될 수 있다.

그런데 한국어에서는 영어 무성 폐쇄음이 (3a)처럼 기식음이든 (4a)처럼 비기식음이든 모두 격음으로 차용한다. 이것은 차용 음운론에서 음운론적인 접근방식으로 잘 설명된다고 볼 수도 있다. 음소 차원에서는 단독 폐쇄음이나 /s/ 다음의 폐쇄음이 모두 같기 때문이다. 그런데 이 경우에서도 음성학적인 자질로 VOT만을 고려하지 않고 자음 자체의 폐쇄 구간 길이를 고려한다면 /s/ 다음의 비기식 폐쇄음이 한국어에서 격음으로 차용되는 이유를 설명할 수 있다. 즉, /s/ 다음의 비기식 폐쇄음이 시간상 짧게 발성되는 것을 차용어에서도 충실하게 유지하기 위해서 폐쇄구간 길이가 긴 경음보다 격음으로 차용한다. 이러한 음성학적 접근 방식을 따른다면 영어에서 /s/ 다음의 비기식 폐쇄음이 태국어에서는 비기식 폐쇄음으로 차용되고 한국어에서는 격음으로 차용되는 것은 두 수용어에서 근원어의 어떤 음성적 자질을 유지하고자 하는 지가 상대적으로 서로 다르기 때문이다. 즉, 태국어에서는 자음의 길이를 충실하게 유지하는 제약보다 VOT를 비슷하게 유지하는 제약이 더 중요하게 작용하는 반면에 한국어에서는 두 제약간의 중요도가 바뀌기 때문이다. 이와 같은 설명은 최적성이론(Optimality Theory) 안에서 잘 이루어질 수 있다. 모든 제약이 언어보편적이지만 언어마다 제약 등급은 다를 수 있기 때문이다.

단어초와 /s/ 다음에 나타나는 영어 무성 폐쇄음 차용을 통해서 음성적인 접근방식이 음운적 접근방식에 비해 설명력이 있음을 보았다. 이제 단어말 위치에서 영어 무성 폐쇄음이 어떻게 차용되는지 살펴보자.

(5) (Kenstowicz and Suchato, 2006: 931)

영어	태국어	한국어
coke	k^{h}óok	k^{h}ok^{h}ɨ
brake	bɹèek	pɨɹeik^{h}ɨ

한국어와 태국어는 모두 음절말에서 비개방음만이 나타난다. 그런데 (5)에서 보듯이 어말 영어 무성 폐쇄음이 태국어에서는 모두 비개방음으로 차용되지만 한국어에서는 격음으로 차용하고 모음을 삽입한다. 이러한 차이는 영어 폐쇄음의 개방 길이 정도에 태국어 화자는 민감하지 않은데 비해 한국어 화자는 민감하다는 것을 보여준다. 이러한 영어 폐쇄음의 개방 길이 정도에 따라 차용 양식이 달라질 수 있다는 것은 (6)의 예에서 볼 수 있다.

(6) (Kang, 2003: 223)

a. 모음삽입
deck [tɛkʰɨ], hip [hipʰɨ]

b. 수의적인 모음삽입
cut [kʰʌtʰɨ] ~ [kʰʌt]
cake [kʰɛikʰɨ] ~ [kʰɛik]

c. 모음삽입이 안 일어남
pack [pʰæk], cap [kʰæp]

이와 같이 모음 삽입이 일어나는 정도는 단어말 영어 폐쇄음의 개방 정도에 따라 결정되는데 이러한 자음의 개방 길이는 음소 이하의 음성적 속성이다. 이러한 음성 자질에 따라 차용이 결정된다는 것은 음성적인 접근방식이 적합하다는 것을 말해 준다.

단어초와 단어 중간의 영어 유성 폐쇄음의 차용 또한 음성적인 접근 방식이 더 적합하다는 것을 보여준다. 표 11.1에서 보듯이 영어 유성 폐쇄음의 VOT로 보면 태국어의 무성 기식음이 더 유사한데도 태국어에서 유성음으로 차용된다.

(7)

	영어	태국어
단어초	domain	[dōomēen]
단어 중간	lady	[lēedii]

이것은 영어 유성 폐쇄음 다음에서는 피치 상승이 없는데 태국어에서는 유성 자음 다음에서만 피치 상승이 없어서 이와 같은 차용 양식이 나타나는 것이다. 따라서 여러 가지 음성 자질이 아울러 고려되어 차용 양식이 결정된다는 것을 알 수 있다.

한편 영어 유성 폐쇄음은 (8)에서 보듯이 한국어에서 단어 중간에서는 항상 평음으로 차용되지만 단어초에서는 평음과 경음으로 차용된다.

(8) (오미라, 2017)

a. 단어초: 경음 또는 평음
gown [kaun] ~ [k'aun], ball [pol] ~ [p'ol]

b. 단어 중간: 평음
soda [soda] *[sot'a], beginner [piginʌ] *[pik'inʌ]

단어 중간의 영어 유성 폐쇄음이 한국어에서 평음으로 차용되는 것은 음성적으로 잘 설명된다. 한국어의 평음은 단어 중간에서 유성음으로 실현되기 때문이다. 그러나 단어초의 영어 유성 폐쇄음은 성대 진동 개시 시간의 유사성으로 본다면 한국어의 경음이 적합한 차용음일 것이다. 그러나 평음으로 차용되며 경음으로도 실현되는 경우가 있다. 이것은 영어 유성 폐쇄음 다음의 피치 상승이 없는 것에 비슷한 대응음은 한국어의 평음이기 때문이다. 그렇다면 경음으로 차용되는 경우는 어떻게 설명될 수 있을까? 이것은 한국어에서 '닦다'가 [닥따]

또는 [딱따]로 발음되는 것처럼 일단 평음으로 차용된 후에 한국어의 어두 경음화를 겪는 것으로 볼 수 있다. 이와 같이 외래어를 차용할 때에는 근원어와 수용어의 음성적 자질 유사성뿐만 아니라 수용어의 음운 현상 또한 중요한 역할을 한다.

요약

외래어 차용은 수용어의 분절음과 음소배열 제약 그리고 음절 구조에 맞게 근원어를 최대한 수용하는 것이다. 근원어와 수용어의 음운 체계가 서로 다르기 때문에 근원어를 충실하게 차용하는 것이 매우 어렵다. 그런데 근원어의 음에 상응하는 음이 수용어에 없더라도 상당히 체계적이고 일정한 양식으로 차용된다. 이 장에서는 체계적인 외래어 차용 양식을 결정하는 외래어 차용 원리를 살핀다. 영어 폐쇄음이 한국어와 태국어에서 어떻게 차용되는지를 알아봄으로써 서로 다른 언어의 음성·음운 체계가 상호 작용하여 외래어를 차용한다는 것을 밝힌다.

제 12장

로마자 표기법과 영어 발음
(Romanization and English Pronunciation)

한국어의 로마자 표기는 한국어의 표준 발음법에 따라 한국어를 로마자로 표기하는 것이다. 그런데 이러한 로마자 표기를 한국어의 발음으로 잘못 이해하는 경우가 있다. 나아가 로마자로 표기된 한국어를 영어 발음과 동일시하는 경향이 있다. 이러한 오해를 갖지 않도록 이 장에서는 로마자 표기와 한국어 발음과의 관계를 정립하고 영어 발음의 독립적인 체계를 밝히고자 한다.

로마자 표기법은 국제화 시대에 한국어를 알지 못하는 외국인에게 한국어를 알리려는 목적으로 수차례에 걸쳐 개정되었다(문교부, 1948, 1959, 1984; 문화관광부, 2000). 한글을 모르는 대부분의 외국인이 로마자에 익숙하므로 로마자를 사용하여 한국어를 표기하는 방식을 마련한 것이다. 그런데 문제는 한글을 로마자로 표기할 때 어떤 로마자로 표기할 것인가이다. 한국어를 로마자로 표기할 때 영어를 기준으로 삼는 방식의 표기는 언어의 주체성을 포기하는 것이라는 의견에도 불구하고 현실적으로는 한국어를 영어의 발음과 철자를 기준으로 하여 영어 알파벳으로 표기하는 방식으로 정의하고 있다(양병선, 2003: 109).

국어의 로마자 표기법 (2000)에 따르면 모음은 다음과 같이 적는다.

(1) 단모음

ㅏ	ㅓ	ㅗ	ㅜ	ㅡ	ㅣ	ㅐ	ㅔ	ㅚ	ㅟ
a	eo	o	u	eu	i	ae	e	oe	wi

(2) 이중 모음

ㅑ	ㅕ	ㅛ	ㅠ	ㅒ	ㅖ	ㅘ	ㅙ	ㅝ	ㅞ	ㅢ
ya	yeo	yo	yu	yae	ye	wa	wae	wo	we	ui

이 표기법의 특징은 단모음 <ㅏ, ㅔ, ㅣ, ㅗ, ㅜ>를 <a, e, i, o, u>로 대응시키고 나머지 단모음 <ㅓ, ㅡ, ㅐ, ㅚ, ㅟ>는 2 문자 표기를 사용하여 각각 <eo, eu, ae, oe, wi>로 표기한 것이다. 그리고 이중 모음은 반모음 y와 w를 앞에 덧붙여 표기하였다. 그런데 이러한 표기법은 영어 화자들이 정확하게 한국어를 발음하는데 어려움을 유발할 수 있다. <ㅓ, ㅡ>와 같이 대응되는 로마자가 없어서 단모음을 2 문자 표기로 사용한 경우 외국인은 이러한 단모음을 어떻게 발음해야 할지 모를 수 있다. 이와 같이 로마자로 한국어 모음의 음가를 정확하게 반영하는 것은 어려운 일이다.

국어의 로마자 표기법 (2000)에 따르면 자음은 다음과 같이 적는다.

(3) 파열음

ㄱ	ㄲ	ㅋ	ㄷ	ㄸ	ㅌ	ㅂ	ㅃ	ㅍ
g, k	kk	k	d, t	tt	t	b, p	pp	p

(4) 파찰음

ㅈ	ㅉ	ㅊ
j	jj	ch

(5) 마찰음

ㅅ	ㅆ	ㅎ
s	ss	h

(6) 비음

ㄴ	ㅁ	ㅇ
n	m	ng

(7) 유음

ㄹ

r, l

'ㄱ, ㄷ, ㅂ'은 모음 앞에서는 <g, d, b>로 표기하고 자음 앞이나 어말에서는 <p, t, k>로 적는다. 그리고 'ㄹ'은 모음 앞에서는 <r>로 표기하고 자음 앞이나 어말에서는 <l>로 적는다. 자음 표기에서 가장 논란이 되는 것은 평음, 격음, 격음 등을 어떻게 구별하여 표기할 것인가이다. 가령, 평음인 'ㄱ, ㄷ, ㅂ, ㅈ'과 격음인 'ㅋ, ㅌ, ㅍ, ㅊ'을 어떻게 표기할 것인가? 로마자 표기법(2000)에서는 음절초에 나오는 평음을 <g, d, b, j>로 표기하고 격음을 <k, t, p, ch>로 표기한다. 그런데 문교부안(1984)에서는 음절초에 나오는 평음을 <k, t, p, ch>로 표기하고 격음은 어깨점(')을 이용하여 <k', t', p', ch'>로 표기하였다.

문교부안에서는 <g, d, b, j>를 평음이 유성음 사이에 있을 경우에 사용하였다. 이러한 문교부안의 로마자 표기법은 음성을 중심으로 택한 것이라고 할 수 있다. 한국어에서 어두의 평음은 무성음이어서 유·무성음을 구별하는 영어권 외국인의 이해를 돕고자 했기 때문이다.

문교부안(1984)에서는 어두에 나오는 한국어 평음 'ㄱ, ㄷ, ㅂ, ㅈ'를 <k, t, p, ch>로 표기하였으나 현행 로마자 표기법(2000)에서는 <g, d, b, j>로 표기하고 있다. 이와 같은 이유로 '광주'는 현행 로마자 표기법이 제정되기 전까지는 <Kwangju>로 표기되던 것이 이제는 <Gwangju>로 표기되고 있다. 이것은 두 가지 사실을 말해 준다. 우선, 한국어 격음이나 경음과 구별하여 평음을 로마자로 표기하는 것이 어렵다. 영어에서는 장애음이 유·무성음의 차이로 두 부류로 나뉘지만 한국어에서는 장애음이 평음, 격음, 경음으로 세 부류로 나뉘기 때문이다. 유·무성의 이분법적 표기만을 가진 로마자로 세 가지 조음 방식을 가진 한국어의 장애음을 제대로 표기할 방법이 마땅하지 않기 때문이다. 둘째로 어떤 방식으로 한국어 평음을 표기하여도 영어권 외국인에게 정확한 음가를 말해 주지 못한다는 것이다. 한국어 평음은 어두 위치에서 무성음이다. 따라서 평음을 <p>로 표기한다면 한국어 격음과는 어떻게 구분할 것인가가 문제가 된다. 이에 문교부안(1984)에서는 평음을 <p, t, k, ch>로 표기하고 격음을 <k', t', p', ch'>로 표기하고 경음을 <pp, tt, kk, tch>로 표기한 것이다. 반면에 현행 로마자 표기법(2000)에서는 한국인의 인식을 따라 평음을 <g, d, b, j>로 표기하고 격음을 <p, t, k, ch>로 표기한 것이다. 이와 같이 한국어 평음을 로마자 표기에서 <p, t, k>나 <b, d, g>로 표기한다는 것은 어떠한 표기 방식도 한국어 평음의 음가를 정확하게 나타내지 못한다는 것을 말한다.

한국인 영어 학습자는 '광주'를 <Gwangju>로 표기한 것을 바탕으로 영어에서 /g/의 음가가 한국어에서 /ㄱ/에 해당하는 것으로 잘못 생각할 수 있다. 그런데 한국어에서 '광주'의 첫 음인 /ㄱ/은 무성 폐쇄음 [k]에 해당한다. 따라서 한국어를 로마자로 표기한 것과 이제까지 살펴 본 영어 발음을 혼동해서는 안 된다. 한국어 로마자 표기는 영어 발음 표기와 전혀 다른 독립적인 체계인 것이다.

참고 문헌(References)

문교부 (1948). *한글을 로오마자로 적는법*. 미출판물.

문교부 (1959). *한글의 로마자 표기법*. 미출판물.

문교부 (1984). *대한민국 주요 지명의 로마자 표기용례집*. 서울 문교부.

문화관광부 (2000). *로마자표기 용례사전*. 서울 문화관광부. 국립국어연구원.

양병선 (2003). 우리말 한자 인명 로마자 표기에 관한 연구. *언어학 연구*, 11(4), 101-122.

오미라 (2017). 영어 유성 자음의 경음 차용에 대한 한국어 음운제약 효과, *언어학* 25(2). 121-141.

최혜란 · 오미라 (2016). 한국어에서 영어 이중모음 [ou] 차용연구, *21세기 영어영문학회 2016년 가을 학술발표 논문집*, 71-78. 전남대학교.

Ahn, S. (1985). The Interplay of Phonology and Morphology in Korean. PhD dissertation. University of Illinois at Urbana-Champagne.

Ahn, S. and G. Iverson. (2004). Dimensions in Korean laryngeal phonology. *Journal of East Asian Linguistics*, 13, 345-379.

Avery, P. and W. Idsardi. (2001). Laryngeal dimensions, *Completion and Enhancement*, 41-70.

Carr, P. (2000). *English Phonetics and Phonology*, Blackwell Publishing.

Carr, P. (2013). *English Phonetics and Phonology* (2nd edition), Willey-Blackwell Publishing.

Chomsky, N. and M. Halle. (1968). *The Sound Pattern of English*, New York: Harper and Row.

Cooper, W. E., and J. Paccia-Cooper. (1980). *Syntax and Speech*. Cambridge: Harvard University Press.

Hammond, M. (1999). *The Phonology of English*. Oxford: Oxford University Press.

Han, J. (1992). On the Korean tense consonants and tensification. *Chicago*

Linguistic Society, 28, 206-223.

Han, J. (1996). The Phonetics and Phonology of Tense and Plain Consonants in Korean, Doctoral Dissertation. Cornell University, Ithaca, New York.

Hayes, B. (1981). *A Metrical Theory of Stress Rules*. MIT PhD dissertation.

Homma, Y. (1981). Durational relationship between Japanese stops and vowels. *Journal of Phonetics*, 9, 273-281.

House, A. and G. Fairbanks. (1953). The influence of consonantal environment upon the secondary acoustical characteristics of vowels. *Journal of Acoustical Society of America*, 25, 105-113.

Ishihara, S. (1998). Independence between consonantal voicing and vocoid of perturbation in English and Japanese, In Manell, R. and J. Robert-Ribes (eds.), *Proceedings of the 5th International Conference of Spoken Language and Processing*, 3107-3110.

Ito, C., Y. Kang and M. Kenstowicz. (2006). The adaptation of Japanese loanwords into Korean, *MIT Working Papers in Linguistics*, 52, 65-104.

Iverson, G. (1983). Korean s, *Journal of Phonetics*, 11, 191-200.

Iverson, G. and J. Salmons. (1995). *Aspiration and laryngeal representation in Germanic, Phonology*, 12, 369-396.

Jensen T. John. (1993). *English Phonology*. Amsterdam: John Benjamins Publishing Co.

Jones, D. (1972). *An Outline of English Phonetics* (9th edition). Cambridge: W. Heffer & Sons Ltd.

Jun, S. (1996). Influence of microprosody on macroprosody: a case of phrase initial strengthening, *UCLA Working Papers in Phonetics*, 92, 97-116.

Kang, S. and M. Oh. (2004). A contrast-based analysis of consonant cluster simplification in English, *Language Research*, 17, 377-395.

Kang, Y. (2003). Perceptual similarity in loanword adaptation: English postvocalic word-final stops in Korean. *Phonology*, 20(2), 219-273.

Kawahara, S. (2005). A faithfulness ranking projected from a perceptibility scale: The case of [+voice] in Japanese, *Language*, 82(3).

Kenstowicz, M. and A. Suchato. (2006). Issues in loanword adaption: A case study from Thai. *Lingua*, 116, 921-949

Kim, S. and E. Curtis. (2003). Phonetic duration of English /s/ and its borrowing into Korean. *Japanese/Korean Linguistics*, 10.

Kim, M. and S. Duanmu. (2004). 'Tense' and 'lax' stops in Korean. *Journal of East Asian Linguistics*, 13, 59-104.

Kim, J., S. Flynn and M. Oh. (2007). Non-native speech rhythm: A large-scale study of English pronunciation by Korean learners, *Studies in Phonetics, Phonology and Morphology*, 13(2), 245-275.

Kingston, J. and R. Diehl. (1994). Phonetic knowledge. *Language*, 70(3), 419-453.

Lacharite, D. and C. Paradis. (2005). Category preservation versus phonetic approximation in loanword adaption. *Linguistic Inquiry*, 36(2), 223-58.

Ladefoged, P. (2005). *Vowels and Consonants*. Blackwell Publishing.

Ladefoged, P. (2006). *A Course in Phonetics* (5th edition). Thomson Wadsworth.

Ladefoged, P. and K. Johnson. (2016). *A Course in Phonetics* (6th edition). Thomson Wadsworth.

Lombardi, L. (1991). Laryngeal features and laryngeal neutralization. Ph.D. dissertation, University of Massachusetts at Amherst. Published in 1994 by Garland Press, New York.

Oh, M. (1996). Linguistic input to loanword adaptation. *Phonetics, Phonology and Morphology*, 2, 165-172.

Oh, M. and K. Johnson. (1997). A phonetic study of Korean intervocalic laryngeal consonants, *Speech Sciences*, 83-102.

Paradis, C. and J. Prunet. (2000). Nasal vowels as two segments: evidence from borrowings. *Language*, 76, 324–357.

Peperkamp, S. and E. Dupoux. (2003). Reinterpretation of loanword adaptations: The role of perception. In M. J. Sole, D. Recasens, and J. Romero (eds.), *Proceedings of the 15th International Congress of Phonetic Sciences*, 367-370. Barcelona: Casual Productions.

Pitt, Mark A. and James M. McQueen. 1998. Is compensation for coarticulation mediated by the lexicon? *Journal of Memory and Language, 39*(3): 347-370.

Raphael, L. (1970). Preceding vowel duration as a cue to the perception of voicing of American English consonants in word-final position, PhD Dissertation, City Univ. of New York.

Selkirk, E. O. (1982). On major class features and syllable theory. In M. Aranoff and R. T. Oherle (eds.), *Language and Sound Structure: Studies in Phonology,* Presented to Morris Halle by His Teacher and Students, 107-136. Cambridge, Mass: MIT Press.

Shimizu, K. (1999). A study on phonetic characteristics of voicing of stop consonants in Japanese and English [In Japanese]. *Journal of the Phonetic Society of Japan*, 3(2), 4-10.

Silva, D. (2006). Acoustic evidence for the emergence of tonal contrast in contemporary Korean, *Phonology*, 23, 287-308.

Silverman, D. (1992). Multiple scansions in loanword phonology: evidence from Cantonese. *Phonology*, 9, 289-328.

Silverman, D., M. Beckman, J. Pitrelli, M. Ostendorf, C. Wightman, P. Price, J. Pierrehumbert and J. Hirschberg. (1992). TOBI: A standard for labeling English prosody. ICSLP 92, 867-870.

Spencer, A. (1996). *Phonology*. Oxford: Blackwell.

Trager, G. and H. Smith. (1951). *An Outline of English Structure*. Norman, Okla: Battenburg Press.

Wells, J. (2000). *Longman Pronunciation Dictionary* (2nd edition). Harlow, UK.

Yavaş, M. (2006). *Applied English Phonology*. Blackwell Publishing Ltd.

YBM English Korean dictionary. (1999). YBM publishing.

찾아보기

국문

2차 조음(secondary articulation) 85
r-음색화(r-coloring) 68
가벼운 음절(light syllable) 139, 160
가장자리 성조(edge tones) 173
가지 친 중성(branching nucleus) 138
가지 친 초성과 종성(branching onset and coda) 138
가지가 없는 중성(nonbranching nucleus) 138
간섭(interference) 177, 208
갑상 연골(thyroid cartilage) 19
강세(stress) 27, 139, 155
강세 박자 언어(stress-timed language) 170
강세 충돌 회피(stress clash avoidance) 156, 168, 170
같은 음절(tautosyllabic) 150
개방 모음(open vowels) 94
개방성(release) 215
개방음(released) 38, 62
경계톤(boundary tones) 174
경구개(hard palate) 21, 47, 52
고대 영어(old English) 79
고모음(high vowels) 94
골격 층위(skeletal tier) 138
골격칸(skeletal slot) 138
공명도(sonority) 80, 140
공명성 연쇄 원리(sonority sequencing principle) 140
과거형(past tense) 118
교체(alternation) 105, 118
교체형(alternant) 117, 118
구강(oral cavity) 20, 47
구강음(oral sounds) 56
구개음(palatal) 52
구개음화(palatalization) 69, 76, 205
구개인두 길(velopharyngeal passage) 47
구개인두 통로(velopharyngeal opening) 56
구별 기호(diacritics) 62
구성소(constituent) 116
구정보(old information) 173
국제 음성 알파벳(International Phonetic Alphabet: IPA) 24
굴절 접미사(inflectional suffix) 162
굴절형(inflectional) 80
권설음(retroflex) 52, 102, 202
권설음의 성격(retroflex quality) 102, 132
규약(convention) 15
근원어(source language) 211
기관(trachea) 18
기능어(function word) 27, 107
기본 모음(cardinal vowels) 92
기본 주파수(fundamental frequency) 28
기식음(aspirated sound) 35
기식음화(aspiration) 114
기표(singnifier) 15
길이(duration) 27
끝에서 두 번째 음절(penultimate syllable) 156
끝에서 세 번째 음절(antepenultimate syllable) 156

남부 방언(southern dialect) 129
내용어(content words) 27
내적 음향 단서(internal acoustic cues) 185
내파음(implosives) 18
능동적(active) 82
다단계 차용 방식(multiple scansions model) 214
다른 음절(heterosyllabic) 150
단음절어(monosyllabic word) 137
닫힌 음절(closed syllable) 101, 136, 191
대립적인(contrastive) 33, 34
대조 강세(contrastive stress) 27
독순술(lip reading) 49
돋들림(prominence, salience) 159
동부 방언(Eastern Dialect) 129
동조음점 제약(homorganic constraint) 84
동화(assimilation) 203
마찰음(fricatives) 54
말소리(speech sounds) 15
말소리 기관(organs of speech) 18
모국어(mother tongue) 49
모음(vowels) 24
모음 높이(vowel height) 93
모음 대변이(Great Vowel Shift) 23
모음 삽입(vowel epenthesis) 210
모음의 음질(vowel quality) 92
목젖(uvula) 47
목표 외국어(target language) 44
무거운 음절(heavy syllable) 139, 158, 159
무성음(voiceless sound) 20, 50
무성음화(devoicing) 83
무표적(unmarked) 180
묵음(silent) 22
문법 범주(grammatical category) 158
반드시 필요한(mandatory) 140
반모음(semi-vowel) 55
반자음(semi-consonant) 55
발성(phonation) 18, 20
발성 기관(phonatory organs) 18
발화 실수(spoonerism) 78
방해, 장애(obstruction) 24, 49
배기음(egressive sound) 18
베르누이 원리(Bernoulli principle) 50
변이음(variants) 33
복수형(plural) 74, 117
복합 분절음(complex segment) 139
부적형(ill-formed) 146
분절음(segment) 27
분절층(segmental tier) 173
분출음(ejectives) 18
분포(distribution) 33
비강(nasal cavity) 20, 47, 56
비강 차단(velic closure) 56
비개방음(unreleased) 38, 62
비기식음(unaspirated sound) 35
비원순(unrounded) 95
비음(nasals) 56
비음 동화(nasal assimilation) 208
비음 파열(nasal plosion) 67
비치찰음(non-sibilants) 54
삽입-r(intrusive r) 87
상보적 분포(complementary distribution) 35, 43
상부 조음자(higher articulator) 21, 47
선택적(optional) 140
설단(blade of tongue) 49, 52
설정성(coronal) 146
설첨(tip of tongue) 49

설측 파열(lateral plosion) 67
설측음(lateral) 55
설탄음화(flapping) 67
성대(vocal folds, vocal cords) 19
성대진동 개시 시간(VOT: voice onset time) 63, 179
성도(cavity) 47
성문(glottis) 19, 59, 53
성문 기류(glottalic airstream) 17
성문 파열음(glottal plosive) 20
성문 폐쇄음(glottal stop) 53, 70
성문 폐쇄음화(glottalization) 69
성문 하압(subglottal pressure) 188
성문긴장(glottal tension) 183
성문넓이(glottal width) 182, 183
성문음(glottal) 53
성조 액센트(tonic accent) 166
성조층(tonal tier) 173
수동적(passive) 82
수용어(borrowing language) 211
순연구개음(labio-velar) 53
순치음(labio-dental) 51, 72
순행 동화(progressive assimilation) 81, 119
신정보(new information) 173
아담의 사과(Adam's apple) 19
아랫 입술(lower lip) 49
아랫니(lower teeth) 49
약화 모음(reduced vowels) 75, 106
양순음(bilabial) 51
어간(stem) 75, 106
어근(root of tongue) 49
억양(intonation) 28, 166, 171
억양구(Intonational phrase) 174
역행 동화(regressive assimilation) 66, 81
연결-r(linking r) 86
연골(cartilage) 18
연구개(soft palate, velum) 21, 47, 52
연구개 기류(velaric airstream) 17
연구개음(velar) 52
연구개음화(velarization) 85, 103
열린 음절(open syllable) 101, 104, 136, 191
영어 강세(English stress) 135
온전 모음(full vowel) 108, 166, 199
외적인 음향 단서(external acoustic cues) 185
용인 발음(RP: Received Pronunciation) 129
운모(rhyme) 136
원순 모음(rounded vowels) 94
윗니(upper teeth) 47
윗입술(upper lip) 47
유·무성 동화(voicing assimilation) 117, 118
유성 설탄음(voiced flap) 67, 68
유성 자질(voicing feature) 112
유성성(voicing) 83
유성음(voiced sound) 20, 50
유표적(marked) 181
율격외성 규칙(extrametricality rule) 159
음보(foot) 61, 62, 182
음성 알파벳(phonetic alphabet) 24
음성 자질(phonetic features) 39, 111
음성 파형(sound waves) 63
음성적 유사성(phonetic similarity) 37
음성형(surface form) 124, 213
음소(phoneme) 32, 39, 111
음소배열 제약(phonotactic constraints) 143

음운 규칙(phonological rule) 61
음운 기저형(underlying representation) 182
음운 환경(phonological environment) 127
음의 세기(intensity) 156
음의 크기(loudness) 27
음장(length) 27, 28
음절 구조(syllable structure) 135
음절 무게(syllable weight) 139, 158
음절 유형(syllable type) 104
음절말(syllable-final) 79
음절성(syllabicity) 80
음절성 비음(syllabic nasal) 80
음절성 자음(syllabic consonant) 80
음절의 경계(syllable boundary) 141
음질(voice quality) 96
음향 음성학(acoustic phonetics) 17
이음(allophones) 33, 35
이형태소(allomorph) 75, 118
인두(pharynx) 47
인두 벽(pharynx wall) 49
인두강(pharyngeal cavity) 20
일반 미국 영어(General American English) 129
입력형(input) 212
입술 모양(lip gesture) 91
입술의 원순성(lip rounding) 95
잉여 음절음(extrasyllabic) 145
자연군(natural class) 114
자유 변이(free variation) 38
자음(consonants) 24
자음군 단순화(consonant cluster simplification) 147
장애음(obstruents) 78, 88
재음절화(resyllabification) 71
저모음(low vowels) 94
적형(well-formed) 146
전설(front of tongue) 49, 52
전설 모음(front vowels) 94
전설·후설(vowel backness) 94
전이(transfer) 177
전이(transition) 185
전전이음(onglide) 197
접근음(approximants) 55
접미사(suffix) 74, 117
조건음(triggering sound) 119
조음(articulation) 18, 21, 47
조음 기관(articulatory organs) 20
조음 위치 자질(place feature) 113
조음 음성학(articulatory phonetics) 17
조음자(articulator) 21
종성(coda) 26, 37, 136
주파수(frequency) 28, 50
중간구(intermediate phrase) 174
중모음(mid vowels) 94
중복(overlapping) 33
중복(parallel) 33
중설(center of tongue) 49
중설 모음(central vowels) 94
중성(nucleus) 26, 136
중성(syllable nucleus) 84
중화(neutralization) 68, 91
지속음(continuants) 54
지역어(dialects) 95
첫 번째 합성 요소(first component) 170
청각 음성학(auditory phonetics) 17
초분절음(suprasegment) 27
초성(onset) 26, 37, 136
초성 자음군(onset cluster) 82

최대 초성 원칙(maximal onset principle) 141
최소 대립쌍(minimal pair) 34, 200
최적성 이론(Optimality Theory) 218. 225
출력형(output) 211
측음 유음(lateral liquid) 42
치간음(Interdental) 51, 72
치경(alveolar ridge) 47, 52
치경 파찰음(alveolar affricate) 220
치경구개음(palato-alveolar) 52, 72
치경음(alveolar) 52, 72
치찰음(sibilants) 54, 74, 117, 124
통사 구조(syntactic structure) 172
파생 원리(derivational principle) 167
파생 접미사(derivational suffix) 163
파열음(plosives) 18, 54, 59
파찰음(affricates) 54
파찰음화(affrication) 68, 85, 88
폐쇄 구간(closure duration) 188
폐쇄 모음(closed vowels) 94
폐쇄음(stops) 53, 59
피동화음(target) 119
피열 연골(arytenoid cartilages) 19
피치(pitch) 27
피치 액센트(pitch accents) 173
하강 이중모음(falling diphthongsv98
하부 조음자(lower articulator) 21, 47, 48
허파(lung) 18
허파 기류(pulmonic airstream) 17
헤르츠(Hz) 28
혀(tongue) 21, 49
혀의 높이(tongue height) 95
혀의 위치(tongue position) 91
혀의 전·후 위치(tongue backness) 95
형태 환경(morphological environment) 127
형태소(morpheme) 75, 116
호흡(respiration) 18
호흡 기관(respiratory organ) 18
활음(glides) 55, 82, 193
후두(larynx) 18
후두 높이(laryngeal height) 183
후두 자질(laryngeal feature) 113
후두개(epiglottis) 19
후설(back of tongue) 49, 52
후설 모음(back vowels) 94
후전이음(offglide) 197
흡기음(ingressive sound) 18
흡착음(clicks) 18

영문

acoustic phonetics(음향 음성학) 17
active(능동적) 82
Adam's apple(아담의 사과) 19
affricates(파찰음) 54
affrication(파찰음화) 68, 85, 88
allomorph(이형태소) 75, 118
allophones(이음) 33, 35
alternant(교체형) 117, 118
alternation(교체) 105, 118
alveolar(치경음) 52, 72
alveolar affricate(치경 파찰음) 220
alveolar ridge(치경) 47, 52
antepenultimate syllable(끝에서 세 번째 음절) 156
approximants(접근음) 55
articulation(조음) 18, 21, 47
articulator(조음자) 21
articulatory organs(조음 기관) 20
articulatory phonetics(조음 음성학) 17
arytenoid cartilages(피열 연골) 19
aspirated sound(기식음) 35
aspiration(기식음화) 114
assimilation(동화) 203
auditory phonetics(청각 음성학) 17
back of tongue(후설) 49, 52
back vowels(후설 모음) 94
Bernoulli principle(베르누이 원리) 50
bilabial(양순음) 51
blade of tongue(설단) 49, 52
borrowing language(수용어) 211
boundary tones(경계톤) 174
branching nucleus(가지 친 중성) 138
branching onset and coda(가지 친 초성과 종성) 138
cardinal vowels(기본 모음) 92
cartilage(연골) 18
cavity(성도) 47
center of tongue(중설) 49
central vowels(중설 모음) 94
clicks(흡착음) 18
closed syllable(닫힌 음절) 101, 136, 191
closed vowels(폐쇄 모음) 94
closure duration(폐쇄 구간) 188
coda(종성) 26, 37, 136
complementary distribution(상보적 분포) 35, 43
complex segment(복합 분절음) 139
consonant cluster simplification(자음군 단순화) 147
consonants(자음) 24
constituent(구성소) 116
content words(내용어) 27
continuants(지속음) 54
contrastive(대립적인) 33, 34
contrastive stress(대조 강세) 27
convention(규약) 15
coronal(설정성) 146
derivational principle(파생 원리) 167
derivational suffix(파생 접미사) 163
devoicing(무성음화) 83
diacritics(구별 기호) 62
dialects(지역어) 95
distribution(분포) 33
duration(길이) 27
Eastern Dialect(동부 방언) 129
edge tones(가장자리 성소) 173

egressive sound(배기음) 18
ejectives(분출음) 18
English stress(영어 강세) 135
epiglottis(후두개) 19
external acoustic cues(외적인 음향 단서) 185
extrametricality rule(율격외성 규칙) 159
extrasyllabic(잉여 음절음) 145
falling diphthongs(하강 이중모음) 98
first component(첫 번째 합성 요소) 170
flapping(설탄음화) 67
foot(음보) 61, 62, 182
free variation(자유 변이) 38
frequency(주파수) 28, 50
fricatives(마찰음) 54
front of tongue(전설) 49, 52
front vowels(전설 모음) 94
full vowel(온전 모음) 108, 166, 199
function word(기능어) 27, 107
fundamental frequency(기본 주파수) 28
General American English(일반 미국 영어) 129
glides(활음) 55, 82, 193
glottal(성문음) 53
glottal plosive(성문 파열음) 20
glottal stop(성문 폐쇄음) 53, 70
glottal tension(성문긴장) 183
glottal width(성문넓이) 182, 183
glottalic airstream(성문 기류) 17
glottalization(성문 폐쇄음화) 69
glottis(성문) 19, 59, 53
grammatical category(문법 범주) 158
Great Vowel Shift(모음 대변이) 23
hard palate(경구개) 21, 47, 52
heavy syllable(무거운 음절) 139, 158, 159
heterosyllabic(다른 음절) 150
high vowels(고모음) 94
higher articulator(상부 조음자) 21, 47
homorganic constraint(동조음점 제약) 84
Hz(헤르츠) 28
ill-formed(부적형) 146
implosives(내파음) 18
inflectional(굴절형) 80
inflectional suffix(굴절 접미사) 162
ingressive sound(흡기음) 18
input(입력형) 212
intensity(음의 세기) 156
Interdental(치간음) 51, 72
interference(간섭) 177, 208
intermediate phrase(중간구) 174
internal acoustic cues(내적 음향 단서) 185
International Phonetic Alphabet: IPA(국제 음성 알파벳) 24
intonation(억양) 28, 166, 171
Intonational phrase(억양구) 174
intrusive r(삽입-r) 87
labio-dental(순치음) 51, 72
labio-velar(순연구개음) 53
laryngeal feature(후두 자질) 113
laryngeal height(후두 높이) 183
larynx(후두) 18
lateral(설측음) 55
lateral liquid(측음 유음) 42
lateral plosion(설측 파열) 67
length(음장) 27, 28
light syllable(가벼운 음절) 139, 160
linking r(연결-r) 86
lip gesture(입술 모양) 91

lip reading(독순술) 49
lip rounding(입술의 원순성) 95
loudness(음의 크기) 27
low vowels(저모음) 94
lower articulator(하부 조음자) 21, 47, 48
lower lip(아랫 입술) 49
lower teeth(아랫니) 49
lung(허파) 18
mandatory(반드시 필요한) 140
marked(유표적) 181
maximal onset principle(최대 초성 원칙) 141
mid vowels(중모음) 94
minimal pair(최소 대립쌍) 34, 200
monosyllabic word(단음절어) 137
morpheme(형태소) 75, 116
morphological environment(형태 환경) 127
mother tongue(모국어) 49
multiple scansions model(다단계 차용 방식) 214
nasal assimilation(비음 동화) 208
nasal cavity(비강) 20, 47, 56
nasal plosion(비음 파열) 67
nasals(비음) 56
natural class(자연군) 114
neutralization(중화) 68, 91
new information(신정보) 173
nonbranching nucleus(가지가 없는 중성) 138
non-sibilants(비치찰음) 54
nucleus(종성) 26, 136
obstruction(방해, 장애) 24, 49
obstruents(장애음) 78, 88
offglide(후전이음) 197
old English(고대 영어) 79
old information(구정보) 173
onglide(전전이음) 197
onset(초성) 26, 37, 136
onset cluster(초성 자음군) 82
open syllable(열린 음절) 101, 104, 136, 191
open vowels(개방 모음) 94
Optimality Theory(최적성 이론) 218. 225
optional(선택적) 140
oral cavity(구강) 20, 47
oral sounds(구강음) 56
organs of speech(말소리 기관) 18
output(출력형) 211
overlapping(중복) 33
palatal(구개음) 52
palatalization(구개음화) 69, 76, 205
palato-alveolar(치경구개음) 52, 72
parallel(중복) 33
passive(수동적) 82
past tense(과거형) 118
penultimate syllable(끝에서 두 번째 음절) 156
pharyngeal cavity(인두강) 20
pharynx(인두) 47
pharynx wall(인두 벽) 49
phonation(발성) 18, 20
phonatory organs(발성 기관) 18
phoneme(음소) 32, 39, 111
phonetic alphabet(음성 알파벳) 24
phonetic features(음성 자질) 39, 111
phonetic similarity(음성적 유사성) 37
phonological environment(음운 환경) 127
phonological rule(음운 규칙) 61

phonotactic constraints(음소배열 제약) 143
pitch(피치) 27
pitch accents(피치 액센트) 173
place feature(조음 위치 자질) 113
plosives(파열음) 18, 54, 59
plural(복수형) 74, 117
progressive assimilation(순행 동화) 81, 119
prominence, salience(돋들림) 159
pulmonic airstream(허파 기류) 17
r-coloring(r-음색화) 68
reduced vowels(약화 모음) 75, 106
regressive assimilation(역행 동화) 66, 81
release(개방성) 215
released(개방음) 38, 62
respiration(호흡) 18
respiratory organ(호흡 기관) 18
resyllabification(재음절화) 71
retroflex(권설음) 52, 102, 202
retroflex quality(권설음의 성격) 102, 132
rhyme(운모) 136
root of tongue(어근) 49
rounded vowels(원순 모음) 94
RP: Received Pronunciation(용인 발음) 129
secondary articulation(2차 조음) 85
segment (분절음) 27
segmental tier(분절층) 173
semi-consonant(반자음) 55
semi-vowel(반모음) 55
sibilants(치찰음) 54, 74, 117, 124
silent(묵음) 22
singnifier(기표) 15
skeletal slot(골격칸) 138
skeletal tier(골격 층위) 138
soft palate, velum(연구개) 21, 47, 52
sonority(공명도) 80, 140
sonority sequencing principle(공명성 연쇄 원리) 140
sound waves(음성 파형) 63
source language(근원어) 211
southern dialect(남부 방언) 129
speech sounds(말소리) 15
spoonerism(발화 실수) 78
stem(어간) 75, 106
stops(폐쇄음) 53, 59
stress(강세) 27, 139, 155
stress clash avoidance(강세 충돌 회피) 156, 168, 170
stress-timed language(강세 박자 언어) 170
subglottal pressure(성문 하압) 188
suffix(접미사) 74, 117
suprasegment(초분절음) 27
surface form(음성형) 124, 213
syllabic consonant(음절성 자음) 80
syllabic nasal(음절성 비음) 80
syllabicity(음절성) 80
syllable boundary(음절의 경계) 141
syllable nucleus(중성) 84
syllable structure(음절 구조) 135
syllable type(음절 유형) 104
syllable weight(음절 무게) 139, 158
syllable-final(음절말) 79
syntactic structure(통사 구조) 172
target(피동화음) 119
target language(목표 외국어) 44
tautosyllabic(같은 음절) 150
thyroid cartilage(갑상 연골) 19

tip of tongue(설첨) 49
tonal tier(성조층) 173
tongue(혀) 21, 49
tongue backness(혀의 전후 위치) 95
tongue height(혀의 높이) 95
tongue position(혀의 위치) 91
tonic accent(성조 액센트) 166
trachea(기관) 18
transfer(전이) 177
transition(전이) 185
triggering sound(조건음) 119
unaspirated sound(비기식음) 35
underlying representation(음운 기저형) 182
unmarked(무표적) 180
unreleased(비개방음) 38, 62
unrounded(비원순) 95
upper lip(윗입술) 47
upper teeth(윗니) 47
uvula(목젖) 47
variants(변이음) 33
velar(연구개음) 52
velaric airstream(연구개 기류) 17
velarization(연구개음화) 85, 103
velic closure(비강 차단) 56
velopharyngeal opening(구개인두 통로) 56
velopharyngeal passage(구개인두 길) 47
vocal folds, vocal cords(성대) 19
voice quality(음질) 96
voiced flap(유성 설탄음) 67, 68
voiced sound(유성음) 20, 50
voiceless sound(무성음) 20, 50
voicing(유성성) 83
voicing assimilation(유·무성 동화) 117, 118
voicing feature(유성 자질) 112
VOT: voice onset time(성대진동 개시 시간) 63, 179
vowel backness(전설·후설) 94
vowel epenthesis(모음 삽입) 210
vowel height(모음 높이) 93
vowel quality(모음의 음질) 92
vowels(모음) 24
well-formed(적형) 146

오미라

이화여자대학교 영문과 졸업, 동 대학원 영어학 석사
미국 오하이오 주립 대학교 언어학 석사(M.A.)
이화여자대학교 대학원 영어학 박사
플브라이트 강의 교수(UCLA)
한국음운론학회 회장 역임
현재 전남대학교 영문과 교수

주요 논문

"A prosodic analysis of non-derived environment blocking"(1995)
"Adaptation of English complex words into Korean"(2012)
"Heritage bilingual talkers do not exhibit an intelligibility penalty in either language"(2014, 공동 연구)
"When in doubt, read the instructions: Orthographic effects in loanword adaptation"(2015, 공동 연구)
"On the relation between speech perception and loanword adaptation"(2018, 공동 연구)

영어음운론

English Phonology

1판 1쇄 발행 _ 2018년 8월 27일
1판 2쇄 발행 _ 2022년 8월 25일

저　　자 · 오 미 라
발 행 인 · 정 헌 길
발　　행 · 신 아 사
인　　쇄 · 대명프린팅
주　　소 · 서울특별시 은평구 통일로 59길 4 2층(122-826)
전　　화 · (02) 382-6411 팩스 · (02) 382-6401
홈페이지 · www.shinasa.co.kr
E-mail · shinasa@daum.net
출판등록 · 1956년 1월 5일(제9-52호)

ISBN: 978-89-8396-290-4(93740)

정가 14,000원